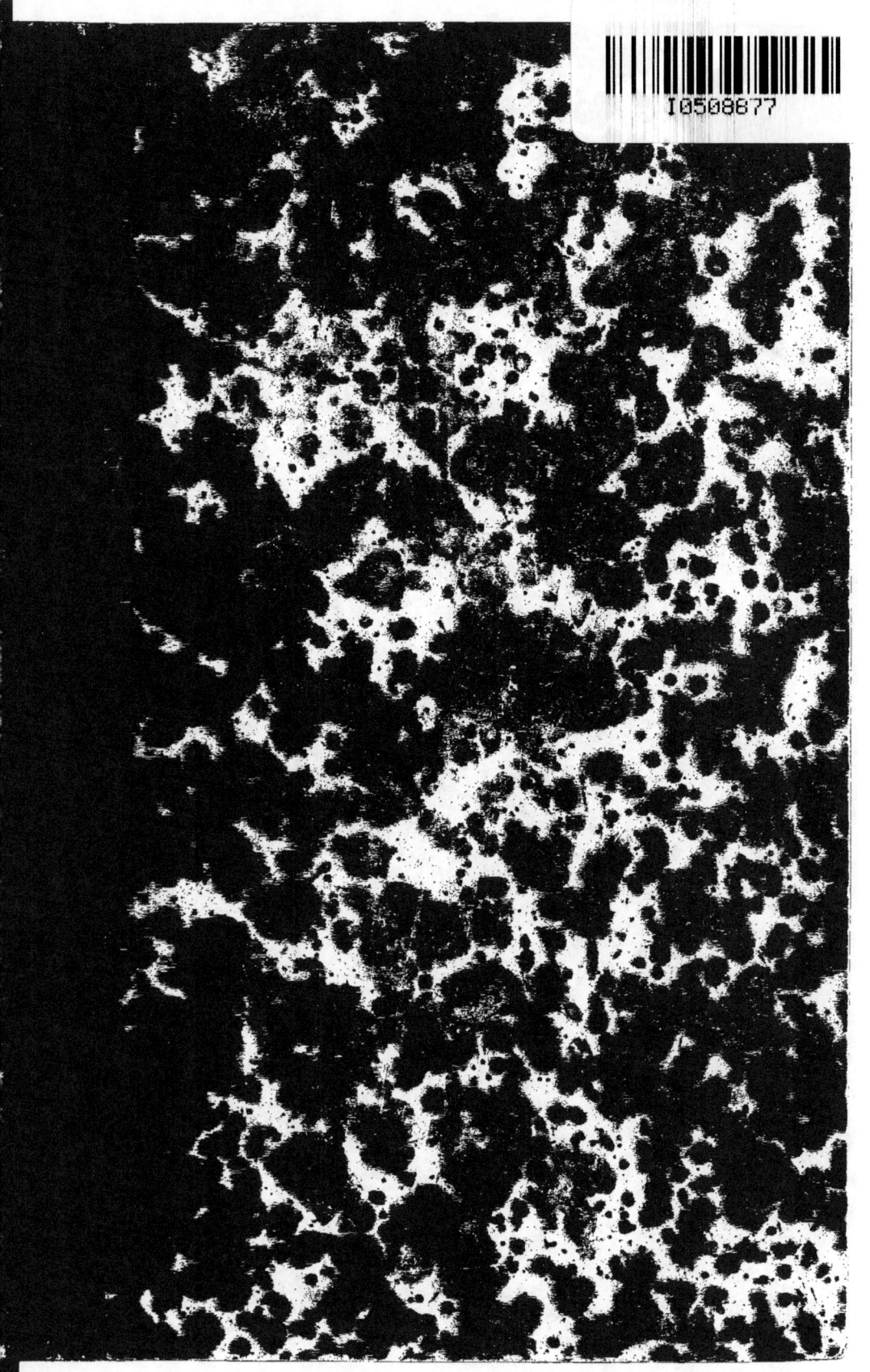

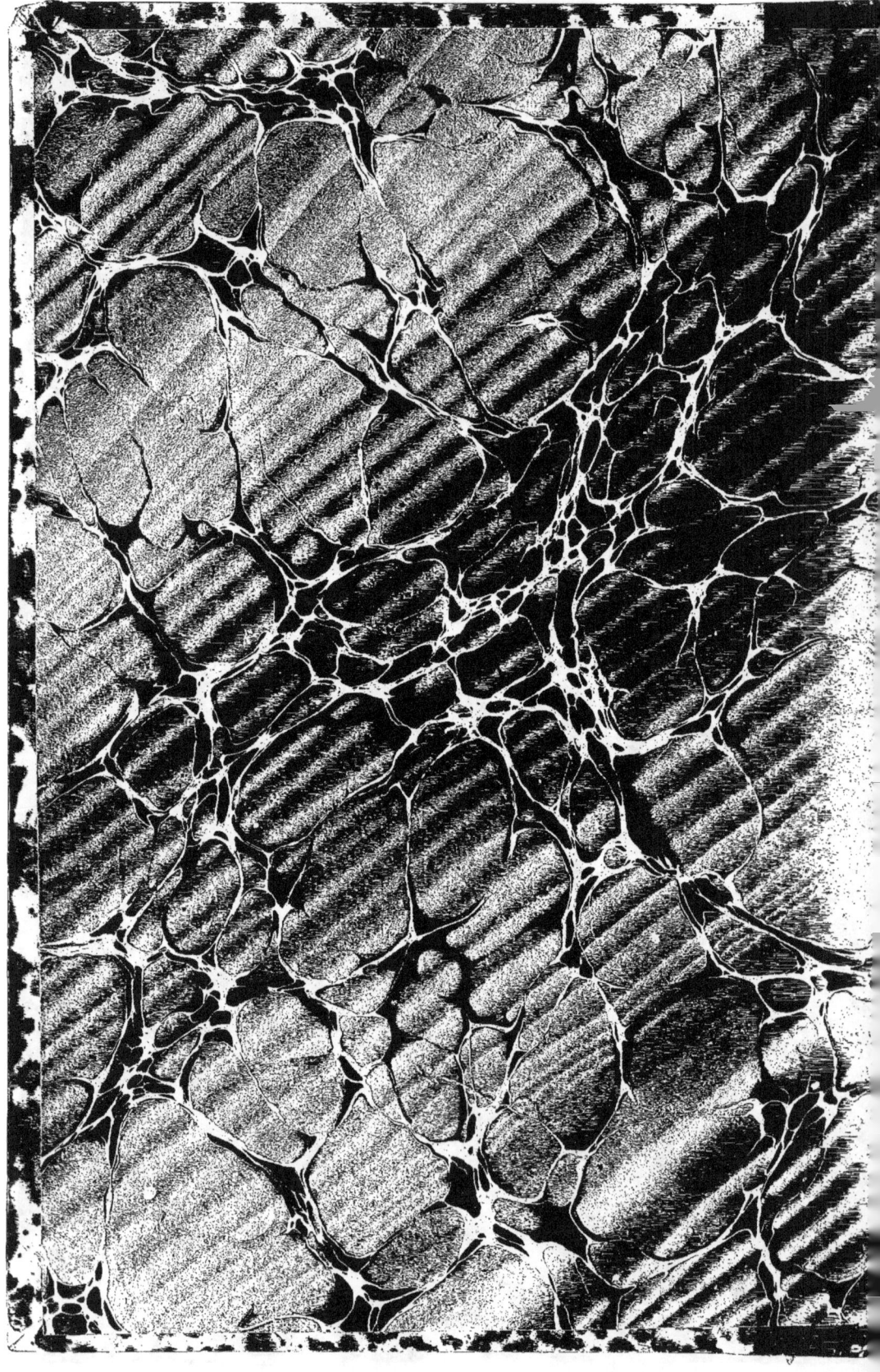

F

Cinq sous la livraison.   **24 LIVRAISONS PAR VOLUME.**   6 fr. le volume.

SOUSCRIPTION

NOUVELLES
CAUSES CÉLÈBRES
ou
FASTES DU CRIME

Par MOQUARD, Avocat.

Prospectus.

Les Nouvelles CAUSES CÉLÈBRES dont nous annonçons la publication doivent offrir un intérêt saisissant. Les drames qui vont apparaître et se dérouler devant eux, sombres parfois comme les romans du jour, auront pour nos lecteurs le charme de la fiction et l'attrait de la vérité. L'habile avocat à qui nous les devons a exploré non seulement les annales criminelles de la France, mais encore les fastes judiciaires et historiques des autres pays. Ses investigations ont embrassé des crimes *chez tous* les peuples et de tous les temps; il a compris qu'il devait écarter les détails de procédure, qui ne feraient que refroidir et embarrasser sa narration; que chaque crime devait être dominé par un fait accompli, ayant son exposition, sa péripétie et son dénouement. Les différences des mœurs aux diverses époques, une meilleure justice, les progrès de la civilisation, ressortiront de la comparaison de ces CAUSES CÉLÈBRES, qui ainsi deviendront une instruction historique en même temps qu'un objet de récréation. Déjà le public a su apprécier la manière dramatique dont sont présentées les causes suivantes publiées dans les livraisons parues.

La famille Saniol, parricide effrayant, dans lequel une mère pousse ses enfants à l'assassinat de leur père.

La duchesse de Malfi, crime italien du XVIᵉ siècle, l'un de ceux que l'histoire nous a transmis qui montre avec le plus de vérité ce que pouvaient alors l'orgueil de caste et l'abus du pouvoir.

1842

La comtesse de Célant, épouse coupable, dont le cœur dépravé rêvait l'assassinat jusque dans les bras de ses amants.

Le Seigneur et la Villageoise, crime de viol, de séduction et de rapt, exemple de ce qui était permis sous la justice au XVIIe siècle.

Viennent après, Castaing empoisonnant ses deux amis, l'Archiprêtre, le Frère et la Sœur, le Traître, et tant d'autres qui sont en même temps des drames et des peintures de mœurs. Dans les volumes suivants, nous donnerons successivement des scènes de l'inquisition, des crimes anglais, allemands, etc., etc.; enfin les annales criminelles de tous les pays et de tous les âges nous fourniront des sujets intéressants pour orner cette collection.

Conditions de la Souscription.

Les *Causes célèbres* ou FASTES DU CRIME seront publiés en petites livraisons à 25 centimes, paraissant deux livraisons par semaine.

Chaque livraison de 25 centimes aura au moins douze pages, et les livraisons doubles vingt-quatre à trente deux pages.

Le volume sera composé de vingt-quatre livraisons à 25 centimes et orné de quatre gravures sur acier, et coûtera . . . . 6 fr.

Avec la dernière livraison du volume il sera envoyé la classification des gravures.

Ces Crimes sont sur la même justification, sur papier jésus vélin, avec encadrements et dans le même format que ceux publiés par Alex. Dumas. Chaque volume renfermera des crimes célèbres recueillis parmi les plus tragiques, en France, en Angleterre, en Allemagne, en Italie, en Espagne, etc., etc.

Il en sera publié successivement plusieurs volumes, mais chaque volume pourra former un ouvrage complet, et se vendre séparément.

Cette série contiendra 5 à 6 volumes.

Le premier volume contiendra les Crimes suivants :

1° LA FAMILLE SANIOL ;
2° LE SEIGNEUR ET LA VILLAGEOISE ;
3° LA DUCHESSE DE MALFI ;
4° LA COMTESSE DE CÉLANT ;
5° SIRVEN ;
6° CASTAING ;
7° LE CURÉ ET LE VICAIRE ;
8° LE TRAITRE ;
9° L'AMI INTIME ;
10° LE PROCUREUR FISCAL ;
11° MONTBAILLI ;
12° LE FRÈRE ET LA SOEUR ;
13° LA NAUDIN ;
ETC., ETC., ETC.

On souscrit à Paris :
CHEZ POURRAT FRÈRES, ÉDITEURS,
RUE JACOB, 26;
Et chez tous les libraires de la France et de l'étranger.

Paris.— Imprimerie de BOURGOGNE et MARTINET, rue Jacob, 30.

NOUVELLES

CAUSES CÉLÈBRES

OU

FASTES DU CRIME.

IMPRIMERIE DE V.e DONDEY-DUPRÉ,
Rue Saint-Louis, 46, au Marais.

NOUVELLES

CAUSES CÉLÈBRES

ou

FASTES DU CRIME

par **MOQUARD**, avocat.

TOME PREMIER.

PARIS.

POURRAT FRÈRES, | ADMINISTRATION
ÉDITEURS, | DE LIBRAIRIE,
26, rue Jacob. | 26, rue Notre-Dame-des-Victoires.

1842

LA FAMILLE DE SANIOL.

Le marquis de Cavoix venait de recevoir de Provence une longue lettre. A peine l'eut-il commencée, qu'il parut frémir ; son horreur redoublait à chaque ligne : parfois il en interrompait la lecture et demeurait comme pétrifié. Cette lettre était du marquis de Montolieu, chef de l'une des familles les plus honorables de la Provence. Convenait-il de la garder ? N'était-il pas prudent de l'anéantir ? Il s'arrêta à ce dernier parti et la destina au feu. Comme il n'en avait pas à sa portée, il la mit dans sa poche, et se rendit chez M. de Pontchartrain pour l'entretenir d'une affaire qui l'intéressait.

La lettre s'était par mégarde mêlée avec les papiers qu'il donna à ce ministre. Celui-ci, plein d'estime pour M. de Cavoix, mais accablé d'occupations en ce moment, le renvoya à regret et ajourna l'examen de sa demande jusqu'au lendemain, lui promettant d'y réfléchir le soir même à tête reposée. Il y réfléchit en effet, et en parcourant les diverses pièces dont se composait le dossier de M. de Cavoix,

CAUSES CÉLÈBRES.

il rencontra la lettre; elle lui parut si terrible, d'une si haute gravité, qu'il n'hésita pas à la porter au roi.

De retour à sa demeure, et pendant la soirée, M. de Cavoix songe à son dessein de brûler la lettre, fouille dans ses poches, ne la retrouve plus, et soupçonne ce qui était en effet. Le lendemain, de bonne heure, il court chez M. de Pontchartrain, et redemande l'écrit sorti de ses mains contre sa volonté. Le ministre lui apprend qu'il était déjà entre celles du roi; qu'en le dérobant à la connaissance de sa majesté, il aurait pensé trahir son devoir et la justice; qu'il avait cru d'ailleurs ce papier placé avec intention au milieu des autres, afin de sauver les apparences d'une dénonciation. Qu'opposer à pareille réponse? M. de Cavoix garda le silence.

Le roi ne revit pas plus tôt M. de Pontchartrain, que tout ému lui-même et tout frémissant, il lui ordonna d'écrire à M. Lebret, premier président au parlement de Provence, avec injonction de faire arrêter toute la famille de Saniol.

M. de Lagarde, procureur-général, soupait chez le premier président lorsque le courrier arriva. Ce magistrat ouvrit sa lettre à table, et parut frappé comme d'un coup de foudre. Il la fit lire au procureur-général : tous deux se possédèrent assez pendant le repas, mais après le souper conférèrent seuls sur les mesures à prendre, s'écriant par intervalles : « Le fait est incroyable, impossible; le roi a » été mal informé. Madame de Saniol et ses enfants ne se » sont jamais portés à un pareil excès! Après la mort du » père, il y a huit mois, le lieutenant-criminel ne s'est-il » pas transporté chez lui? L'inhumation n'a-t-elle pas eu

LA FAMILLE DE SANIOL.

» lieu d'après le rapport des chirurgiens? Il y a calomnie :
» quelque ennemi secret de la famille aura inventé cette
» fable atroce. » La raison de ces magistrats hésitait à croire, leur justice à obéir.

Cependant, à peine chez lui, M. le procureur-général reçoit aussi la lettre du ministre, avec les détails les plus circonstanciés, et un ordre de M. de Pontchartrain, de la part du roi, conforme au précédent. L'arrestation est sur-le-champ confiée au sieur Bonnet, lieutenant du viguier de Marseille, officier renommé pour son adresse.

Les enfants Saniol, au nombre de quatre garçons, habitaient une bastide non loin de la ville : Bonnet l'investit la nuit, en ferme toutes les issues, et s'empare de leurs personnes. Puis, apprenant que la mère était à Aix, chez un sieur Aillaud, il y court, pénètre dans sa chambre, et lui signifie l'ordre du roi. Elle est d'abord hors d'elle-même et saisie des plus violents transports; elle profère des imprécations et des menaces, embrasse la colonne d'un lit, et refuse de suivre avant d'avoir obtenu la permission de parler à M. de Lagarde. Il la donne; on la place dans une chaise à porteurs pour la conduire devant ce magistrat, avec lequel elle conféra pendant une demi-heure, en présence de plusieurs personnes. Transférée à la prison, l'aspect de ses quatre fils frappa d'abord ses regards. Elle baissa la tête, et eux semblèrent reculer.

Que contenait donc cette lettre remise à M. de Pontchartrain par mégarde, au roi par devoir? Pourquoi ces incertitudes d'une justice d'abord incrédule, et puis cette arrestation rapide qui, en quelques heures, réunissait dans la même cellule une mère et ses quatre fils?

Anne de Pyrac, fille de noble Pierre de Pyrac et de dame Jeanne Dupetit, établis à Marseille, reçut de ses parents une éducation à laquelle ils mirent peut-être trop de douceur et de complaisance. Confiée dans son bas âge aux religieuses de Sainte-Claire d'Ollioules, elle fit des progrès dans la vertu ; mais sa mère la rappela trop tôt, et l'heureuse impression de ces bons principes s'effaça. Le monde lui plut et elle plut au monde. La régularité de ses traits et la finesse de sa taille étaient relevées par un air imposant ; les grâces du corps s'unissaient aux agréments de l'esprit. Le premier éclat de cette fleur de beauté qui s'épanouit si vite dans le Midi attira sur elle tous les regards, et sa vanité s'exalta par la pensée du désordre causé dans tous les cœurs.

Parmi ses nombreux soupirants, François, comte de Saniol, d'une famille d'ancienne noblesse du Languedoc, capitaine de la galère *la Réale*, réussit à lui plaire et l'épousa. Elle avait alors dix-huit ans ; il en avait quarante. Malgré cette disproportion d'âge, leur famille s'accrut jusqu'au nombre de onze enfants : il n'y avait pas à douter, ce semble, de la paix et de l'union d'un tel ménage ; cependant la discorde le troubla bientôt et long-temps. Le dégoût survint, l'antipathie, enfin la haine.

Au lieu d'inspirer à ses enfants les sentiments qu'ils devaient à leur père, madame de Saniol les associait à ses emportements, et détournait leurs cœurs d'un penchant doux et naturel. En 1709, le père, qui n'avait pour fortune que le revenu de sa place, et même peu régulièrement

LA FAMILLE DE SANIOL.

payé, se retira à une bastide auprès de Marseille, dans le quartier de la paroisse Barnabé. Sa femme et trois de ses fils y habitaient avec lui : Jean-Baptiste, François-Guillaume et Louis-César. Ils étaient servis par un Turc nommé Assan-Ali, dit Barro, et par Suzanne Borelli.

Les trois ans qu'il passa dans cette bastide furent l'image fidèle de sa vie précédente, c'est-à-dire une suite continuelle de conversations vives, de courts et faibles raccommodements, une querelle presque sans fin, et, comme ils se le reprochaient souvent l'un à l'autre, un enfer anticipé.

Le 16 octobre 1712, on célébrait dans la paroisse Saint-Barnabé une fête, appelée dans le langage du pays *vol* ou *train*, et dans laquelle, après la dévotion, le plaisir trouve sa place. Ce jour-là, le comte de Saniol dîna dans sa bastide avec sa famille. Le repas fut calme; il ne s'y manifesta aucun signe avant-coureur de scène violente. Jean-Baptiste s'était marié sans le consentement de son père à la nièce du curé de Senclon, mais depuis dix jours il lui avait pardonné cette union, et quoiqu'il fût invité ailleurs, il le retint auprès de lui avec instance.

Après le dîner, François-Guillaume demanda de 'argent à son père. Celui-ci, qui n'était pas dans l'usage d'en donner à ses enfants, offrit à son fils une pièce de cinq sous; la modicité du présent le fit murmurer. Le père alors lui en offrit une de dix; le murmure dégénéra bientôt en invectives grossières; la mère, les entendant, quitta son cabinet pour se ranger du parti de son fils et applaudir à sa colère. Excité par celle même qui aurait dû le modérer, l'enfant ne garde plus de mesure, descend l'escalier, met l'épée à la main, et, sur le seuil de la porte, menace de tuer son père. Jean-Baptiste paraît à côté de son frère et le soutient. Indigné de cette audacieuse révolte, M. de Saniol appelle le Turc et lui ordonne de seller son cheval, pour aller, dit-il, à Marseille porter plainte, et livrer à la justice des enfants aussi dénaturés. A ces mots, leur frénésie redouble, ils ne voient plus le malheureux auteur de leurs jours qu'à travers leur fureur impie; la mère, élevant la voix, crie à ses enfants : « Vous êtes perdus si vous » le laissez aller à Marseille. » Elle s'élance par derrière, le saisit aux cheveux, le renverse, et par l'effet d'une exécrable haine, porte ses mains... La pudeur ne permet pas d'achever.

A ce signal, Jean-Baptiste, comme transformé en bête féroce, imite et surpasse l'exemple de sa mère. En proie à leurs rages réunies, dans cette extrémité cruelle et désespérée, M. de Saniol levait des yeux suppliants vers Jean-Baptiste ; d'une voix mourante et entrecoupée de sanglots, il implorait sa pitié : « Que t'ai-je fait, mon fils ? Ne suis-» je plus ton père ? Épargne un vieillard... grâce ! grâce ! » Vous êtes tous contre moi ! » C'est en vain : plus furieux encore par ces prières, et impatient d'une mort trop lente à son gré, Jean-Baptiste prend son père à la gorge pour l'étouffer. En même temps, François-Guillaume lui donne dans la tempe un coup de son épée déjà remise dans le fourreau, et lui fait une plaie dont jaillit du sang. La mère l'achève en lui appliquant les genoux sur la poitrine.

LA FAMILLE DE SANIOL.

Personne là pour le secourir. Louis-César, le plus jeune des enfants, âgé de treize ans, n'osait le faire, et, caché dans un coin de la chambre, il versait des larmes; le Turc, excité par le devoir, retenu par la crainte, demeurait immobile; Suzanne Borelli était à la fête.

Le crime accompli, les coupables ne purent pas d'abord en soutenir toute l'horreur; mais l'instinct de la conservation parla en quelques instants plus haut que le remords. La mère, qui l'avait conduit, revint à elle la première, et s'appliqua à en dérober l'atrocité à sa propre pensée. Au nom de l'intérêt commun ils se jurèrent d'être impénétrables. Elle fouilla de sang-froid les poches de son mari, y prit ses clefs, monta dans le cabinet, et s'empara du peu d'argent qui s'y trouvait. Persuadée que le trouble de l'âme trahirait seul la vérité, elle s'efforça de rappeler d'abord la tranquillité bannie par son forfait, et, pour la rendre à ses enfants, affecta de la posséder. Elle donna un écu à François-Guillaume, lui recommandant d'aller au *train* se divertir avec ses amis, et de revenir de bonne heure pour mettre tout en ordre.

Guillaume obéit, composa son visage, se donna un faux air de contentement, s'agita, dansa, et du parricide, sans émotion, presque sans intervalle, passa en quelque sorte à un nouveau crime, la réjouissance. Mais bientôt l'image de son père couvert de sang lui apparut, et pour lui seul vint interrompre la fête.

Pendant ce temps, Jean-Baptiste, aidé d'Assan-Ali, porta le corps à la chambre la plus haute de la bastide, la ferma et rendit la clef à sa mère. Celle-ci chargea Louis-

César d'aller chercher le curé de la paroisse, jugeant que l'oncle de sa belle-fille ne devait lui inspirer aucune défiance. A son arrivée, elle lui dit que Jean-Baptiste et François avaient tué leur père, et demanda conseil sur le parti à prendre.

Le curé, saisi d'épouvante, ne perdit pas néanmoins le temps en discours inutiles. Après s'être récrié sur l'énormité du forfait, il conseilla de mettre le corps dans le lit et de déclarer qu'il y avait eu mort subite. « On ne réus- » sira pas à le faire croire, reprit la mère, les parties natu- » relles ont été froissées et rompues. » Le curé ouvrit alors l'avis de jeter le corps de M. de Saniol par la fenêtre, en donnant à penser qu'il s'était précipité lui-même : la tête lui aurait tourné en se penchant en dehors pour ajuster une cage appliquée au mur près de la fenêtre; on lui passerait la corde de la cage dans le doigt. Mais puisqu'il était mort de mort violente, il ne pouvait lui donner la sépulture sans les ordres de la justice. Après quoi le curé se retira et alla dire ses vêpres.

Cette fable fut approuvée, et Jean-Baptiste chargé de l'exécuter : mais lui, qui n'avait pas eu horreur de porter une main homicide sur son père vivant, qui déjà même l'avait transporté quand il expirait, tressaillit cette fois de la tête aux pieds lorsqu'il fallut s'en charger de nouveau. Sa barbarie triompha bientôt de ces mouvements d'une piété passagère ; il n'hésita plus, quand il vit sa mère lancer par la fenêtre le chapeau du défunt avec ces paroles encourageantes : « Il est mort, nous ne pouvons plus le ressus- » citer ; il n'en sera ni plus ni moins, songeons à nous! »

LA FAMILLE DE SANIOL.

A son tour, il jeta le corps par la fenêtre. Madame de Saniol avait eu la précaution de faire saigner une poule dans l'endroit même, afin qu'on prît ce sang pour celui du défunt.

La famille joue la consternation : le corps est placé sur un lit, on lui donne tous les remèdes dont on s'avise, après avoir eu soin de le chauffer et de le frotter avec du vinaigre. Alors, comme s'ils reconnaissaient leur triste impuissance de le rappeler à la vie, ils inventent tous les simulacres de l'affliction et des regrets. La mère s'arrache les cheveux, Guillaume pousse les hauts cris, Jean-Baptiste s'évanouit. Les voisins accoururent et leur prodiguèrent des consolations. Chacun continua cette parodie de douleur et s'acquitta de son rôle suivant son génie : la mère se mit au lit, ne voulant parler à personne.

Le bruit de cette tragique aventure se répandit partout. Le lieutenant-criminel se transporta et ordonna la constatation de l'état du cadavre. Prévenus que M. de Saniol était mort d'une chute, les chirurgiens se bornèrent à un examen rapide et léger ; de leur rapport ne jaillit aucune lumière, l'enterrement fut permis, et la famille tremblante rassurée. Elle soupa avec assez de tranquillité, excepté César, le seul qui fût innocent ; il ne voulut rien manger. La mère répétait souvent qu'ils allaient enfin être heureux. Mais les appointements ne revenaient plus à terme fixe ; la misère leur apparut à tous avec ses horreurs.

Les enfants annoncèrent au comte de Saniol, leur oncle, la catastrophe avec les circonstances connues, et exposèrent toutes les misères de leur situation, dans les termes les plus capables d'exciter sa pitié. Trois signèrent le récit mensonger; Antoine, le fils aîné, qui avait de quoi subsister, ne voulut pas que son nom y figurât. Sensible à leur touchante requête, le comte employa son crédit et leur procura une pension de six cents livres, dont la mère et les enfants devaient également jouir. Malgré la dissimulation des deux coupables, Jean-Baptiste et François-Guillaume, Antoine, étranger au meurtre, conçut des soupçons; il pressa de questions son jeune frère, Louis César, et lui arracha la vérité. L'horrible secret n'en était pas moins en sûreté, l'intérêt de la famille commandait le silence... Entre son père qui était la victime et des frères qui étaient les assassins, entre une juste vengeance et un déshonneur inévitable, que résoudre? La discorde trancha ces perplexités.

Comme madame de Saniol était chargée de l'entretien de la famille, elle voulut que la pension passât par ses mains, et exigea cette déférence; ses fils la lui refusèrent. Le crime désormais les avait rendus maîtres, et ils la virent sans peine se séparer d'eux et aller s'établir à Aix, chez le sieur Aillaud, procureur à la chambre des comptes.

Antoine s'imagina réussir là où sa mère avait échoué : il tenta aussi de concentrer toute la pension entre ses mains pour la distribuer lui-même avec économie, et mieux pourvoir à tous les besoins; mais Jean-Baptiste opposa une résistance invincible : plus il avait trempé dans le crime, plus il se croyait de droits. La menace même de le dénoncer ne l'ébranla pas. Des paroles dures, les deux frères en vinrent à des lettres piquantes, qui entretenaient l'aigreur et la mésintelligence. Antoine alors imagina un strata-

LA FAMILLE DE SANIOL.

gême qu'il croyait indifférent, et dont il n'était pas dans l'intention d'user jusqu'au bout. Il écrit pour M. le marquis de Montolieu, ami de son père, une lettre où il expose les détails et les circonstances de l'attentat. Il la montre à Louis-César, qui était venu le voir, et l'engage à la communiquer à Jean-Baptiste, afin que la frayeur lui inspire quelques ménagements. Jean-Baptiste s'alarma en effet; mais l'entêtement l'emporta, son indomptable caractère ne voulut pas fléchir. Il chercha quelque moyen pour prévenir le coup qu'il croyait suspendu sur sa tête. Le plus prudent lui parut encore celui dont Antoine même lui avait fait peur; il se hâta de l'imiter, et, le premier, écrivit au marquis de Montolieu une lettre où, par l'infernal artifice du récit, il rejette sur sa mère et sur son frère le crime tout entier.

De son côté, madame de Saniol, instruite de la division qui avait éclaté entre ses enfants, et surtout des menaces d'Antoine, s'abandonne aux terreurs d'une conscience bourrelée de remords. Son imagination lui présente sans cesse son forfait prêt à être divulgué, et il lui semble entendre déjà la clameur publique soulevée contre elle et ses fils; à son tour, elle croit se sauver en révélant au comte de Saniol, son beau-frère, le parricide dans toute son horreur. Elle écrit donc, mais accuse Jean-Baptiste seul.

En lisant cette lettre, mélange d'exécrable vérité et de mensonge, le comte demeure long-temps sans pouvoir reprendre ses esprits : il ne comprend pas que son sang ait pu produire de tels monstres; mais, prudent, incapable de fausses démarches, il prend le parti de renvoyer la lettre à sa sœur, avec une réponse conçue en ces termes :

« Je vous renvoye, ma sœur, une lettre sous votre seing.
» Vous avez quelque ennemi qui a si bien su contrefaire
» votre écriture, qu'on dirait qu'elle part de votre main :
» brûlez-la dès que vous l'aurez reçue, et ménagez-vous
» de telle sorte que vous ne vous attiriez l'indignation de
» personne. J'écris à M. de Montolieu, ancien ami de dé-
» funt mon frère. Il aura la bonté de se donner les soins
» convenables pour mes neveux, et les ranger à leur de-
» voir. »

Cependant M. de Montolieu avait reçu la lettre de Jean-Baptiste : elle l'épouvanta. Sa probité se révoltait à la pensée de tolérer plus long-temps dans la société des êtres qui en étaient l'opprobre et le fléau ; elle le pressait de faire interdire à ces scélérats le commerce des hommes. Il s'ouvrit là-dessus au marquis de Cavoix, auquel il adressa le récit de la déplorable histoire, et demanda les moyens de séquestrer la mère et les enfants. Le marquis communiqua cette proposition au comte de Saniol, leur oncle, offrant une lettre de cachet qui les ferait reléguer dans une province éloignée. Le comte répondit que, par cette voie, l'infamie, qu'on tentait de prévenir, était inévitable ; que le roi voudrait connaître le motif de la lettre de cachet, qu'en l'apprenant il livrerait les criminels à la justice. Il se chargeait d'écrire à M. de Montolieu, de calmer sa conscience, et, s'il était possible, de ramener la paix entre la mère et les enfants.

Cette conduite, pleine de mesure et de sagesse, suspendait encore une révélation provoquée par le faux calcul de

LA FAMILLE DE SANIOL.

madame de Saniol et de Jean-Baptiste, lorsque l'incident de la lettre mêlée aux papiers remis par M. de Cavoix à M. de Pontchartrain vint tout découvrir. C'était déjà trop que l'impunité pendant huit mois ; par un fait bien simple par une méprise inaperçue et presque indifférente, la Providence semblait enfin elle-même dénoncer les coupables.

Le roi, averti que la famille était prisonnière, réitéra les ordres d'instruire le procès avec une extrême diligence. En les arrêtant, on avait négligé la précaution vulgaire de les séparer ; ils purent concerter leurs réponses, et d'abord se justifièrent assez bien. Le Turc, demeuré libre, chose incroyable, est entendu comme témoin, il attribue la cause de la mort à la chute par la fenêtre ; mais un officier, ami de la famille, redoutant la faiblesse de son caractère, prit soin de le faire disparaître et de lui choisir une retraite où la justice le saisit bientôt. Durant deux interrogatoires, il persista dans ses premiers dires, et n'osa pas approcher de la vérité. Il laissa néanmoins entrevoir qu'il la connaissait, et pour l'obtenir, on le soumit à l'épreuve d'un cachot étroit avec du pain et de l'eau. Mais Jean-Baptiste trouva le secret de conférer avec lui par une petite fenêtre. Fatigué bientôt des rigueurs de sa captivité, il commença à parler, accusa du parricide François-Guillaume, la mère de complicité, et impliqua faiblement Jean-Baptiste. Alors seulement, et lorsqu'elle ne put s'y refuser, la justice se décida à placer les accusés dans des cachots séparés, attendant que le temps dissipât les nuages qui couvraient encore la vérité.

La déposition du Turc donna lieu à un nouvel interrogatoire de madame de Saniol. On lui représenta quelques lettres dans lesquelles elle cherchait à s'éclairer sur un cas de conscience assez délicat : *Pour sauver sa vie, peut-on cacher son crime aux juges?* Ébranlée par une première réponse, *qu'on ne le pouvait pas*, elle se détermina un peu plus tard à un aveu complet du crime, mais s'imagina qu'il fallait en faire retomber tout le poids sur Jean-Baptiste, le présenta comme l'unique auteur du parricide, dit que la manchette ensanglantée, trouvée dans le fanal de la bastide, était celle qu'il avait lorsqu'il trempa ses mains dans le sang de son père, accumula enfin une foule de circonstances pour le désigner à la justice et en faire le premier l'auteur de l'horrible attentat.

Confronté avec sa mère, Jean-Baptiste ne lui adressa aucun reproche; mais, à la lecture de sa déposition, il fixa ses regards sur elle, et de l'accent d'une conviction profonde il l'interpella ainsi : « Quoi! ma mère, je suis, moi, » le seul auteur du crime! Moi, j'ai mis le premier l'épée » à la main contre mon père! moi, je suis sorti du cabi- » net au bruit de la querelle! moi, je l'ai saisi par les » cheveux et renversé par terre! Qui d'abord lui a porté » la main à l'endroit qu'on devait respecter? Qui lui a » appliqué les genoux sur l'estomac?... Est-ce encore » moi? » François-Guillaume et Louis-César se réunissaient aussi pour décharger la mère, et envelopper Jean-Baptiste seul dans le crime.

Le 5 février 1714, sentence qui condamne :

« 1° Jean-Baptiste, atteint et convaincu de parricide, à être tenaillé avec un fer ardent, à avoir les deux poings cou-

LA FAMILLE DE SANIOL.

pés, à être rompu vif et à expirer sur la roue, et, après sa mort, son cadavre brûlé et ses cendres jetées au vent;

2° François-Guillaume au même supplice, mais à avoir un seul poing coupé;

3° Louis-César, pour ne s'être mis en devoir de mettre aucun empêchement au parricide auquel il était présent, à assister auxdites exécutions, et banni à perpétuité hors du royaume;

4° La dame de Saniol, atteinte et convaincue du meurtre de son mari, à avoir la tête tranchée;

5° Assan-Ali au fouet, pour n'avoir donné aucun secours à son maître. »

La sentence connue, l'évêque de Marseille se rendit en prison pour consoler la mère et les enfants. Sur l'appel, on les transféra à Aix, chargés des mêmes chaînes qu'ils avaient dans la maison de Marseille. Les capucins, directeurs des prisons, y signalèrent leur zèle dans de fréquentes visites, les disposèrent à une confession générale par de pieux artifices, et donnèrent à leur âme une force, une sérénité dont, à l'approche du supplice, ils firent éclater tous un exemple mémorable.

Le mardi 17, jour du jugement, la messe se dit au Palais à six heures du matin. A l'issue de la messe, Jean-Baptiste, ouï sur la sellette, raconta le crime, et, succombant sous l'opprobre, s'évanouit deux fois. Ils s'attendaient à subir la mort ce jour-là; quand ils apprirent qu'elle était différée de vingt-quatre heures, ils s'affligèrent : le délai leur parut une aggravation de la peine. Ils refusèrent de prendre des aliments. A la messe du 18, qu'ils entendirent de la sacristie, les deux frères, qui ne s'étaient pas parlé depuis deux mois, levèrent d'abord l'un vers l'autre leurs mains chargées de chaînes, les laissèrent tomber, et s'embrassèrent avec une si grande tendresse, une si grande abondance de larmes, que les assistants furent tous pénétrés. Ils se demandaient pardon, et chacun d'eux se disait le plus coupable de tous.

Cependant, les opinions presque recueillies, les deux aînés allaient être condamnés à mort. La mère demanda sa robe noire, comme si elle eût compté sur la liberté prochaine de parcourir la ville en habit de deuil; puis, sentant une palpitation, elle s'écria : « Quel malheur pour moi et » pour ma famille! » Par intervalles, elle s'informait de l'arrêt. On conduisit ses enfants devant elle, en prévenant Jean-Baptiste qu'il devait demander pardon à sa mère. Il se prosterna, les yeux noyés de larmes, et lui dit : « Ma » bonne mère, je vous demande pardon d'avoir été obligé » de parler contre vous. » Elle le lui accorda et l'embrassa, ainsi que son fils François-Guillaume, à genoux à côté de son frère, mais silencieux.

Quelques instants après, on les fit passer tous les trois dans la chapelle pour entendre la lecture de l'arrêt.

On s'attendait que madame de Saniol serait hors d'elle-même et saisie des transports d'une douleur extravagante : la faiblesse de son sexe, la vivacité de son imagination, l'horreur du supplice, tout faisait redouter les effets de cette lecture terrible. Elle fut calme et se posséda parfaitement. Une seule réflexion lui échappa d'un ton de voix à demi haut : « On ne me rend pas justice! » comme si elle

LA FAMILLE DE SANIOL.

eût envié à son fils aîné tout l'appareil de sa peine. Ramenée à la sacristie, elle les embrassa tous les deux tendrement. On n'entendait de toutes parts que sanglots, que gémissements, que soupirs; son infortune semblait être celle de tout le monde, tant la compassion nous met à la place des plus grands criminels.

Les deux frères offrirent la scène de réconciliation la plus attendrissante, et ils eurent cet entretien si simple, si naïf, que les chroniqueurs du temps nous ont transmis.

Jean-Baptiste. « Mon frère, je vous demande pardon » de ce que ma conscience m'a obligé de dire contre vous. » Vous me pardonnez bien d'avoir dit la vérité? »

François. « Vous ne l'avez pas toujours dite. »

Jean-Baptiste. « Cela est vrai, mon frère; je ne l'ai » pas dite dans les premiers interrogatoires, mais dans » les autres je l'ai dite : et vous, mon frère, vous n'avez » jamais dit la vérité. »

François. « J'en conviens, et je voudrais qu'on me » montrât le moyen de réparer le mal que j'ai fait; je » l'emploierais de bon cœur. »

Jean-Baptiste. « Eh quoi! mon frère, pouviez-vous » penser que Dieu laissât un si grand crime impuni? Pour » moi, dès que je me vis arrêté, et que je fus à la vue » d'Aix, je ne doutai plus de ma mort; étant arrivé au pa- » lais, jetant les yeux sur l'échafaud, je dis d'abord en » moi-même : Voilà où je finirai ma vie. On doit brûler » mon corps après ma mort : on aurait dû le jeter » vivant dans le feu... Mais, mon frère, touchez-moi la » main.

». — De tout mon cœur ! » répondit François. Et ils se donnèrent cette dernière marque d'affection.

Madame de Saniol, s'étant mise à genoux et en prières, tomba dans un assoupissement qui dura l'espace d'un quart d'heure : revenue de cet état, elle dit à son confesseur : « Mon père, où suis-je ? N'ai-je pas été sur l'écha- » faud ? Ne m'a-t-on pas abattu la tête ? » Elle avait déjà subi son supplice en imagination.

Vers les six heures du soir, l'exécuteur entra dans la prison. A sa vue, François tomba en défaillance. Dès qu'on l'eut fait revenir, on leur passa la hart au cou ; ils présentèrent leurs mains pour être liées et garrottées, Jean-Baptiste disant d'abord, et après lui François répétant ces paroles : « Attachez ces mains impies : elles ne méritent pas » seulement d'être abattues, mais d'être brûlées à petit feu. »

La mère monta avec son confesseur sur l'un des chariots destinés à les transporter, les deux fils sur l'autre. Comme elle ne pouvait s'y tenir bien ferme et craignait de tomber, on fit placer le Turc à côté d'elle, afin qu'elle s'appuyât sur lui. L'habit rouge du Turc et l'habit noir de madame de Saniol formaient une nuance tranchante qui frappait tout le monde.

Les deux chariots se mirent en marche avec tout l'apparat solennel dont le parlement de Provence environnait ces redoutables cérémonies. L'affluence du peuple était extraordinaire : le devant du Palais, les fenêtres des maisons, où l'on avait élevé des amphithéâtres, les toits, les arbres même, étaient couverts de spectateurs : de mémoire d'homme, on n'avait vu à Aix une foule si prodigieuse.

LA FAMILLE DE SANIOL.

François monta le premier sur l'échafaud, Jean-Baptiste après. Madame de Saniol, se voyant précédée de ses fils, crut qu'on allait les exécuter avant elle, et s'écria: « On m'a promis que je mourrais la première; faut-il que » je voie mourir mes enfants? » Son confesseur l'ayant rassurée, elle fit paraître un visage serein et satisfait, et à son tour y monta avec courage. Elle se mit à genoux entre la roue et le poteau sur lequel elle devait avoir la tête abattue, tournant la face vers le pont Moureau, celle des deux fils tournée au contraire vers le palais. Alors le religieux s'adressant au peuple, lui dit : « Cette famille infor- » tunée vous demande des prières. » Le peuple répondit par des inclinations de tête et des larmes.

Madame de Saniol dit ensuite à l'exécuteur : « Mon » ami, je vous demande en grâce de ne me point trop » faire souffrir. » Il lui ôta sa coiffe noire, les mouchoirs qu'elle avait sur le cou et sur la tête. « Mon ami, lui dit- » elle, laissez-moi mes cornettes. » Il lui banda les yeux, et elle porta d'elle-même sa tête sur le poteau, attendant le coup avec patience. Comme elle n'était pas à la portée du bourreau, il lui découvrit le gosier et fit son office. Du premier coup la tête ne fut pas entièrement abattue, mais madame de Saniol tomba morte. Alors, avec un petit couteau, il acheva de séparer la tête du tronc, porta, aidé de son valet, le corps au bord de l'échafaud, et y appliqua la tête.

François avait entendu le coup fatal, et cependant il doutait de la mort de sa mère. Il demanda avec instance à s'en assurer, à la regarder : on refusa d'abord, puis on céda, et les divers objets qui la dérobaient à ses regards une fois écartés, il la vit toute sanglante. Comme on lui attachait la main gauche par derrière, il tendit le bras, et plaça lui-même la main droite sur le poteau, en disant : « Qu'elle soit abattue, cette main qui a osé tirer l'épée » contre mon père ! » Il fallut y revenir, et la violence de la douleur lui arracha trois fois : « Jésus ! Jésus ! Jésus ! » Pour achever de couper la tête, il fallut aussi le secours du valet et du petit couteau; mais le premier coup avait été si rude, que le poteau se renversa. La tête fut rangée au bord de l'échafaud auprès de celle de sa mère.

Jean-Baptiste paraissait calme au milieu de cette scène de douleur. Sa constance ne se démentit pas et sembla prendre de nouvelles forces des exemples qu'il venait d'avoir. L'exécuteur lui banda les yeux, l'étendit sur la croix, lui abattit les mains l'une après l'autre, lui brisa les os des jambes avec une barre de fer, lui donna un grand coup sur la gorge qui l'étouffa, quelques-uns sur l'estomac et le bas-ventre pour lui rompre les reins ; détachant ensuite le corps de la croix, il le plaça sur une roue.

Telle est l'histoire de cet abominable parricide ; telle en fut la peine, trop douce encore si l'on considère le crime, trop cruelle si l'on consulte l'humanité.

LE GRAND SEIGNEUR

ET LA VILLAGEOISE.

« Vous me trompez, disait une jeune fille de Neau-
» phle-le-Château; votre maître n'est pas parti. Il est
» caché dans quelque chambre. J'avais juré de ne plus ac-
» cepter d'ouvrage chez lui. J'ai eu tort de revenir. Sans
» le besoin... — Rassurez-vous, lui répondait une femme
» d'un âge avancé et d'un air assez respectable ; vous
» aurais-je trompée? Monsieur n'est pas ici. Il est sorti
» ce matin de bonne heure dans sa voiture. Le domesti-
» que ne vous l'a-t-il pas annoncé la veille? Cette lettre
» laissée pour vous, que peut-elle contenir? » Elles en firent
la lecture. Le comte de Mersadec, écuyer contrôleur, clerc
d'office de la maison du roi, seigneur de dix villages, beau-
fils et petit-fils d'un apothicaire anobli, écrivait à Catherine
Manet : « Que convaincu de son honnêteté et de son in-
» nocence, il lui rendait hommage en s'éloignant ; que
» son entreprise de la veille était une épreuve hasardée

CAUSES CÉLÈBRES.

» pour connaître ses sentiments; il lui confirmait la nou-
» velle d'une absence de quelques jours, et la priait d'a-
» vancer son ouvrage pendant qu'il n'y serait pas. »

Rendue à la sécurité, moins par les protestations de cette lettre que par les assurances réitérées de la femme de charge, la jeune fille s'établit dans une chambre, prit son ouvrage et se mit à coudre. L'audacieuse tentative de la veille revenait toujours à son esprit, et avec elle le repentir d'avoir été crédule. Mais l'argent manquait à la maison, et la misère lui apparaissait? Le seigneur seul la faisait travailler. « Il aura voulu éprouver ma vertu, comme il l'écrit
» lui-même. Repoussé avec dureté, il n'y reviendra plus... »
Au même instant M. de Mersadec entre dans la chambre et en ferme la porte sur lui. Saisie de surprise autant que d'effroi, elle court à la fenêtre et va s'y précipiter; il l'arrête et lui dit : « L'amour m'a ramené; je veux votre bonheur,
» pourquoi refuser le mien? cédez de bonne grâce. Mon
» parti est pris; ma maison est isolée; personne ne vien-
» dra à votre secours. » Elle se débat et lutte pour échapper aux bras vigoureux qui l'étreignent; il la presse, l'entraîne, pousse la violence au comble, et triomphe d'un enfant qui n'avait que quinze ans pour toute défense.

Revenu de ce premier mouvement de brutalité, honteux peut-être, il essaye de la consoler; elle baisse les yeux et fond en larmes, lui répond par des soupirs et des gémissements; plus il redouble ses caresses, plus elle veut fuir. Artifice, galanterie, promesses, serments, tout est mis en œuvre pour la calmer et la séduire. Elle résiste; mais à la menace de laisser tout deviner, elle paraît céder.

LE GRAND SEIGNEUR ET LA VILLAGEOISE.

Subjuguée par degrés, elle n'a plus d'autres volontés que les siennes.

Cependant une mélancolie sombre avait succédé à sa gaieté naturelle ; elle ne montrait plus cet air d'innocence qui imprime le respect. Ce changement fut remarqué et sa cause facilement devinée. L'assiduité de Catherine dans la maison du seigneur, où elle restait des journées entières ; la durée d'un travail qui aurait suffi pour faire le linge de la famille la plus nombreuse ; la solitude de la maison, dont personne n'approchait, d'où le maître lui-même ne sortait pas, et où il passait toutes les heures tête à tête avec elle ; leur empressement à se voir et à se parler à la dérobée les jours de fête ; les coups d'œil d'intelligence, enfin mille indiscrétions qui échappent aux amants les plus attentifs, tout trahissait le mystère de leurs amours.

Nous connaissons la violence qu'il avait fallu au seigneur pour triompher, l'art perfide qui avait enfin asservi une jeune fille honnête à son empire ; il n'est pas inutile de savoir par quelle suite d'artifices il avait préparé ce piége à cette enfant.

Lorsque M. de Mersadec quitta la Normandie pour fixer sa résidence à Neauphle-le-Château, il choisit une maison isolée à l'extrémité de la ville, éloignée de la rue et sans voisins, bâtie au milieu d'un vaste terrain ; pour y arriver, il fallait traverser une longue cour : autour de cette cour s'élevaient des murailles épaisses qui en dérobaient tout l'intérieur aux regards des curieux. Il ne forma de liaison avec personne ; mais il ne tarda pas à se faire remarquer autant par de larges galons d'or qu'il portait sur ses habits que par de gros écus qu'il donnait dans l'église aux jeunes filles qui ont coutume de quêter pour les pauvres; leur figure plus ou moins jolie était la mesure de ses charités. Le peuple ouvrit de grands yeux et l'admira. « C'était un » être bienfaisant que la Providence envoyait de loin pour » secourir ce coin de terre malheureux et répandre la » manne dans ce désert. »

Les hommes du caractère de M. de Mersadec sont habiles à exploiter ces surprises dans l'intérêt de leurs passions ou de leur fortune. Parmi les quêteuses, une surtout avait frappé ses regards; elle était ouvrière en linge et appartenait à des parents honnêtes, mais très-pauvres; il envoya chercher sa mère et lui dit : « Qu'ayant beaucoup de linge » à faire faire, il aurait besoin d'une ouvrière qui fût en état » de travailler chez lui; qu'on lui avait parlé de la position » gênée de sa famille et de l'habileté de sa fille; que l'ou- » vrage était pressé. » La proposition n'avait rien de suspect de la part d'un homme de quarante ans si bien connu par sa charité. « Sa fille avait quelque talent; la mère en » convenait; mais si l'ouvrage était pressé, il valait mieux » l'emporter chez elle, où il serait distribué à plusieurs ou- » vrières et ainsi bientôt terminé. »

Cet expédient inattendu déconcerta le comte. « Son » linge était fin, répondit-il; il était de nature à mériter » beaucoup d'attention; il exigeait la surveillance de la » femme de charge, soigneuse et très-habile; il y en » avait d'ailleurs une trop grande quantité pour le mettre » dehors à la fois. » Excitée, aveuglée peut-être par l'intérêt, la mère ne songea pas à la vertu; et quand elle y

LE GRAND SEIGNEUR ET LA VILLAGEOISE.

aurait songé, il était si bon, M. de Mersadec, si charitable, si pieux, si assidu à tous les offices de la paroisse! quel danger pouvait courir sa fille? Elle promit de la lui envoyer.

Comblée d'abord d'égards et de prévenances, Catherine passa les deux premiers jours dans une tranquillité parfaite. Elle coupa, elle prépara l'ouvrage qu'elle devait coudre. Le seigneur venait bien parfois lui faire quelques visites, mais elles se bornaient à des propos rieurs, à de légères minauderies. Le troisième jour, plus entreprenant, il essaya quelques libertés. Elles ne réussirent point ; il redoubla d'efforts, la résistance devint plus vive. Il eut recours à la force et elle à son sabot, dont elle lui donna sur le nez un grand coup qui le fit saigner, et elle prit immédiatement la fuite.

Comment attirer encore une fois dans ses filets et ressaisir la proie qui venait de s'échapper? Un laquais adroit se chargea de la ramener. Son maître lui avait tracé deux plans de conduite. Si la mère était instruite, ce dont il devait s'informer d'abord, il fallait le justifier et obtenir à tout prix le renvoi de Catherine dans sa maison. Si la mère ne savait rien, il fallait le représenter tout courroucé de ce que la couturière avait abandonné un ouvrage mal coupé et auquel on ne connaissait rien. Il devait par tous ses discours intéresser son amour-propre et l'engager à venir reprendre son ouvrage et mettre à profit le lendemain, puisque son maître partait pour Paris, où il resterait au moins huit jours.

Cette dernière mission fut celle dont il s'acquitta sur-le-champ; car ayant rencontré la jeune fille qui n'était pas encore rentrée chez sa mère et qui avait achevé sa journée chez une de ses amies, il lui débita tous ses mensonges. Crédule, animée surtout par la nécessité d'un travail son unique ressource, elle ne dit rien à sa mère, et retourna où elle n'aurait dû jamais reparaître.

Ses liaisons avec M. de Mersadec étaient dévoilées à tous les yeux, et ses parents ne s'en doutaient pas encore. Dès qu'ils en furent instruits, ils défendirent à leur fille de retourner chez le seigneur. Cette défense acheva de la perdre. Le plaisir avait séduit les sens, et par les sens le cœur lui-même. Maître absolu de sa victime, il en obtint tout ce qu'il en exigea. Elle partit pour Versailles, où elle devait attendre M. de Mersadec dans un lieu indiqué. Son père, averti de sa retraite, alla la reprendre aussitôt et la reconduisit à Neauphle. Chemin faisant, ils rencontrèrent le seigneur, parti déjà pour la rejoindre, et tout confus de la retrouver entre les mains de son père. Il eut un moment la pensée de la lui enlever; mais un coup d'œil terrible le fit rentrer en lui-même, et ne lui laissa pour la reconquérir d'autres moyens que la ruse. Son laquais fut mis de nouveau en campagne; et quoique cette fois l'affaire fût délicate et périlleuse, il s'en acquitta à la satisfaction de son maître. Après avoir trouvé le moyen de lui adresser quelques paroles, il sut la résoudre de nouveau à quitter la maison paternelle et à rejoindre son amant. Cette fois encore, instruit à temps, le père envoya à sa poursuite deux cavaliers de maréchaussée, qui l'arrêtèrent en route et la conduisirent au commandant avec son ravisseur.

Loin de décourager M. de Mersadec, tant de mécomptes

LE GRAND SEIGNEUR ET LA VILLAGEOISE.

l'irritaient; il revint à Neauphle, et jura de ne plus en repartir qu'avec elle. Cette dernière tentative d'ailleurs ne lui paraissait pas d'un succès difficile. « Deux fois déjà Ca» therine avait fui presque d'elle-même; ses sentiments » n'étaient pas douteux. Elle ne pouvait manquer de voler » vers lui en apprenant son retour. » Il se trompait. L'obstacle qu'il prévoyait le moins était celui qu'il allait rencontrer le premier. Guidée par les remontrances de sa famille, éclairée par les conseils salutaires d'un pasteur zélé, elle retrouva bientôt son cœur docile aux impressions du remords, et commença à détester sa faute. D'une autre part, la surveillance avait redoublé, et elle ne sortait plus. Ainsi la contrainte et le repentir élevaient entre elle et son séducteur une barrière bien difficile à franchir; il ne pouvait ni lui parler ni la voir, elle en évitait les occasions, et sans cesse il rôdait en vain autour de sa demeure; plus de doute, elle avait rompu sans retour. Le parti de la violence restait encore au séducteur.

Trop sûr alors de pouvoir impunément déshonorer, opprimer des malheureux hors d'état de lutter contre son crédit et sa fortune, il médita son projet d'enlèvement dès qu'il pourrait la surprendre. Le fidèle laquais fut encore chargé de l'expédition, et pour première consigne il reçut l'ordre de se tenir sans cesse dans le quartier qu'elle habitait, d'observer l'instant où elle viendrait à sortir, et s'il lui paraissait favorable, d'en donner avis. L'occasion se présenta assez vite : un jour de fête elle était allée à la promenade avec plusieurs de ses compagnes; il remarqua de quel côté elle tournait ses pas, et en prévint son maître, toujours prêt au premier signal. Celui-ci court au bois indiqué, et donne ordre à deux domestiques de le devancer de quelques pas avec sa voiture. A peine a-t-il aperçu Catherine, qu'il s'avance vers elle, se félicitant d'une rencontre qui lui permet de faire ses adieux avant son départ. Il proteste de son amour. Les compagnes s'éloignent par discrétion, et permettent entre eux une causerie plus libre. Il lui tenait la main avec le soin d'avancer toujours, nouveau Lovelace, vers sa voiture, qui était arrêtée. Lorsqu'il en est près, il change de langage : « Vous m'avez » promis d'être à moi : je ne puis vivre sans vous; partons » à l'instant. » Il la pousse, des domestiques la saisissent, la forcent de monter dans la voiture, malgré sa résistance et ses cris, et ils partent tous pour la Normandie.

De la douceur, des manières insinuantes, quelques petits présents, lui rendirent bientôt un jeune cœur dont son image n'était pas encore entièrement effacée. Leur voyage se fit dans une union parfaite, et ils y concertèrent tous leurs arrangements pour l'avenir. Désormais elle s'appellerait Victorine, et ils passeraient pour époux dans tous les endroits où le comte ne serait pas connu. Ce titre d'ailleurs, qu'une espèce de décence pouvait rendre nécessaire, elle se flattait de l'obtenir un jour réellement, et elle couvrait sa faute par l'espérance imaginaire née de sa vanité.

Les illusions ne devaient pas la bercer longtemps. Après diverses excursions, elle arriva enfin dans une des terres de M. de Mersadec, où elle apprit qu'il était marié. Désenchantée à cette nouvelle, mais effrayée surtout de paraître devant une femme qu'elle offensait, elle n'oserait jamais

LE GRAND SEIGNEUR ET LA VILLAGEOISE.

supporter ses regards. Le seigneur calma toute cette inquiétude et ranima son courage. « Soyez tranquille; quoi-
» que je sois marié, je ne songe point à ma femme, et je
» ne vis pas avec elle. Vous aurez bientôt occasion de la
» voir dans une autre terre, mais il n'existera entre elle
» et vous aucune relation ; nos ménages sont séparés. »

Victorine ne comprenait pas cet arrangement singulier, mais elle ne tarda pas à en être témoin. Quelques jours après ils se rendirent à la terre où demeurait Mme de Mersadec. Ils prirent un logement dans la maison et n'eurent aucune communication avec elle. Cette séparation extraordinaire, cette manière de vivre, si étrange pour Victorine, lui inspirait le désir de connaître une femme qu'elle avait déjà remarquée. De son côté, la comtesse souhaitait s'entretenir avec la nouvelle compagne de son mari. Toutes deux cherchaient l'occasion de se parler. Le hasard vint la leur offrir; l'épouse en profita pour se faire rendre compte de ce qu'elle voulait savoir, la maîtresse pour apprendre ce qu'elle ne savait pas.

« O jeune fille! que vous êtes malheureuse d'être tombée
» entre les mains de mon mari! dit madame de Mersadec à
» Victorine. Le monstre! le cours de ses séductions a com-
» mencé par la mienne, et à peine unis par un lien sacré,
» il l'a brisé en me délaissant, et m'outrage sans cesse en
» plaçant à mes côtés les victimes de son libertinage. Son
» art est de corrompre, les unes après les autres, les jeunes
» personnes qui lui plaisent; son triomphe de les conduire
» ici, et par un jeu cruel, par une humiliation souvent
» renouvelée, d'insulter une femme qui a eu la faiblesse de

» l'aimer, et qui a celle, plus grande encore, de cacher
» ses douleurs et de ne pas le dénoncer à la justice. Vous
» serez bien heureuse si la bizarrerie de ses goûts ne vous
» expose pas à des demandes que vous rejetterez par hor-
» reur, et à des tentatives que vous êtes trop faible pour
» repousser par la force. Votre sort me touche; vous étiez
» simple et pure, je le vois ; vos larmes l'attestent, s'il
» est vrai que vous pleuriez de repentir plutôt encore que
» de crainte. Ah ! vous n'aurez pas, je l'espère, le sort
» d'une autre enfant, précisément de votre âge, qu'il con-
» duisit à Saint-Germain, où ses parents la firent arrêter.
» Cette infortunée est actuellement enfermée à Caen, au
» couvent de l'Abbaye-aux-Dames; mais avant elle fut
» assez longtemps captive dans la chambre même que vous
» occupez. Une nuit, un de ses cousins, après avoir esca-
» ladé le mur de la cour, était parvenu jusqu'à sa fenêtre ;
» elle lui ouvrit ; pendant qu'elle était occupée avec lui à
» nouer ses draps pour descendre, il les surprit, et le fit
» saisir par deux valets, qui le pricipitèrent par la fenêtre;
» en tombant il se cassa une cuisse. Sans lui donner de
» secours, on le porta dans les champs, où on l'abandonna
» avec la menace de le faire poursuivre comme un voleur
» de nuit s'il osait parler de sa triste aventure. Et il a tou-
» jours gardé le silence. Redoutez le sort de la pauvre
» Stéphanie. »

Ce récit glaça Victorine d'effroi ; son cœur était égaré, mais non pas corrompu. Tout ce que sa situation avait d'affreux vint troubler à la fois son imagination. Elle aussi faisait le malheur d'une autre, occupait sa place et souillait

LE GRAND SEIGNEUR ET LA VILLAGEOISE.

le lit nuptial. En fuyant elle n'avait laissé à ses parents que l'inquiétude, la douleur et la honte. Quel serait son avenir avec un homme qui ne reculait devant aucun désir, et devant aucun moyen de le satisfaire! Dès ce moment elle résolut de s'arracher de ses bras; mais, transportée dans un monde nouveau, sans connaissances, sans ressources, elle n'attendait son salut que du hasard.

Peu à peu les triste prédictions de la comtesse se vérifiaient. Elle eut à subir des propositions qui soulevèrent son indignation et son mépris; la dernière lui inspira de l'horreur. Jusque-là il avait été extravagant, tout à coup il se montra dénaturé. De la folie des désirs il passa au crime froid et réfléchi. La grossesse de Victorine venait de se déclarer; lorsqu'elle lui confia ce nouveau malheur, il sourit : « Cela t'inquiète, lui dit-il; et pourquoi? ne se-
» rons-nous pas trop heureux de la naissance d'un petit
» être qui nous rendra plus chers encore l'un à l'autre?
» Il faut redoubler de soins, surtout dans les premiers
» temps. » A quelques jours de là il changea de langage, et un matin il lui dit d'un ton léger. « Au fait, pourquoi
» nous embarrasser d'un marmot? je n'ai pas de nom à
» lui donner, toi pas de fortune; le monde n'est que trop
» peuplé de ces petits malheureux; ce sera un bien pour
» celui-là de ne pas naître, un devoir pour nous, de la
» prudence au moins, de l'empêcher : je connais certaines
» drogues, tu les prendras, et dans quelques heures tu
» seras libre. »

Victorine s'évanouit : revenue à elle-même, elle l'accabla de tous les reproches et de tous les noms qu'il méritait :

CAUSES CÉLÈBRES.

« J'aime mieux recevoir la mort que de la donner à mon
» enfant; tuez-moi, misérable! » s'écria-t-elle. Il sourit
de pitié et se retira. Sa première pensée fut de révéler son
secret à la comtesse et d'implorer son secours; mais
quand elle voulut franchir l'antichambre, elle la trouva
fermée; le désespoir la saisit. Elle tomba à genoux, adressa
au ciel sa prière : « Grand Dieu, sauve la mère et l'en-
» fant! » Puis elle sanglotait, frappait son front contre le
parquet, elle s'arrachait les cheveux. Le comte la surprit
dans cette posture de suppliante et de désolée; il n'en fut
pas ému, et lui dit sèchement : « Avez-vous réfléchi? Tant
» que vous refuserez, vous serez prisonnière; du pain et de
» l'eau, rien de plus; si vous obéissez, vous serez libre. »
Elle se traîna à ses genoux, les embrassa, le conjura d'é-
pargner leur enfant; il fut inflexible; pour toute réponse,
il tira de sa poche un petit paquet et le lui présenta, ajoutant qu'il suffisait de le délayer dans un verre d'eau et de
le boire. Elle frémit, et il la laissa seule.

Les plus noirs pressentiments l'assiégeaient en foule; et
comme depuis elle l'a raconté elle-même, elle adoptait tour
à tour toutes les résolutions extrêmes, n'hésitant plus que
dans le choix. Se laisserait-elle mourir de faim? C'était un
moyen trop lent et qu'elle ne se sentait pas le courage
d'employer jusqu'au bout. Avalerait-elle la drogue préparée
et qui était sans doute du poison? Elle se souvenait d'avoir
entendu dire qu'il brûlait, qu'il déchirait les entrailles,
et qu'on expirait dans d'horribles souffrances. Parfois
exaspérée jusqu'à la fureur, elle saisissait avec violence
un couteau, et le cachait dans son sein, déterminée à en

LE GRAND SEIGNEUR ET LA VILLAGEOISE.

frapper son persécuteur. Bientôt tout son courage l'abandonnait. Des pleurs abondants devenaient ses seules armes; elle ne se trouvait plus que faible, timide, résignée à son sort.

Aucune de ses agitations diverses, aucune de ses paroles n'échappait au comte. Il occupait l'appartement supérieur, et par le moyen de plusieurs trous habilement pratiqués, il épiait, voyait, entendait tout. L'épreuve se prolongea sans succès pendant une semaine entière. Chaque matin un vieux domestique apportait du pain, de l'eau et quelquefois du lait. Il avait ordre de ne jamais lui adresser la parole. Elle s'élança un jour dans ses bras, s'attacha étroitement à lui, s'écriant qu'elle ne le quitterait pas, qu'ils sortiraient ensemble. Le comte parut, dégagea son serviteur, la repoussa durement, et ils s'éloignèrent tous les deux. Victorine dépérissait, mais ne cédait pas. En huit jours sa maigreur avait fait de rapides progrès; ses yeux, abattus d'abord, avaient pris un air d'égarement, ses mouvements et sa démarche quelque chose de l'allure des folles. M. de Mersadec fut déconcerté. Il la voulait bien sans son enfant, mais avec sa raison. Comment à la fois lui rendre l'une et anéantir l'autre?

La ruse, qui lui avait réussi tant de fois, vint encore à son aide. Le jour même il fait ajouter quelques mets à son morceau de pain, permet au domestique de demeurer plus longtemps, d'essayer quelques paroles. Elle croit d'abord à un piége, puis se rassure, le remercie et lui donne rendez-vous au lendemain. Le comte vient à sa place; une assiette de fruits était dans ses mains; il avait de la compassion, de la tendresse même dans les regards. Il s'approche doucement, s'assied à ses côtés, et comme autrefois d'un accent passionné il s'écrie : « Je ne résiste plus ; or- » donne ; le voilà libre ; notre enfant vivra ; je t'aime plus » que jamais. » Victorine le fixe. Une pensée rapide comme l'éclair fait briller ses regards. Elle aussi, elle sait sourire avec fausseté ; elle vient de l'apprendre en un instant. Les voilà réconciliés, et il lui propose de partir dans trois jours pour Versailles, où son service l'appelait.

En faisant ses préparatifs, Victorine entrevoyait déjà la facilité de fuir, et elle s'étudiait à la dissimulation. La veille, après le déjeuner, elle fut tout à coup saisie de douleurs violentes à l'estomac, et de vomissements que rien ne parvenait à arrêter. Elle les attribue à son état, se couche, et bientôt acquiert la certitude que ce qu'elle avait refusé de faire, le comte l'avait exécuté. Elle fait une fausse couche au milieu des douleurs les plus aiguës. Le comte avait trouvé le moyen de mêler ses drogues à sa boisson ou à ses aliments. Il triomphait. Trois jours lui avaient suffi pour prévenir la folie et consommer l'infanticide, et il mettait sur le compte d'un heureux hasard son œuvre de perfidie et de cruauté. Dès que Victorine fut remise, ils songèrent au départ. Ses prévenances, ses caresses redoublaient ; et pour mieux l'engager, il lui souscrivit une pension de 400 livres de rente viagère.

La jeune fille jouait de son côté son nouveau rôle avec prudence, mais non pas toujours sans affectation. Il l'observa, conçut quelques soupçons, se récria sur l'indignité de le tromper, quand il voulait à jamais lui consacrer sa vie, et termina par la menace qu'il ne fallait pas s'attirer

LE GRAND SEIGNEUR ET LA VILLAGEOISE.

un châtiment inouï. Victorine trembla, et en jurant fidélité sentit encore accroître sa haine. Elle n'était qu'à quatre lieues de ses parents, et n'avait pas le courage de les prévenir; le comte ne le lui supposait pas non plus. Un jour qu'il l'entretenait des douceurs de leur liaison, que rien ne semblait plus troubler, elle lui dit : « Rien ne » manque à mon bonheur que le pardon de mes parents : » je connais leur bonté et leur amour pour moi; je suis » sûre de leur indulgence; laissez-moi les fléchir : s'ils ré- » sistent, du moins j'aurai accompli un devoir dont la » pensée me tourmente. » Le comte, enchanté de voir s'évanouir jusqu'au moindre scrupule, et curieux d'essayer jusqu'où iraient ses bons parents, auxquels, sans doute, il avait fait trop d'honneur, adopta le projet.

Victorine, ou plutôt Catherine, car il fallait bien reprendre son nom, se rendit à Neauphle-le-Château. Elle y arriva le soir, se glissa le long des murs sans être aperçue, et frappa timidement à la porte de ses parents. Elle se précipite à leurs genoux, ne voulant pas se relever avant d'avoir obtenu son pardon. Désarmés par ses larmes et par les marques d'un repentir qui semblait sincère, ils la pressent dans leurs bras, l'appellent leur fille, mais crient à la vengeance, et dès le lendemain réunissent leurs faibles ressources pour attaquer celui à qui ils devaient tant d'affliction et de honte. Les efforts pour les calmer furent inutiles; ils rendirent plainte de rapt de séduction contre le comte de Mersadec.

Ordonnance portant permission d'informer, suivie d'une information où neuf témoins furent entendus. Comme l'enlèvement était avéré, il y eut décret d'ajournement personnel. Le comte en appela, et obtint un arrêt de défense qui suspendait toute poursuite. Alors il crut qu'il était temps de réaliser cette menace vague dont plusieurs fois il avait effrayé sa victime; il va trouver un exempt de la maréchaussée qu'il connaissait, lui dit qu'une de ses armoires avait été forcée et plusieurs de ses effets volés. L'exempt écrivit sous sa dictée tout ce que voulut le comte et fit signer le procès-verbal par deux de ses cavaliers. Cet acte produisit un décret de prise de corps contre la fille et ses parents. Avant qu'il ne pût être mis à exécution, il tenta d'un autre côté tous les moyens de parler à Victorine, et lui écrivit plusieurs billets, s'imaginant qu'elle était toujours de concert avec lui, que la plainte de ses parents était un acte de vengeance poursuivie à son insu ou malgré elle, qu'ils abusaient de leur autorité pour la retenir, et qu'à la faveur du décret de prise de corps il pouvait tout hasarder avec impunité.

Le jour même il avait donné ordre à un nouveau laquais, inconnu à Victorine, de se promener autour de sa maison et de faire en sorte de la lui amener. Plus entreprenant encore que son prédécesseur, et ayant remarqué que la jeune fille était seule, le laquais frappa à la porte; Victorine ouvrit sans défiance. « Mon maître vous attend, suivez-moi, » lui dit-il avec vivacité. Comme elle refusa, il l'entraîna de force et avait déjà fait quelques pas avec elle; mais plusieurs personnes accoururent au bruit, le firent rentrer dans la maison et le gardèrent jusqu'au retour de la mère, qui requit immédiatement le transport du juge, à l'effet de

LE GRAND SEIGNEUR ET LA VILLAGEOISE.

connaître et d'interroger le ravisseur de sa fille. Le bailli reçut sa plainte.

« Le particulier arrêté a déclaré être le domestique du
» comte de Mersadec, venant de la part de son maître pour
» avertir la jeune Victorine de se rendre dans le jardin
» dudit comte, qui l'y attendait. Il a aussi déclaré qu'il était
» venu la veille pour lui apporter de sa part une montre
» d'or, et que quelques jours auparavant il lui avait remis
» un billet écrit par lui-même à la place de son maître. »

Nouveau décret d'ajournement contre M. de Mersadec, à cause de la récidive. Il l'éluda par un nouvel arrêt de défense. Cependant la mère et la fille, instruites de l'existence du décret de prise de corps rendu contre elles, s'empressèrent de le purger et se constituèrent prisonnières. Sommation fut faite au comte d'avoir à fournir ses réponses à leur interrogatoire ; il hésita longtemps, et puis, afin que rien d'odieux et d'infâme ne manquât à sa conduite, il persista à accuser sa victime de vol et sa mère de recèlement. Retenues dans les prisons pendant plus d'une année, c'est avec peine qu'elles purent enfin faire proclamer leur innocence. Elles furent déchargées de l'accusation de vol domestique, et lui simplement condamné à 3,000 livres de dommages-intérêts envers la mère, en 10,000 livres envers la fille. Total : 13,000 livres pour un viol, un enlèvement, une séquestration, un infanticide et une accusation calomnieuse. O justice de nos pères ! les grands seigneurs en étaient quittes à bon marché.

LA DUCHESSE DE MALFI.

Lorsque Frédéric d'Aragon, chassé de Naples, se retira en France auprès du roi Louis, parmi les personnes qui le suivirent se trouvait son ancien intendant, un gentilhomme napolitain, Antonio Bologne. Brave de sa personne et d'un courage éprouvé à la guerre, d'une réputation brillante parmi les grands, il avait encore des agréments infinis qui le faisaient aimer et rechercher de chacun. Pour réduire et manier un cheval, nul ne le lui disputait en Italie; il savait aussi s'accompagner sur le luth avec une grâce mêlée de telle douceur, qu'en l'écoutant, les plus mélancoliques oubliaient leurs rêveries. Sa taille élégante, la beauté et la noblesse de ses traits, une instruction si variée et si profonde que parfois elle mit les plus savants en défaut, tout se réunissait pour faire d'Antonio un cavalier accompli.

La cour de France lui offrait en vain et des plaisirs et des succès : triste loin de la patrie, dégoûté du monde parce qu'il était sage, il soupirait après le repos. Le roi

LA DUCHESSE DE MALFI.

d'Aragon vit s'éloigner avec peine le plus aimable et le plus dévoué des compagnons de son exil; mais l'amitié se résigna à ce sacrifice, enviant toutefois au voyageur les biens qu'il allait retrouver, le beau ciel d'Italie, et peut-être même sa modeste retraite. Antonio partit donc avec tous ses projets de paisible solitude, de petit coin ignoré des humains et à l'abri des chances de sa première fortune; mais le ciel avait déjà disposé autrement de sa destinée. Les agitations du passé n'étaient rien auprès de celles que lui réservait l'avenir.

La duchesse de Malfi, issue de la maison d'Aragon, sœur du cardinal de ce nom, alors riche et tout-puissant à Rome, veuve à la fleur des ans et de la beauté, sage surtout, cherchait alors une personne capable de partager le double soin qui lui était confié, la tutelle du petit-fils du feu duc son mari, l'administration du duché, héritage de cet enfant. Elle jeta les yeux sur Antonio à son retour de France. Il avait fait ses preuves d'attachement à la maison d'Aragon, dans laquelle il avait été élevé dès ses plus tendre années. Elle le mande donc auprès d'elle et lui dit :

« Seigneur de Bologne, votre malheur et celui de notre
» famille a voulu que le roi et vous ayez perdu, l'un son
» royaume, et vous plus tard un excellent maître. La seule
» récompense de vos loyaux services est l'honneur de les
» avoir rendus. J'ose en attendre de vous un autre non
» moins signalé : une maison comme la mienne a tou-
» jours de minutieux détails et souvent de grandes
» difficultés ; les uns absorberaient trop l'esprit d'une

» femme de mon rang, les autres pourraient quelquefois
» se trouver au dessus de ses forces. Venez à mon secours,
» ne refusez pas de moi la même charge que vous aviez
» acceptée du roi Frédéric. Sans doute, c'est déroger, je
» le reconnais; mais vous savez qui je suis et de combien
» près je touche à celui dont vous êtes le si noble et si
» affectionné serviteur. Sans être reine, ni posséder des
» domaines immenses, je porte un cœur royal; l'avenir
» vous apprendra si en quittant la duchesse de Malfi on
» n'emporte aucun prix de ses peines et de ses travaux.
» La générosité se rencontre aussi bien aux cours des pe-
» tits princes qu'aux palais superbes des grands monar-
» ques. Vous réfléchirez. »

Antonio lui répondit que ce qu'il devait aux Aragonais était gravé au fond de son âme, et que jamais il n'en perdrait la mémoire; mais il avait je ne sais quoi en l'esprit qui l'éloignait des maisons somptueuses, lui inspirait de la modération, le goût de la retraite et des choses simples, le désir de consacrer le reste de ses années au repos. Il ne se rendait pas compte de cette vocation nouvelle; pourtant elle l'avait ramené de France, et seule séparé d'un protecteur malheureux. Sans doute, il devait en convenir, l'honneur d'une proposition aussi imprévue, en flattant son amour-propre, lui rappelait des devoirs et ébranlait sa résolution; peut-être même ne tiendrait-elle pas. Quoi de plus doux pour lui que de reprendre sa première vie sous celle dont la bonté lui permettait d'en continuer le cours? Et il se confondit en protestations. Ainsi des offres pleines de grâce, de flatteuses instances; et plus encore le

LA DUCHESSE DE MALFI.

secret instinct d'une fatale grandeur, triomphèrent d'une sagesse qui se croyait sûre d'elle-même pour avoir traversé noblement quelques jours d'adversité.

Tandis qu'en un moment d'entretien s'évanouissaient les rêves de l'exil, la grande dame en avait qui se poursuivaient encore avec assurance. A la mort de celui qu'elle adorait, elle s'était fait l'illusion et prêté à elle-même le serment d'un éternel veuvage. Si quelque désir venait un instant troubler la paix de son cœur, exciter ses sens, elle lui imposait silence. La nuit même, lorsque l'ardeur d'une imagination et d'un sang italien faisait revivre de trompeuses apparences et replaçait en songe le duc à ses côtés, elle se débattait contre le prestige; sa raison luttait comme si à travers les vapeurs du sommeil elle eût entrevu l'imposture; toutes ses pensées se tournaient à la résistance, et sa vie devenait un combat. Tantôt c'était du dédain : avait-elle rencontré à Naples un cavalier digne de l'émouvoir? les plus recherchés n'avaient-ils pas des défauts saillants? Tantôt c'était de la sagesse : dans une terre où la dissolution passe pour avoir établi son règne, qu'acceptaient tant de hautes et puissantes dames, il serait glorieux d'être regardée comme une exception à la foule ; le plaisir de bien faire était le seul permis à une âme honnête. Tantôt enfin c'était de la fierté : le sang des Aragonais coulait d'une source trop pure pour l'altérer par un mélange dégénéré; née sur les degrés du trône, jamais elle ne consentirait à descendre.

C'est ainsi que nuit et jour la duchesse de Malfi entretenait le feu sacré de ces beaux sentiments : la nuit, en chassant les images qui voltigeaient sans cesse autour d'elle; le jour, en détournant ses regards des réalités, en laissant passer inaperçus les cavaliers paradant sur les chevaux turcs ou sardes à travers les promenades de Naples, auprès de sa voiture. Jusque-là elle avait eu seulement à sa rencontre, chez elle, des visiteurs indifférents ou réservés; dans le monde, quelques complimenteurs tenus à distance par une politesse froide; au dehors, une jeunesse éventée, d'une légèreté trop suspecte pour être redoutable. Mais Antonio, qui l'emportait sur les plus renommés en beauté, en agrément, en esprit, tous les jours elle allait l'avoir devant les yeux et à ses ordres.

L'épreuve devenait sérieuse et ne fut pas de longue durée. En un mois le souvenir du duc s'effaça plus qu'en deux années auparavant. Il n'apparaissait plus dans les songes; un autre y prenait sa place, troublait et charmait sa pensée. On aimait à lui parler souvent et à parler de lui. Avec sa probité, son exactitude, son talent et toutes ses qualités de bon serviteur, on ne craignait pas de louer ses autres perfections; on remarquait son absence; on l'aurait voulu toujours là. La duchesse de Malfi, la vertueuse, l'orgueilleuse duchesse, aimait Antonio de Bologne, son intendant.

Lui, qui avait l'expérience du cœur des femmes, reconnut bientôt aux regards et aux manières de la duchesse le sentiment qu'il avait inspiré. La vanité, d'ailleurs, ce complaisant interprète, ne lui permettait pas de douter, et le jeta d'abord dans toutes les illusions d'un ambitieux espoir. La fortune venait à lui et le prenait comme par la main; devait-il résister? quelle plus belle occasion! Puis, lorsque

LA DUCHESSE DE MALFI.

la réflexion succédait, il se disait : Quelle folie ! n'y va-t-il pas de mon honneur? de ma vie peut-être ? Pour l'homme d'une naissance ordinaire, d'une position médiocre, le titre d'amant de grande dame souffre parfois de bien fâcheuses explications. Tout est mis sur le compte de l'intérêt : ce qu'il donne, il est accusé de le vendre; ce qu'il reçoit, de l'acheter à vil prix. L'amour, qui ennoblit, qui relève tout, se change dans la bouche des méchants ou des curieux en calcul qui le dégrade. Telle est l'inévitable peine de celui qui méconnaît sa place et ne respecte pas la distance que l'inégalité des conditions lui interdit de franchir.

La crainte venait encore fortifier ces raisons de galant homme : la famille de la duchesse était si hautaine, les cardinaux ses oncles si puissants et si vindicatifs ! l'amour avait beau l'absoudre, il serait toujours à leurs yeux un grand coupable d'avoir eu cet excès d'audace. D'un autre côté, paraissait-il indifférent, la duchesse; humiliée, irritée, lui ferait payer cher ce qu'il appelait de la prudence et ce qui était aujourd'hui de la nécessité. On ne résiste pas impunément quand la vengeance est bientôt aux ordres de la passion, et quand celle qui veut bien nous aimer peut encore nous punir. Ainsi, il se retenait et s'excitait tour à tour, plus près néanmoins de succomber que de vaincre. Etait-il le premier gentilhomme qui eût porté si haut ses pensées? Baudouin de Flandre avait bien eu une autre témérité; Baudouin avait ravi sur mer une fille de France qu'on menait en Angleterre pour être l'épouse du roi. Il n'était, lui, ni ravisseur ni suborneur, on l'aimait; pourquoi n'aimerait-il pas aussi?

Telle fut la longue et soucieuse délibération dans laquelle l'emportèrent enfin l'intérêt, le plaisir et la vanité. Il ne s'occupa plus que de fortifier son esprit contre toute chance périlleuse de l'avenir.

De son côté, la duchesse n'était pas livrée à de moindres perplexités. Incertaine, inquiète d'une volonté qu'il tenait cachée, elle ignorait comment lui déclarer la sienne. Il était réservé, mystérieux, et tandis que ses sentiments à elle se trahissaient par un regard, par un geste, ceux d'Antonio, couverts d'un voile de respect et de politesse, ne se laissaient pas connaître. Était-ce en lui timidité ou froideur? Jamais elle n'aurait le courage de hasarder une explication. Et pourquoi? était-il donc d'un rang si inférieur? beaucoup de princes l'égalaient-ils en qualités et en talents? n'ai-je pas sur lui un dessein légitime et sérieux? est-ce donc une intrigue que je médite? Non; je ne prétends offenser ni Dieu ni les hommes : si son amour répond au mien, je l'épouserai ; l'association de deux cœurs saintement liés est pure et innocente. Que le préjugé parle ensuite, n'importe! à qui donc dois-je compte? ma grandeur seule, à laquelle on m'accusera de faire tort, est-elle tout enfin? le repos de l'esprit, le contentement du cœur ne seraient-ils plus que de vaines paroles?

Le mariage était arrêté, la duchesse épiait l'occasion de communiquer ses desseins. Vaincue d'amour et d'impatience, elle la fit naître. Comme il venait assez ordinairement dans sa chambre pour lui parler des affaires de sa maison, elle l'attire auprès d'une fenêtre donnant sur des jardins; elle le regarde, baisse les yeux et demeure long-

LA DUCHESSE DE MALFI.

temps sans proférer une parole. Le cœur saisi, l'esprit troublé, l'âme passionnée, le silence était leur unique langage. Semblables à deux statues, en eux jusqu'au mouvement semblait suspendu. Enfin, plus éprise ou plus résolue, la duchesse d'un air tout à coup rassuré, et dissimulant le fond de sa pensée, lui adresse ce discours :

« Si tout autre, seigneur de Bologne, avait à entendre
» le secret que je vais vous découvrir, j'hésiterais ; mais
» élevé à la cour d'Alfonse II, de Ferdinand et de Frédéric
» d'Aragon, mes cousins, vous avez une discrétion sur la-
» quelle je me repose ; je ne me fais donc aucun scrupule
» de vous révéler ce que mon cœur a de plus caché. Ecou-
» tez mes raisons, vous les approuverez ; autrement vous
» me ferez douter de cette sagesse si vantée. Mais elle ne
» s'égarera point, mon cœur en est le garant. Vous savez
» comme je suis devenue veuve par la mort de monsieur le
» duc, mon seigneur et époux d'honorable mémoire. De-
» puis ce jour ma conduite a défié les jugements les plus
» sévères ; elle a été irréprochable. Quant au duc mon fils,
» les dettes acquittées, le duché accru encore d'une belle
» terre en Calabre, ses revenus libres et assurés, témoignent
» assez de mon administration comme tutrice et de ma
» tendresse comme mère. Je n'ai négligé aucun des de-
» voirs imposés par ce double titre ; plus tard mon fils me
» rendra justice ; aujourd'hui je l'attends des autres.

» Or jusqu'ici je n'ai pas encore vécu pour moi : ces
» courses, ces soins divers dans le duché et à Naples, par
» cela même qu'ils étaient une obligation, devenaient une
» servitude. J'ai délibéré d'y mettre un terme en chan-

» geant de vie et de condition. C'est trop longtemps demeu-
» rer seule pour la femme qui a un cœur aimant et qui re-
» doute une faute. Le veuvage a d'insupportables ennuis.
» Le mien, je l'avouerai sans détour, commence enfin à
» me peser. Je n'ai recherché ni un grand seigneur mon
» égal en naissance, ce pays n'en a pas; ni un mari trop
» jeune, c'est folie, et de pareilles unions n'ont produit
» que malheurs. Je veux donc sans retard choisir quel-
» que gentilhomme bien né, avec plus de vertu que de ri-
» chesse, avec plus de bonne réputation que de revenus,
» et en faire mon époux.

» Maintenant vous connaissez mon secret; j'ai besoin
» des conseils d'un homme prudent et éclairé, à cause
» de mes frères, et surtout du cardinal. Ce parti les
» soulèverait contre moi, la paix entre nous serait trou-
» blée et la rupture peut-être éternelle. Il faudra le leur
» cacher jusqu'au moment où je pourrai publier sans dan-
» ger l'union que je décide d'accomplir sur-le-champ avec
» un gentilhomme que j'aime plus que moi-même, et à
» qui, je le sais, je serai plus chère que sa propre vie.
» Seigneur Antonio, parlez; quel est votre avis ? »

Antonio avait pensé à l'intrigue, jamais au mariage. Il était pâle, éperdu, immobile de crainte, comme un criminel auquel on aurait lu sa sentence. Était-il ce gentilhomme inconnu encore ou le simple confident? s'était-il abusé? Que répondre? Cette contenance abattue et muette trancha les doutes de la duchesse. Elle jeta sur lui un regard doux et attrayant, elle s'en rapprocha peu à peu, et pour le rassurer, le prenant par la main, elle l'exhorta à

LA DUCHESSE DE MALFI.

avoir du courage, à ne pas se tourmenter autant d'un témoignage de confiance. Elle rendit justice à son affection, et surtout à cet esprit pénétrant qui certes ne lui avait pas permis de demeurer trop incertain sur le but de démarches mal déguisées. Elle convint l'avoir deviné, et lui pressant affectueusement la main, déclara que s'il donnait sa parole comme elle donnait la sienne, ils allaient s'unir d'un lien indissoluble. Les inimitiés mortelles que susciterait une pareille alliance, la colère et la vengeance d'une famille implacable, se représentèrent vainement à la pensée d'Antonio. L'offre imprévue d'un bien inespéré avait déconcerté sa raison déjà si faible et acheva de la subjuguer.

« Ah! madame, lui dit-il d'une voix émue, si la puis-
» sance de vous servir égalait en moi la reconnaissance de
» vos bienfaits, je m'estimerais le plus heureux du monde.
» Il a fallu me deviner; j'ai caché mes tourments, la faute
» en est à votre grandeur; mais du moins vous m'aurez
» trouvé, je l'espère, plus discret que présomptueux. Je
» l'avais bien remarqué; parmi vos serviteurs j'étais l'objet
» de quelques préférences; fier et malheureux à la fois, à
» qui confier et ma satisfaction et ma peine? Plus elles
» étaient grandes, plus je les cachais. Aujourd'hui vous
» venez au-devant de moi, je tombe à vos genoux. Dispo-
» sez d'Antonio; il est à la duchesse de Malfi à la vie et à
» la mort. La conduite de l'affaire reste seule à régler.
» Votre sûreté et votre réputation en dépendent; il faut
» vous préserver du péril et de la médisance. »

La foi mutuellement jurée, ils se donnèrent une heure pour le lendemain. La princesse, seule dans sa chambre, y avait retenu une femme de sa maison appelée Julie, élevée avec elle dès le berceau et qui avait toute sa confiance. Cet unique témoin consacra le mariage, et le soir même la couche nuptiale le consomma. Longtemps ils furent aussi sages que discrets ; pendant le jour, Antonio remplissait assidûment ses fonctions d'intendant. Il redoublait d'égards et de respect. La duchesse modérait les éloges prodigués autrefois et cachait son amour sous des dehors plus imposants ; mais les démarches inconsidérées n'éveillent pas seules les soupçons, la langue seule ne trahit pas le mystère. La duchesse se trouva bientôt enceinte, et à l'aide des plus minutieuses précautions s'imagina tromper tous les regards. L'enfant, confié à une nourrice de village, reçut le nom de Frédéric, celui même des parents de sa mère.

Avant une année, nouvelle grossesse, et cette fois difficulté insurmontable pour la cacher. Le bruit ne s'en répandit pas à Naples seulement, il parvint à Rome jusqu'aux oreilles du cardinal. La famille s'assembla. « Qui pouvait y » avoir ainsi porté le déshonneur ? Quel était cet adultère » dont le sang s'était audacieusement mêlé à celui des Arago- » nais ? Quel qu'il fût, on le découvrirait, et le crime et la » honte s'expieraient par une peine exemplaire. » De nombreux espions furent envoyés à Naples et jusque dans le palais de la duchesse. Elle voyait chaque jour les gens de son frère y pénétrer, épier sa contenance, remarquer les visiteurs pour lesquels elle avait le plus de prévenances gracieuses : le trouble était dans sa petite cour.

Antonio ne pouvait s'abuser sur le danger qui redoublait.

LA DUCHESSE DE MALFI.

Une surprise, la corruption de la femme de chambre, le plus léger indice pouvait le perdre. Il résolut de quitter Naples, et en prévint ainsi la duchesse. « Les sentinelles » apostées par votre famille veillent nuit et jour aux portes » et dans l'intérieur du palais pour surprendre la vérité. » Je ne craindrais pas la mort qu'il faudrait braver pour » votre service; mais à cette heure ma vie dépend d'un » mot. Que Julie le laisse échapper, et je suis perdu. Les » piéges sont déjà tendus de toutes parts; la troupe est » prête et le meurtre commandé. Encore si la justice ou » un combat singulier devait vider nos différends, j'atten- » drais les provocateurs sur le terrain qu'il leur plairait choi- » sir; mais la trahison et la violence me sont réservées. Je » périrai en vil suborneur, moi votre légitime époux. Lais- » sez-moi me retirer à Ancone jusqu'à ce que la colère de » vos frères apaisée permette de leur montrer l'innocence » d'une union qu'ils poursuivent comme criminelle. Moi » absent, vous n'avez plus rien à redouter. Soyez sincère » toutefois. Éprouvez-vous quelque crainte, au moindre » signe je demeure et je me ferai tuer près de vous. Je » ne veux que vous plaire et vous obéir. »

La duchesse répandit des larmes amères, et opposa tout ce que lui inspirait son amour menacé; mais la raison était du côté d'Antonio. Elle s'y soumit, non sans espoir d'acquérir plus tard un doux repos à ce prix. La crainte seule des espions aragonais les arracha des bras l'un de l'autre. Voilà déjà deux actes de cette tragédie : un mariage clandestin, une séparation violente.

Antonio, muni d'une forte somme, se rendit droit à

CAUSES CÉLÈBRES.

Ancone avec ses deux enfants, qu'il fit soigneusement élever. Là il loua une maison conforme au train de la duchesse. Mais elle, effrayée de la solitude que lui produisait son absence, n'avait plus d'appui, de conseil que sa fidèle femme de chambre, dans l'esprit de laquelle elle trouvait des ressources inconnues. La vigueur de son caractère lui rendait le courage, lui apprenait à se roidir contre l'adversité, et la préparait à tenter une chance quelconque de salut par un parti prompt et décisif. Trop de retards accumulés la réduiraient, disait-elle, à cette extrémité qui ne laisse que des fautes à choisir, et précipite dans le péril par le désespoir.

Julie fit part d'un stratagème qui devait la soustraire d'abord à l'ombrageuse inquisition de ses frères et bientôt la conduire auprès de son époux. On prétexterait un ancien vœu d'aller visiter Notre-Dame de Lorette; on ferait ses apprêts de dévotion avant le départ; des malles et de la vaisselle d'argent seraient envoyées à Ancone, où la duchesse se rendrait ensuite. En moins de huit jours ce projet fut adroitement exécuté : tout le monde crut au vœu de Notre-Dame et la vit s'éloigner sans soupçon. Les dévotions achevées, la pèlerine tourna ses regards vers le véritable but du voyage; et à ses gens qui songeaient au retour dans le duché elle dit qu'Ancone, cette cité si ancienne et si belle était seulement à quinze milles, qu'il fallait profiter du voisinage pour y faire une excursion : tous approuvèrent l'avis et s'acheminèrent.

Le seigneur de Bologne, averti, se tenait sur le seuil de son beau palais situé dans la grande rue. La duchesse,

LA DUCHESSE DE MALFI.

avec sa suite, devait y passer, et lorsque l'officier chargé de faire les logements se présenta, Antonio lui offrit son palais. Comme il avait déjà lié connaissance avec bon nombre de gentilshommes de la ville, il en réunit plusieurs pour aller à la rencontre de la duchesse, et en tête de ce cortége il lui renouvela cette offre. Elle eut l'air de lui donner la préférence comme à celui d'un serviteur zélé et prévenant.

A peine installée, la duchesse reconnut que cet état de dissimulation étudiée dégénérait en véritable comédie dont tout le monde avait déjà le secret ; l'humiliation de passer pour la maîtresse de celui dont elle était l'épouse accablait son âme ; elle était impatiente de détruire cette fausse opinion d'intrigue et de concubinage. Sa dignité s'en offensait comme sa vertu s'en trouvait flétrie. Dès le lendemain de son arrivée elle réunit tous les gens de sa suite et leur parla en ces termes :

« Il est temps désormais, mes gentilshommes, et vous,
» mes serviteurs, que je révèle à tous ce qui est connu de
» celui seulement aux regards duquel rien n'échappe;
» lors même que le mystère serait possible encore, ne
» voudrais-je pas le prolonger. J'ai choisi un époux à mon
» gré ; ma seule faute est de ne l'avoir pas déclaré plus
» tôt. Il est devant vous, c'est le seigneur Antonio de Bo-
» logne. Je lui ai donné ma foi, il m'a engagé la sienne en
» présence de Julie, ma femme de chambre, unique témoin
» de nos accords. Ceux qui préfèrent le service de mon fils
» au mien peuvent se retirer ; ils ont toute liberté, pourvu
» qu'ils se montrent envers lui tels qu'ils furent envers

» moi. Ceux qui voudront suivre ma fortune n'auront pas » lieu de s'en repentir. Je ne suis plus la duchesse de » Malfi, mais la femme d'un honnête gentilhomme. Et » vous, ajouta-t-elle en s'adressant à Antonio, vous savez » ce qui s'est passé entre nous : Dieu m'est témoin de la » pureté de ma conscience. Faites venir nos enfants, les » fruits d'une alliance si légitime doivent se montrer. » Le enfants parurent, et chacun demeura pétrifié d'étonnement. Qui eût deviné qu'Antonio avait succédé au duc de Malfi ?

De tous les serviteurs il ne resta à Ancone que l'inséparable Julie; ils regagnèrent le royaume de Naples, laissant la duchesse goûter en liberté le bonheur d'être à celui qu'elle aimait et de pouvoir le dire. Pour la première fois sa joie était paisible, ses jours pleins de sécurité. Depuis longtemps sa grandeur n'avait été qu'un obstacle cruel et un péril sans cesse renaissant. Désormais plus de luttes, plus de précautions; elle allait se reposer en sécurité à l'abri d'un titre modeste. Avenir décevant! fatale illusion!

En se retirant, les gens de la duchesse s'entretinrent de la fureur qui saisirait le cardinal à la nouvelle de cette étrange union. Peut-être seraient-ils accusés de connivence et de félonie. Le plus sûr était d'aller au devant des reproches, et d'être les premiers à l'instruire de tout. L'un d'eux, au nom des autres, se dirigea vers Rome pour faire à la famille le récit de la scène d'Ancone et de la déclaration publique.

D'un caractère hautain et emporté, le plus jeune des

LA DUCHESSE DE MALFI.

frères vomit un torrent d'injures contre sa sœur : « Quelle
» effronterie! qu'elle impudicité! quelle dégradation! Une
» duchesse s'allier à un Antonio! flétrir à la fois le nom
» d'Aragon et souiller la couche d'un Malfi! Ce mariage,
» cette foi promise n'étaient qu'un prétexte, un voile men-
» songer jeté sur le libertinage. » Alors il fit serment devant Dieu de les poursuivre sans trêve jusqu'à ce que leur ardeur insensée fût éteinte dans le sang. Quant au cardinal, il gardait le silence, et semblait livré à quelque pensée profonde ; ses regards étaient sombres, sa figure contractée par les mouvements convulsifs d'une froide colère. Il méditait sourdement sa vengeance, d'autant plus implacable qu'elle était concentrée.

Pour éviter d'abord tout éclat, les deux frères s'adressèrent au seigneur Gismond Gonzague, cardinal de Mantoue, alors légat du pape Jules II à Ancone, et le mirent si avant dans leurs intérêts, que les époux eurent ordre de quitter de suite la ville. Mais Antonio, appuyé de ses puissantes relations, résista long-temps. Il n'en fit pas moins, tout en différant son départ, mener ses meubles, sa suite et ses enfants à Sienne en Toscane. Aussi, lorsqu'on vint lui intimer le commandement de sortir de la cité dans les quinze jours, il était prêt et monta à cheval.

Déconcertés dans leur projet de surprendre Antonio dans le voyage et de le faire massacrer, les deux frères en conçurent un dépit qui exalta leur rage ; mais ni Ancone ni Sienne n'était le théâtre où elle devait s'assouvir. La Toscane offrit quelque temps aux exilés une retraite paisible. Cependant le cardinal intercéda si vivement auprès d'Alphonse Castruccy, cardinal de Sienne, que ce dernier obtint du seigneur Borghèse leur expulsion du pays siennois.

Persécutés, chassés de tous les lieux, errants d'asile en asile, incertains désormais d'en trouver un, les malheureux époux ne savaient plus vers quelle contrée tourner leurs pas. Enfin, ils se déterminèrent à gagner Venise par la route de la Romagne. Comme ils étaient sur le territoire de Forli, l'un d'eux aperçut dans le lointain une troupe de cavaliers dont la contenance n'avait rien de rassurant, et qui s'avançaient vers eux au galop. C'étaient les émissaires de la famille : Antonio n'en douta pas. Son sang se glaça dans ses veines. La mort n'avait rien de redoutable pour lui ; mais sa femme, ses jeunes enfants seraient massacrés à ses yeux. Le jeune frère avait juré de lui donner ce spectacle. Comment se défendre ? La duchesse interrompt ces pensées aussi rapides que l'éclair : « Fuyez avec votre fils aîné ; il peut supporter le voyage. » La vitesse de vos chevaux vous en fait un moyen de sa- » lut, et cette fuite assure aussi le mien. C'est vous qu'ils » veulent saisir. Demeurer, c'est nous perdre tous. » Il n'a pas le temps de lui dire un adieu, hélas ! le dernier ; et, avec son fils aîné, précipite sa course, non du côté de Venise, comme il l'avait projeté, mais de celui de Milan.

Cependant la petite troupe arrive auprès de la duchesse, et, voyant qu'Antonio s'était sauvé, lui parle avec beaucoup d'égards, soit recommandation expresse des deux frères, soit crainte de lamentations importunes. Leur

LA DUCHESSE DE MALFI.

mission se bornait, dirent-ils, à reconduire madame la duchesse sur les terres de son obéissance, à la replacer dans son gouvernement et auprès de son fils, dont un homme de l'espèce d'Antonio n'aurait jamais dû l'éloigner. Ces derniers mots dans la bouche de telles gens furent poignants à son cœur d'épouse ; mais, satisfaite de vivre, de voir ses enfants épargnés, elle sut se contenir, et prit quelque asurance.

A peine fut-elle arrivée au royaume de Naples, qu'on l'enferma dans l'un des châteaux du duc son fils avec ses enfants et avec Julie. La présence de quelques-uns des plus chers objets de son affection et de la seule personne demeurée courageuse et fidèle parmi tant de serviteurs charmait sa captivité et y mêlait encore de douces consolations ; et puis son Antonio était en sûreté. Combien de temps la peine durerait-elle ? Quelques mois sans doute, pendant lesquels ses frères s'apaiseraient peu à peu, et se contenteraient de l'avoir séparée d'un époux et d'un enfant, de la retenir captive avec les deux autres. Ainsi son esprit en imposait à ses propres terreurs par un avenir imaginaire.

Peu de jours après, le geôlier entre un matin dans sa prison ; sa contenance était embarrassée, il hésitait à parler ; les mots de conscience, de dernier jour lui échappent. A cette nouvelle de mort, elle est saisie d'un horrible tremblement ; sa chaleur l'abandonne ; elle tombe évanouie. Bientôt, reprenant ses esprits, elle donne par des plaintes amères un libre cours à sa douleur.

« Quel était son crime ? quel était le droit de ses frères ?

» N'y avait-il plus de justice? Si elle eût été adultère, que
» lui auraient-ils donc réservé? J'ai choqué leur orgueil, et
» ils m'arrachent la vie. Je les ai déshonorés, prétendent-
» ils dans leur langage mensonger, et un cardinal m'assas-
» sine! Alors elle se prosterne à genoux : Dieu juste et bon,
» est-ce ainsi qu'il a appris à vous servir ? Je ne reconnais
» d'autre juge, d'autre vengeur que vous. Si j'ai commis
» une faute, vous seul avez le droit de me punir. Que mon
» repentir l'expie ! Que le sang d'une innocente la purifie à
» vos yeux ! Recueillez-moi dans votre sein. »

Elle priait encore, lorsque trois de ces hommes même qui l'avaient arrêtée à Forli se représentèrent pour lui dire : « L'heure est venue. — Mes enfants, s'écria-t-elle
» d'une voix entrecoupée de sanglots, mes pauvres en-
» fants! ayez-en pitié ; ils n'ont rien fait. — Bien, ma-
» dame ; rassurez-vous ; nous aurons soin de les mettre
» en tel lieu que rien ne leur manquera. — Et cette
» bonne fille, je vous la recommande ; ménagez-la en sou-
» venir de ce qu'elle a bien servi l'infortunée duchesse de
» Malfi. » Elle voulait en dire davantage; deux des sbires la saisissent : elle se débat, jette des cris perçants. Mais l'étreignant de leurs bras vigoureux, en un clin d'œil ils ont jeté à son cou le fatal lacet, le serrent et l'étranglent.

A ce spectacle, Julie, retenue dans les bras du troisième exécuteur, lançait de terribles et vaines imprécations contre le cardinal et contre son frère; elle appelait sa maîtresse des plus tendres noms ; mais sa voix était couverte par les gémissements de la malheureuse. Elle enten-

LA COMTESSE D'AMALFY.

Nouvelles Causes célèbres
ou
Fastes du Crime

Publié par Pourrat Frères

LA DUCHESSE DE MALFI.

dit pourtant le dernier son de sa voix expirante et le râle de la suffocation. Tout à coup se fit un morne silence. « A toi maintenant! s'écria l'un de ceux qui venaient d'a- » chever la duchesse, à toi, complice de ses folies ; tu vas » rejoindre celle que tu ne voulais pas quitter. » Et il entrelace sa main dans sa longue chevelure, et lui passe le cordeau autour du cou : « Vous aviez promis... » s'é- criait-elle, mais le lacet fortement resserré ne lui permet pas de finir : elle tombe morte.

Restaient les deux enfants. Glacés d'effroi, ils avaient joint leurs petites mains, s'étaient mis à genoux et cher- chaient à désarmer les bourreaux par de touchantes sup- plications. Ils embrassaient leurs genoux, s'y tenaient étroitement attachés. Pardon! pardon! répétaient-ils sans cesse; et ces cœurs farouches se sentirent émus; ceux-là du moins n'étaient pas coupables, les bourreaux le com- prenaient, ils hésitaient à frapper. Le supplice fut sus- pendu quelques moments; mais ils étaient payés pour exter- miner la race de Bologne, et après ce mouvement d'une pitié inaccoutumée, ils massacrèrent impitoyablement ces pauvres innocents.

Antonio n'avait plus qu'un fils au monde, et il cher- chait par quelques relations cachées à se procurer des nouvelles des deux autres et de leur mère. Ses dernières paroles étaient toujours présentes à son souvenir : *Votre fuite nous sauvera tous.* Il croyait bien à quelques ri- gueurs, il gémissait d'une séparation dont il n'entrevoyait pas le terme; mais qu'il était loin de soupçonner la cruelle vérité ! D'abord attaché au seigneur Silvio Savelle, qui

assiégeait le château de Milan au nom de Maximilien Sforce ; puis, lorsque ce dernier porta son camp à Crémone, accueilli par le marquis de Bitonte, il s'était successivement ménagé un appui contre les Aragonais. Cependant, à leur crédit et à leurs sollicitations, ses biens de Naples avaient déjà été confisqués, et il ne vivait plus que de l'argent remis par la duchesse au jour de leur séparation. Malgré les sinistres avis de quelques personnes, il ne pouvait croire à tous ses malheurs ; il écoutait plus volontiers les discours de quelques traîtres. « On imputait aux frères, di-
» saient-ils, une cruauté à laquelle leur ressentiment ne se
» livrerait jamais. Ils s'apaisaient, au contraire ; sa femme
» et ses enfants n'étaient plus retenus que pour la forme ;
» lui-même recouvrerait bientôt ses biens confisqués. L'or-
» gueil du cardinal était satisfait par un premier succès.
» Bientôt il se ferait gloire d'être généreux. »

L'infortune est si crédule, que tous ces propos débités avec adresse entretenaient l'espérance d'Antonio. Il vivait toujours au sein de la plus riche société de Milan, mais surtout dans l'intimité de la dame Hippolyte Bentivoglio. Là, une après-dînée, tenant un luth en main, il venait de chanter une romance de sa composition sur ses malheurs mêmes ; sa voix était attendrie, ses yeux humides de larmes, et chacun de ses accents, inspirés du fond de l'âme, témoignait de sa souffrance. Les assistants émus laissaient échapper des pleurs. Un gentilhomme nommé Delio s'approche, le prend à part et lui dit : « Je vous
» vois pour la première fois, et cependant je suis attiré
» vers vous d'un irrésistible penchant. Je me trouvais, il

LA DUCHESSE DE MALFI.

» y a deux jours, avec un seigneur napolitain qui a conduit
» dans cette ville une compagnie de cavaliers. Il m'a as-
» suré avoir mission de vous faire mourir; mais il est
» humain et généreux; l'exécution d'un pareil ordre lui
» répugne. Je lui ai entendu exprimer le vœu de ne pou-
» voir jamais vous rencontrer. Il ne m'a laissé rien ignorer
» de ce qui vous touche, et de ce que la renommée a déjà
» publié dans le royaume de Naples.

» Apprenez donc la fatale nouvelle, car vous paraissez
» ne pas la connaître encore. Madame la duchesse et ceux
» qui étaient emprisonnés avec elle ont été mis à mort
» violemment; un sort pareil vous est réservé. Prenez vos
» mesures; ce que le capitaine napolitain répugne à faire,
» d'autres l'exécuteront. Je vous en avertis, croyez-moi ;
» je serais désespéré que cet avis, destiné à vous sauver,
» ne vous enlevât pas à une confiance funeste. »

Après les expressions d'une reconnaissance affectueuse, Antonio lui dit que semblables récits étaient assez souvent venus jusqu'à lui, qu'il les avait jugés peu dignes de foi, surtout depuis deux jours; des lettres de Naples lui annonçaient un retour favorable du cardinal, la restitution de ses biens, et assez prochainement sa réunion avec la duchesse.

« Quelle erreur! s'écria Delio l'interrompant; quelle
» trahison! vous êtes vendu! encore une fois, je vous en
» supplie, songez à votre sûreté. » Puis il le laissa et alla se confondre dans un groupe à l'autre extrémité du salon.

Ce gentilhomme avait dit vrai; le brave capitaine, averti de l'incrédulité d'Antonio, veillait sur sa vie, qu'un faux espoir l'empêchait de préserver. Il s'informait des lieux où il ne venait jamais, et affectait d'y passer la nuit; il lui dressait des embûches partout où il ne devait pas y tomber. La vengeance de l'impatient cardinal ne s'accommodait pas de ces lenteurs; le nommé Daniel Bozole, lieutenant d'infanterie à Milan, séduit par la récompense promise, dénonça celui qui à l'argent préférait l'honneur et l'humanité. L'exécution du crime lui fut confiée, et il ne tarda pas à s'en acquitter.

Quelques jours après, sachant qu'Antonio se rendait souvent à l'église pour entendre la messe et de là au couvent de Saint-François avec son fils aîné, le lieutenant plaça en embuscade quelques-uns de ses soldats près de l'église de Saint-Jacques; comme Antonio traversait la rue, ils se précipitèrent sur lui, et il fut massacré avant même d'avoir songé à se mettre en défense. Son enfant venait d'être percé en même temps. Ils tombèrent expirants l'un sur l'autre. Le jeune frère ne l'avait pas juré en vain : « Je ne » me reposerai qu'après avoir éteint dans le sang leur ar- » deur insensée. » Celui-là, du moins, la mort de la duchesse et d'Antonio l'aurait satisfait; mais, dans son silence, le cardinal avait fait aussi son serment, il avait juré d'exterminer même les innocents. La haine des deux frères était désormais satisfaite.

Loin d'être punis à cette époque, de pareils assassinats étaient secondés. C'était, il est vrai, sous le pontificat de Jules II, qui, d'après la remarque d'un auteur contemporain, fut un pape plus guerrier que chrétien, et qui aimait plus à voir couler le sang qu'à donner la bénédiction.

LA COMTESSE DE CÉLANT.

Lorsque Casal était sous la domination du marquis de Montferrat, il y avait parmi les habitants de la plus basse extraction un usurier parvenu à une immense fortune, nommé Jacques Scapardon. Il avait épousé une jeune Grecque que la marquise de Montferrat la mère avait ramenée de son voyage en Grèce à l'époque où les Turcs firent une incursion dans la Macédoine et s'emparèrent de quelques villes de la Morée. De ce mariage était née une fille, Blanche-Marie, très-belle, et d'une vivacité extrême. Scapardon mourut bientôt, victime des tourments que lui suscita sa cupidité. Comme il laissait une fortune de cent mille écus, dès l'âge de dix-sept ans Blanche-Marie fut recherchée des plus grands seigneurs. Ni la bassesse de sa naissance, ni l'origine de ses richesses ne firent obstacle, et elle épousa Hermès Visconti, issu de l'une des premières familles de Milan, qui la retira sur-le-champ dans sa maison, laissant la Grecque continuer le métier du défunt.

Ce gentilhomme reconnut de bonne heure combien

CAUSES CÉLÈBRES.

Blanche-Marie était volage, pleine de désirs, et surtout de celui d'une liberté immodérée. Il s'étudiait à la calmer, sans trop la contraindre, de peur qu'indocile au joug le plus léger, elle ne s'affranchît d'abord de toute retenue. Avec de l'habileté et de la mesure, il parvint à la contenir dans le devoir, et elle respecta un lien qu'autrement elle eût brisé. Ainsi, loin de vouloir se répandre parmi les brillants plaisirs de la société milanaise, elle bornait les siens à une seule maison, celle de la comtesse Hippolyte Sforce. Cette préférence exclusive ne fut pas interprétée comme elle devait l'être; on n'y vit que les ordres d'un mari jaloux et qu'une captivité mal déguisée. On en murmura; mais comme elle avait la facilité de se rendre chez la comtesse, fort recommandable d'ailleurs, à chaque heure du jour et de la nuit, elle se trouvait parfaitement libre. Aller sans cesse et à son gré dans une même maison lui paraissait beaucoup mieux qu'en visiter plusieurs quelques instants et avec une permission. Elle fut sage parce qu'elle se crut indépendante. Tout l'art de son mari avait été de bien choisir au début une compagnie où l'honnêteté régnât toujours.

Six années s'écoulèrent de paix sans trouble et de conduite sans reproche, lorsque Hermès Visconti fut emporté presque subitement par une maladie contagieuse. Elle le pleura, lui fit de magnifiques funérailles, et quitta Milan pour habiter Casal. Sa mère était morte aussi. Personne désormais qui pût la conseiller et la conduire. Quoique l'empire de son mari, ménagé avec adresse, lui eût paru insensible, cependant, dès les premiers pas dans le veuvage,

LA COMTESSE DE CÉLANT.

elle reconnut qu'enfin elle entrait en possession de cette liberté pleine et absolue rêvée durant ses jeunes années. Elle ne vit plus rien sur sa tête ni à ses côtés. Alors, de cette retenue tout artificielle elle passa en un jour aux manéges de la coquetterie la plus effrontée. La parure, le fard, les œillades, le sourire qui appelle, les agaceries qui engagent, tout fut d'abord mis en œuvre auprès des grands seigneurs.

Deux entre tous les autres, violemment épris, s'offrirent et tentèrent le succès, chacun selon sa puissance. L'un était Gismond Gonzague, proche parent du duc de Mantoue; l'autre, le comte de Célant, dont les biens immenses s'étendaient dans la vallée d'Aoste. Elle feignait de les écouter l'un et l'autre avec le même intérêt, et leur prodiguait tour à tour les regards, les soupirs, les grimaces du faux amour avec ses manéges et ses paroles. La marquise de Montferrat appuyait le premier des prétendants, son neveu. L'autre, plus fin, et qui avait démêlé le goût dominant de la veuve, combattit son rival par des raisons décisives. « Les Montferrat étaient connus. Elle allait cou-
» rir les chances d'une surveillance rigoureuse. Ne suf-
» fisait-il pas d'avoir été réduite à une seule maison par
» Hermès Visconti, sans aller confiner sa belle jeunesse
» parmi ces Mantouans qui ont toujours martel en tête ?
» La Savoie, pour les manières, pour le caractère, pour
» l'allure vive et libre, se rapprochait plus de la France
» que de l'Italie. Elle devait songer à la tyrannie des ja-
» loux, à leurs précautions ombrageuses, à la captivité. »
Blanche-Marie était à demi gagnée. Le mot seul de contrainte la faisait frémir, et il avait eu soin de la charger

dans l'avenir de fers imaginaires, ajoutant que dans le monde on la représenterait non comme touchée du mérite de M. de Gonzague, mais comme docile au commandement de la haute et puissante marquise de Montferrat. A cette réflexion elle leva fièrement la tête; l'amour-propre acheva ce que la crainte avait commencé. Le Savoyard l'emporta sur le Mantouan, les beaux discours sur les sages remontrances et les promesses brillantes d'une princesse. La fille de Scapardon épousa le comte de Célant. La marquise fut outrée et demanda vengeance. Le neveu ne fit qu'en rire, et quelques paroles recueillies la veille même du mariage l'eurent vite consolé.

Après une solennité magnifique, mais troublée à plusieurs reprises par l'orage lorsqu'on se rendait à l'église, le comte partit pour la Savoie sous des auspices que la tempête lui faisait regarder comme sinistres. Dans ce bruit du tonnerre, son imagination superstitieuse avait cru entendre un avis du ciel. A peine au milieu de ses vallons et de ses montagnes, le présage se vérifia. La légèreté de sa femme lui sembla surpasser celle de toutes les autres. Il s'effraya de ses désirs déréglés, voulut leur mettre un frein, d'abord par quelques conseils hasardés, bientôt par des reproches sévères, enfin par la défense de porter çà et là dans la campagne ses courses à l'aventure. Elle répondit par des plaintes : « S'était-elle sacrifiée pour vivre comme une sauvage » sur des monts stériles et isolés, pour se voir renfermée » comme une bête malfaisante? Ne retrouvait-elle pas cette » jalousie italienne dont il lui avait fait si grande peur? » Prison pour prison, la ville était préférable au désert.

LA COMTESSE DE CÉLANT.

» Elle s'affranchirait tôt ou tard d'un empire qu'elle n'en-
» tendait pas subir. »

Le comte, redoutant les effets d'une résolution violente, continuait ses remontrances, mais avec douceur. Il les puisait dans la morale. La révolte ouverte n'avait donc plus de prétexte. La comtesse sembla se calmer; elle devint attentive, docile, affectueuse même; elle n'était qu'hypocrite, et sut si bien dissimuler, que son mari la conduisit à Casal pour y visiter les domaines apportés en dot. Là elle parut toute occupée du soin de sa fortune, mit en ordre des sommes dont les intérêts couraient à son profit, toucha une quantité considérable de ducats pour les placer en Savoie, et un soir, plus caressante qu'à l'ordinaire, elle pria son époux de la ramener dans cette solitude, dont elle appréciait le charme depuis son départ seulement, et qu'elle était impatiente de retrouver. M. de Célant était ravi, la morale avait opéré; il demanda deux jours encore.

Le lendemain à son réveil, comme il entrait, suivant son habitude, dans la chambre de sa femme, il la trouva vide; il appelle, s'informe, et apprend que la nuit même elle avait quitté la maison, accompagnée de quelques serviteurs confidents de son projet, et qu'elle avait pris la route de Pavie. Il voulait d'abord se mettre à sa poursuite et la punir plutôt encore de la dissimulation que de sa fuite; mais, plus sage, il fit après le mariage ce que M. de Gonzague avait fait avant; il se félicita d'être délivré du plus grand ennemi de son repos. « L'honneur ne pouvait souffrir de ce
» qu'il ignorait; sa sûreté, au contraire, eût été tôt ou tard
» compromise par cette union si redoutable de l'inconti-

» nence des passions avec les calculs de l'hypocrisie. Le fer
» et le poison ne lui eussent pas sans doute été épargnés. »

A Pavie, la comtesse fit construire un palais superbe, meublé avec somptuosité, digne en tout du rang de son mari, dont elle allait soutenir l'éclat au moyen de ses revenus si bien ménagés à l'avance. Elle y tenait maison et cour ouverte, d'abord séduisante par le charme qui attire et subjugue, par les agréments d'une Laïs, bientôt révoltante jusqu'au dégoût par les débordements d'une Messaline, avec la différence toutefois entre elle et cette dernière, disent les chroniqueurs du temps, que l'une cherchait la débauche dans les lieux publics, tandis que l'autre l'introduisait dans sa maison; l'une allait indifféremment aux crocheteurs et aux muletiers, l'autre recevait le premier venu, pourvu qu'il fût noble.

Pendant qu'elle se précipitait dans le désordre, le comte de Mazzini, nommé Ardizzin Valperga, entra au service de l'empereur et vint à Pavie avec son frère. Il était beau, bien fait, adroit à tous les exercices, seulement un peu boiteux d'une blessure reçue à la guerre; mais sa démarche n'en avait pas moins de grâce. La beauté de madame de Célant le frappa d'abord, son faste lui en imposa. Les bruits les plus fâcheux sur sa réputation vinrent bien jusqu'à lui; il refusa d'y ajouter foi comme à autant de calomnies, et se conduisit en homme qui doute et n'ose rien brusquer, c'est-à-dire avec toutes les formes de la galanterie; il passa et repassa souvent sous ses fenêtres, lui adressa un billet, et ne la vit qu'après un rendez-vous en règle. Il se jeta à ses pieds, parla de l'ardeur de ses désirs, de son dévoue-

LA COMTESSE DE CÉLANT.

ment éternel ; mais elle, avec un mouvement d'impatience qui ne s'accommodait pas des beaux discours et bravait tous les retards, lui lança un regard ironique ; il le comprit et scella comme elle voulait le serment de vivre à jamais pour elle.

Huit jours n'étaient pas écoulés, et déjà Blanche-Marie songeait à d'autres amours. Elle avait aperçu à la promenade le jeune Robert de Sanseverin, comte de Gajas, renommé par ses agréments et par sa vaillance. Ses traits et sa stature annonçaient une rare vigueur. Elle en devint éperdue jusqu'à la folie. Ardizzin lui fut insupportable ; il osa se plaindre, elle le chassa et entra contre lui dans une telle inimitié, qu'elle résolut de le mettre à mort. Le nouvel objet de sa passion n'y répondait guère ; intime d'Ardizzin, Robert évitait une trahison ; sans trop dédaigner ses avances, il feignait de l'incertitude. Pour lui ôter tout prétexte, elle lui écrivit :

« Je me vois forcée, je ne sais comment, de vous dé-
» clarer le sentiment qui m'agite. Si vous vous obstinez à
» me fuir, vous commettrez deux fautes : vous serez ingrat
» et cruel ; vous délaisserez celle qui vous aime, et vous
» causerez la mort de la misérable toute vôtre.
» BLANCHE-MARIE,
» comtesse de Célant. »

Cette provocation inattendue jeta Robert dans une vive perplexité. Il voulait fuir, il n'en eut pas la force ; subjugué déjà à son insu, il tourna ses pas vers la demeure fatale. Elle l'attendait sur les degrés, et, le prenant par la main, lui épargna jusqu'à ces phrases accoutumées qu'elle avait permises à Valperga. Fière de sa rapide conquête, elle croyait, en lui enlevant la réflexion, l'asservir plus sûrement à sa volonté, et du même coup s'être donné un esclave pour sa lubricité, et un instrument pour la vengeance dont elle brûlait de précipiter le cours.

Ardizzin humilié quitta Pavie, proclamant partout la comtesse la plus abjecte d'entre les femmes. Elle apprit de quels noms il la flétrissait et comment il allait racontant son déshonneur à travers la Lombardie. Elle s'en émut de telle sorte, qu'on la vit, transportée de courroux, et dans un état continuel d'exaltation, accuser hautement son ingrat, crier à l'infamie, s'offrir à qui voudrait la venger. Elle faisait horreur et pitié. On la plaignait et on la fuyait. Une nuit, au moment même qu'elle tenait Robert étroitement embrassé, elle versa des larmes si abondantes, poussa des sanglots si déchirants, qu'il lui jura d'exécuter ce qu'elle commanderait. « Eh bien ! s'écria-t-elle, Ardizzin, le comte
» de Mazzini, votre ami, celui qui vous a précédé dans mes
» bras, me livre à l'infamie. Le lâche ! il révèle le mystère
» d'une intrigue de quelques jours ; il me traite comme la
» dernière des prostituées, comme celles qui s'abandonnent
» aux matelots le long des havres de Sicile. Qu'il vous eût
» pris pour confident, je ne me plaindrais pas ; mais il a
» choisi le public : voulez-vous le punir ? »

Robert répondit d'abord qu'elle serait satisfaite ; mais son ami méritait toute son estime, et il jugeait que si ses plaintes étaient indiscrètes, du moins elles paraissaient fondées. Aussi se promit-il de gagner du temps, de ménager l'ami, et, s'il était possible, de conserver la maîtresse ; mais elle,

LA COMTESSE DE CÉLANT.

impatiente de tout ce qui reculait sa vengeance, le pressait chaque jour et ne se payait plus de subterfuges. Confuse de ne plus attirer Robert que pour ses plaisirs, elle prépara une rupture. Quand il se présentait, elle était malade ou occupée. Plus tard, elle ferma sa porte, et, à la dernière entrevue, lui demanda comme une faveur de ne plus revenir. « Il y avait, disait-elle, quelque projet de récon-
» ciliation avec le comte de Célant qui la rappelait ; elle
» n'avait commis que trop de fautes, il fallait mettre un
» terme à une vie si décriée : il lui serait doux de songer
» qu'il avait été son dernier amour. »

Soit confiance dans ces paroles mensongères, soit raison, le jeune comte se retira, et, pour éviter jusqu'à la moindre occasion de la revoir, alla s'établir à Milan.

En cédant à ses répugnances, la comtesse n'avait pas songé à sa sûreté. Ardizzin avait révélé ses dérèglements et ses débauches ; mais Robert avait eu la confidence d'un crime. S'il était indiscret, sa parole devenait mortelle. Elle l'avait choisi pour exécuteur d'un meurtre ; il avait juré de l'accomplir, et il s'était mis peu en peine de tenir son serment. « D'où venait cette indifférence ? Était-ce hor-
» reur ? était-ce repentir ou compassion pour un ami ?
» N'importe ; il avait manqué de caractère, et l'homme
» faible est bien près d'avouer. Il avertirait Ardizzin ; ils
» se communiqueraient leurs pensées et se mettraient d'ac-
» cord pour la perdre, en la désignant non plus au mépris
» et à la haine, mais peut-être à la justice. » Elle agita long-temps en elle-même les moyens de détourner le coup suspendu sur sa tête ; après cent projets quittés et repris,

le plus sûr lui parut de revenir à Ardizzin, si toutefois il consentait à la reprendre.

Elle eut d'abord recours aux amis de son premier amant, et par leur intervention fit si habilement valoir ses excuses, qu'il exprima le désir de les entendre de sa bouche. Elle se justifia, tant une coupable belle et encore aimée est bientôt innocente! La réconciliation suivit, et le traité fut signé le soir même. Retombé sous l'empire qu'il avait maudit, redevenu l'égal de celle dont il avait proclamé le déshonneur, Ardizzin se plongea sans retenue dans les plaisirs auxquels une interruption de quelques mois avait donné un nouvel attrait. Il se courba plus docilement encore sous le joug, comme ces captifs en fuite qu'on a repris et qu'on charge de chaînes plus pesantes. Lorsque par intervalles quelques lueurs de raison venaient l'éclairer, il se consolait d'être au nombre de tant de victimes de l'amour, mais il n'était plus désormais qu'un instrument de vengeance.

Dès que la comtesse crut avoir établi sans retour la servitude de son Ardizzin et être rentrée en pleine et entière possession, je ne sais quel désir de sang s'éleva dans son esprit; elle n'avait pu tuer Ardizzin par Robert, elle imagina de tuer Robert par Ardizzin, et comme elle en avait fait des adultères, d'en faire tour à tour des homicides. Un soir, après avoir longtemps folâtré, et dans ce moment où la femme est toute puissante, elle lui dit : « J'ai hésité long-
» temps à vous demander une faveur; vous devriez me l'of-
» frir au premier mot, la chose vous touche, et pourtant
» je crains un refus. » Il se confondit et prodigua les assu-

LA COMTESSE DE CÉLANT.

rances d'un dévouement sans bornes. « Eh bien! ajouta-
» t-elle, soyez sincère : Robert, comte de Gajas, est-il fort
» de vos amis? — Je le pense, répond Valperga, et tel,
» que nous vivons comme deux frères unis étroitement...
» Mais pourquoi cette demande? — Écoutez, continua-
» t-elle en l'embrassant plus amoureusement que jamais,
» Robert vous a caché jusqu'ici le fond de son âme ; il me
» l'a révélée à moi, et je frémis de voir un gentilhomme
» aussi loyal être plus long-temps la dupe d'un traître.
» Vous avez en lui un ennemi capital. Sous les apparences
» de ma tendresse affectée, il avait bien su découvrir les
» traces d'une passion mal éteinte. Que de fois dans mes
» bras il m'a reproché de songer à un autre! Vainement
» je voulais le désabuser, mes efforts pour lui rendre le
» calme l'irritaient plus encore, et il jurait de se délivrer
» d'un rival odieux. Il me fit horreur. Sa haine contre
» vous ranima mon premier amour. Vous m'êtes devenu
» plus cher le jour où vous avez été menacé ; mais, par ses
» projets quand vous n'étiez plus à moi, jugez de ceux
» qu'il forme quand vous m'avez été rendu. Il faut le pré-
» venir, se rendre maître de sa vie, ou bientôt il le sera de
» la vôtre. Notre cause est commune. Vous serez sauvé,
» et moi, je serai vengée d'un infidèle qui ne se rira plus
» d'un moment de caprice. »

Ces derniers mots, prononcés avec l'accent d'une joie
secrète, semblèrent à Ardizzin suspects d'intérêt personnel
et éveillèrent ses défiances. Le caractère aimable et franc
de son ami, ses causeries légères et joyeuses, sa loyauté, dont
il avait tant de gages, lui revenaient à la pensée. Si quel-

qu'un dissimulait, n'était-ce pas la comtesse? Cette réflexion, comme un trait de lumière, éclaira pour lui rapidement le fond de cette âme corrompue, et lui montra la cruauté à côté de l'ardeur des plaisirs. Mais il fallait cacher cette révélation nouvelle ; il promit d'exécuter ce qu'elle désirait, et, sans le moindre délai, fit ses préparatifs de départ.

Arrivé à Milan, il cherche Robert et lui raconte toute la vérité, et les propos, et l'accusation, et la requête meurtrière. Robert à son tour dévoila ce qu'il avait jusque là laissé ignorer. A cette confidence mutuelle, ces gentilshommes pleins d'honneur rougissent de leur humiliation et frémissent du rôle fatal qu'elle leur avait préparé. « La » misérable ne démentait pas la race vile et abjecte dont » elle était sortie, d'une esclave de la Grèce et d'un usurier » du Montferrat. Pour cette infâme ils s'étaient trahis et » ils avaient été sur le point de s'immoler. Elle n'avait » quitté son mari que pour organiser parmi les nobles italiens » l'assassinat par le plaisir. Elle eût mérité de périr » de leurs mains, si ce sang trop corrompu ne les eût souillées. » Ils ne manquèrent pas de répandre partout le bruit de leur aventure, et il n'était question que des lubricités homicides de la comtesse : on en composa plusieurs écrits ; mais une épigramme attribuée à Ardizzin la transporta d'une exaltation frénétique ; elle fit serment avec les plus horribles imprécations de leur ôter la vie, et puisque l'un n'avait pas voulu lui servir à anéantir l'autre, de les faire massacrer tous les deux.

Pavie, cette ville long-temps prodigue pour elle de plaisirs, mais toujours avare de vengeance, lui devint un sé-

LA COMTESSE DE CÉLANT.

jour insupportable; et puis elle ignorait ce que faisaient ses deux amants. « Il fallait les avoir à portée; de trop loin » ses émissaires perdraient à les chercher le temps qui suf- » firait pour les frapper à des complices sous sa main. » Elle n'hésita plus à se rendre à Milan, qui l'avait vue si douce et si vertueuse pendant son union avec Hermès Visconti, et qui allait la retrouver si criminelle. Presque en même temps y arrivait don Pietro de Cardonne, frère naturel du comte de Colisan, dont il était le lieutenant.

Cardonne était Sicilien, âgé de vingt-et-un ou vingt-deux ans, au teint basané, aux belles formes et au regard mélancolique. Elle eut l'occasion de l'apercevoir quelquefois, prit des informations sur sa naissance et son caractère, et jugea qu'avec l'extérieur des passions sombres et farouches, il devait en avoir la froide résolution. Elle s'occupa de le gagner, non plus comme Ardizzin, en lui ouvrant les bras, ou comme Robert, en se précipitant dans les siens, mais peu à peu, le laissant soupirer à l'espagnole, faire des rondes fréquentes, donnant un démenti à sa réputation d'impudique, lui offrant un avant-goût de plaisir entremêlé de l'amertume d'un souhait peut-être inutile. Il était jeune, sans expérience, se tourmentait, rêvait et allait sous ses fenêtres soupirer deux ou trois romances par soirée. Enfin elle eut l'air d'ouvrir à regret cette porte qu'elle n'avait fermée si long-temps qu'après une leçon souvent répétée et une étude soutenue. Elle s'excusa en l'introduisant, mais, dès les premiers propos, reconnut celui qu'elle avait souhaité, l'homme qu'elle opposerait avec succès aux deux autres, le véritable ministre de ses vengeances. Elle se servit du nom de jeune frère dont elle serait heureuse de devenir le guide dans une ville aussi dangereuse que Milan, et elle lui offrit les facilités de venir la visiter souvent.

A mesure que Pietro s'engageait, il promettait une fidélité sans exemple à sa parole. « Une fois donnée, il la tien-
» drait, et n'était pas de ceux qui se lient à la légère. »
Elle, qui le voyait répondre précisément à l'objet direct de sa convoitise, affectait de douter. « On lui en avait tant juré
» de ces dévouements, qu'elle avait vus s'évanouir à la
» première rencontre ! pourrait-elle mieux compter sur le
» sien ? » Il se récria, se redressa avec noblesse, et, tirant son épée, tendit le bras en disant : « Qu'elle me perce si
» je ne dis vrai ; ce que vous ordonnerez, je le ferai. » Les autres y avaient mis chaque fois des protestations verbeuses ; ces simples mots et le ton dont il les prononça remplirent son âme d'espérance. Tels furent les apprêts des funérailles de ses premières amours et les arrhes d'une couche sanglante.

Cette nuit même la comtesse retint Cardonne. Il fallait bien par la récompense à laquelle il aspirait payer d'abord ses offres sans réserve, et au besoin fortifier sa volonté par un appareil de voluptés inconnues. Elle y parvint ; il s'estima bientôt le plus heureux gentilhomme non de la Sicile, mais du monde, et dans l'asservissement de ses sens, dans le trouble de son âme, il aurait couru, au moindre signe, mettre le feu à Milan. Lorsqu'elle le crut ensorcelé à ce degré où elle n'avait plus d'hésitation et de refus à craindre, elle lui dit : « Puisque vous vous êtes pro-
» posé pour vengeur des affronts que j'ai soufferts, appre-
» nez-les donc. Je tenais à Pavie une maison honorable

LA COMTESSE DE CÉLANT.

» où les plus grands seigneurs briguaient la faveur d'être
» reçus. Deux d'entre eux, d'illustre famille, s'y firent
» remarquer par leur assiduité. Ils osèrent m'adresser des
» hommages que je repoussai avec dignité, mais avec me-
» sure. Leur dépit fut visible, et s'il ne m'est pas devenu
» plus funeste, ce n'est pas faute de diffamation et de ca-
» lomnies. Sans respecter ni la race à laquelle je me suis
» alliée, ni celle dont ils sortent, ils ont rivalisé d'efforts
» pour me faire descendre jusqu'à la classe de ces femmes
» dont le nom seul est une injure. Ils n'ont pas perverti
» l'opinion publique, mais ils l'ont altérée. Je ne suis pas
» comptée encore parmi celles qu'on méprise ; déjà j'ai
» cessé de l'être parmi celles qu'on honore. Je vous prends
» à témoin, vous avez dû me juger. Si vous n'étiez pas
» à Milan, je fuirais dans le Piémont. Je me donnerai la
» mort, ou ils la recevront. »

Ses larmes coulaient avec abondance et ruisselaient jusque sur son sein. Cardonne la presse dans ses bras et la conjure de lui nommer les coupables. Après le vœu qu'il avait fait et qu'il renouvelait, les connaître lui suffisait ; puis il la calme et en reçoit des caresses qui l'aiguillonnent encore. Lorsqu'elle le voit tout prêt à frapper, elle nomme les comtes de Mazzini et de Gajas. « Vous serez satis-
» faite ! » furent ses seules paroles, et il la quitta. Deux jours après, comme Ardizzin allait souper en ville, il fut épié par Cardonne, accompagné de vingt-cinq hommes d'armes de sa compagnie. Ils l'attendirent au coin de la ruelle près la rue de Meravegli et de Saint-Jacques, où le comte devait passer. Il s'en venait joyeux avec un de ses

frères et cinq ou six de ses gens, lorsqu'il se voit assailli de tous côtés. Il veut fuir, les issues étaient fermées Il mit vaillamment l'épée à la main en criant à plusieurs reprises : « Lâche Pietro ! » Le nombre l'emporte, et il tombe expirant. Mais la nuit même, Cardonne fut arrêté par les ordres du duc de Bourbon, qui en quittant la France était devenu lieutenant de l'empereur Charles-Quint dans le Milanais. Les aveux ne lui coûtèrent pas ; il accusa Blanche-Marie, que le duc fit emprisonner sur-le-champ.

La comtesse ne chercha pas non plus à se défendre ; elle espérait corrompre le duc en lui offrant une partie de sa fortune. Elle n'eut pas seulement le temps de l'essayer ; dès le lendemain elle fut condamnée à perdre la tête. Même en écoutant la sentence, elle n'y croyait pas. Mais lorsque, conduite hors du donjon sur la place publique, elle vit l'échafaud dressé et le dénoûment si prochain, elle ne put s'empêcher de dire d'une voix sombre : « Robert m'a échappé. » Puis elle fut saisie d'un vomissement de sang et tomba évanouie, d'autres rapportent frappée d'apoplexie foudroyante. Toute morte qu'elle paraissait, le bourreau s'en empara, la plaça sur le billot fatal, et, dans le doute, lui trancha la tête, comme si elle eût appartenu à une vivante.

La foule, accourue à son spectacle favori, s'écoula avec lenteur, en murmurant de ce qu'une protection inespérée d'en haut avait épargné précisément à la femme d'un noble quelques minutes de la terrible attente et la sensation du dernier coup. D'ailleurs elle était venue pour voir une tragédie réelle, et il lui semblait n'avoir eu qu'un simulacre de représentation.

SIRVEN.

« Fuyons ! fuyons ! s'écriaient deux femmes, l'une assez âgée, l'autre toute jeune, en s'élançant dans une chambre le 21 janvier 1748, vers cinq heures du matin ; fuyons ! » Et, la pâleur, la consternation peintes sur le visage, elles tenaient embrassé, elles suppliaient un homme de soixante ans environ, au front serein, à l'air respectable. « Nous
» sommes perdus ; on nous accuse d'avoir assassiné... » Les sanglots les étouffaient. « Assassiné ma fille ! s'écria-
» t-il. — Votre fille, répondit l'une d'elles, ma sœur. Le
» juge a lancé contre nous un décret de prise de corps. —
» Le juge ! est-il possible ?... la maréchaussée a reçu l'or-
» dre de s'emparer de nous !... » Le premier mouvement de ce père indigné fut d'aller à la rencontre de la terrible cohorte et de présenter ses mains à leurs fers. « A quoi
» pensez-vous ? s'écria sa femme. — Ne suis-je pas inno-
» cent ? que peuvent-ils contre moi ?... Fuir, chargé d'une
» accusation de parricide !... fuir, laissant dans ma patrie
» un nom couvert d'opprobre... un cri général va s'élever

CAUSES CÉLÈBRES.

» contre nous... l'iniquité triomphera... les criminels seuls » dérobent leurs têtes. Non, non! » Il paraissait inébranlable et résolu d'attendre.

Quelques amis survinrent. Instances, prières, raisonnement, tout fut mis en œuvre pour vaincre sa fermeté. La fuite est un devoir quand elle dérobe à l'infamie. L'erreur, la prévention, le fanatisme sont passagers dans le cœur humain. La vérité est fille du temps ; c'est en précipiter le cours et se perdre que d'affronter des juges passionnés. Il résistait à toutes ces remontrances ; mais bientôt il se trouva sans force contre les larmes de sa femme et de ses deux filles ; elles le pressaient dans leurs bras, le conjuraient, au nom de ce qu'il avait de plus cher, de les soustraire à la fureur de leurs ennemis. Le danger de ces êtres chéris le fit trembler ; avait-il le droit d'exposer leur vie?... Il fuit enfin ; il déserte sa maison, asile sacré et inviolable de l'homme de bien, et, attendant une nouvelle plus certaine de ce qui s'était passé à Saint-Alby, il dépose sa triste famille chez un honnête gentilhomme logé au faubourg de Castres. Le lendemain, en effet, il apprend que le procureur fiscal avait fait saisir tous ses meubles et qu'une brigade de maréchaussée les cherchait partout.

Le péril redoublait, Castres n'offrait plus de sûreté, il fallait déjà s'éloigner. La nuit était avancée et une tempête la rendait affreuse. Le bruit des vents et de la pluie ajoutait à l'horreur des ténèbres ; mais c'était là pour eux un ciel favorable. Ils prennent à la hâte congé de leur hôte et commencent à tâtons leur marche incertaine. Quel tableau! un père accablé de douleur, une mère âgée de soixante-

SIRVEN.

trois ans, qu'il fallait soutenir à chaque pas, une fille dont la grossesse avancée les retardait par de fréquentes faiblesses, tous tremblant au moindre bruit, pleurant, se lamentant, se traînant dans des chemins impraticables et à travers les ombres des montagnes inaccessibles, cherchant quelque asile ignoré. Roquecourbe n'est qu'à une demi-lieue de Castres, et il leur fallut cinq heures pour y parvenir.

Le père, en quittant ses amis, en avait reçu comme conseil un bien cruel adieu. Ils lui avaient recommandé de se séparer de sa femme et de sa fille; tant qu'il serait avec elles, il les compromettrait; leur salut était attaché à cette extrémité douloureuse, mais sage. Arrivés dans un lieu solitaire, au milieu de roches sauvages, ils s'arrêtent. D'une voix tendre et plaintive le père de famille appelle ses deux enfants et sa compagne; elles étaient à quelques pas, s'avançant avec peine; leur voix répond d'abord à la sienne; elles le cherchent quelque temps avec leurs mains, le rencontrent et l'environnent toutes saisies d'un nouvel effroi. Alors, leur montrant le ciel, seul objet visible pour eux et où réside le témoin de leur innocence, il demande le courage qui fait supporter le malheur et l'espérance qui le voit finir; puis, navré d'amertume et d'un accent déchirant : « Votre sûreté l'exige, il faut nous quitter. » Ils fondent tous en larmes, se serrent étroitement l'un contre l'autre, s'embrassent avec transport, sans pouvoir se dire le fatal adieu; les noms de fille, de père, d'époux, entrecoupés par les sanglots, sortent à demi de leurs bouches.

Plus courageux, le père s'arrache de leurs bras, les recommande à Dieu et fuit dans les ténèbres. Il erra au hasard tout le reste de la nuit parmi les rochers ; tantôt, s'arrêtant tout effrayé, il prêtait l'oreille et croyait entendre leurs gémissements ; tantôt, dans l'erreur d'une illusion plus douce, il se les figurait là, non loin de lui, et leurs pas semblaient frapper son oreille. Le jour parut ; il regarda et se trouva seul. Le cœur glacé d'effroi, il s'écria : « Que seront-elles devenues? » Alors il pleura sur chacune d'elles, accusa ses amis de la dureté de leur conseil, se reprocha sa prévoyance inhumaine et l'abandon de trois femmes timides dans l'horreur d'une pareille nuit.

Cette séparation n'était pas pour elles la dernière. Errant de retraite en retraite, se cachant sans cesse, ne reparaissant que le soir, elles étaient un objet de soupçon et d'effroi. Personne n'osait plus recueillir ces trois femmes ensemble ; la mère se sacrifia, et, bénissant ses deux filles, leur dit adieu. Après toutes les difficultés, tous les périls d'un voyage dont il est plus facile de concevoir que de peindre les tourments, elles arrivèrent en Suisse, l'une au commencement d'avril, les autres au mois de juin 1762.

Quelle était donc la cause de cette accusation capitale, de cette fuite d'une famille entière sur une terre étrangère?

Des enfants qui cherchaient des oiseaux dans le puits de Saint-Alby aperçurent un cadavre flottant sur l'eau. On court avertir le juge de Mazamet ; il arrive et fait tirer du puits le cadavre. On l'entoure, on l'examine ; on reconnaît la fille d'un habitant de Saint-Alby. Le cri général fut qu'elle s'était précipitée elle-même. On l'avait vue plusieurs fois se diriger vers le puits en faisant des grimaces

SIRVEN.

Nouvelles Causes Célèbres
ou
Fastes du Crime.

Publié par Pourrat Frères.

SIRVEN.

comme une folle qui aurait annoncé son funeste dessein. Tout le monde plaignit ses parents, nul ne conçut ou n'éleva le moindre soupçon contre eux; mais le mensonge mêla bientôt ses fables à la vérité : d'affreux récits la défigurèrent. L'événement fut chargé de circonstances imaginaires, et la mort de la jeune fille qualifiée de parricide. Peu de temps avant, Calas, protestant, venait de perdre son fils par un accident à peu près semblable, et sa malheureuse famille était plongée depuis deux mois dans les cachots de Toulouse. Le fanatisme troublait les esprits d'idées superstitieuses et barbares, citait la mort tragique du jeune Calas, représentait la religion intéressée au supplice des prétendus coupables, semait parmi le peuple le bruit que les pères protestants immolaient ainsi leurs enfants lorsqu'ils voulaient abjurer leur secte; que c'étaient les mains furieuses d'un père et d'une mère qui avaient précipité leur fille dans un puits en haine de la religion catholique. Pour lui faire changer de sentiment, ils l'avaient, disait-on, tenue enfermée dans une chambre obscure et cousue dans un sac étroit, exerçant sur elle toutes sortes de cruautés. Plus ces récits étaient absurdes, plus la crédulité les accueillait avidement. L'opinion que le père avait fait périr sa fille s'accrédita dans le peuple, et tout le monde est peuple quand le fanatisme domine.

Mais avait-on vu le coupable? produisait-on quelque témoin? des faits antérieurs, au contraire, n'expliquaient-ils pas ce genre de mort précisément? Il importe d'en exposer le récit; quoique déjà transmis plusieurs fois, il ne saurait trop se répéter pour l'éternel enseignement de ceux qui accusent avec légèreté et de ceux qui poursuivent avec passion.

Pierre-Paul Sirven, établi depuis plus de vingt ans à Castres, sa patrie, exerçait dans cette ville les fonctions de feudiste ou commissaire à terrier. Il épousa en 1734 Toinette Léger; trois filles furent le fruit de ce mariage. Sirven et sa femme, nés tous deux protestants, transmettaient à leurs enfants, dans le secret et l'intérieur de leur maison, la croyance qu'ils avaient reçue de leurs pères.

Le 6 mars 1760, Elisabeth, sa seconde fille, disparut tout à coup de la maison paternelle. Alarmé du sort de sa fille, Sirven, après bien des recherches, apprit que, sans aucun ordre, contre toutes les lois, on lui avait enlevé son enfant pour la conduire chez les dames régentes. Souffrir et se taire est le partage du faible. Sirven dévora le chagrin causé par la séparation violente d'une fille tendrement aimée. A cette époque, il ne lui était permis que de la pleurer en silence avec sa mère.

La captivité la plus dure fit bientôt ressentir ses effets à Elisabeth. Etait-ce pour accélérer sa conversion? on l'ignore; mais, à la suite de mauvais traitements, elle tomba malade, et des accès de démence et d'imbécillité vinrent détruire tout espoir de la convertir. Sa mère, avertie de son infortune par la clameur publique, courut aux grilles du couvent; ce fut en vain, on refusa de lui laisser voir son enfant. Un mois après, comme elle traversait une rue de Castres, elle lui apparut tout à coup. Cette rencontre inattendue émut si vivement Elisabeth, qu'elle oublia sa conductrice pour se jeter dans les bras de sa mère. Après

SIRVEN.

quelques minutes, elle en fut arrachée, et il lui fallut retourner dans son cloître.

Sept mois s'étaient écoulés depuis l'absence d'Elisabeth, et Sirven n'avait pu obtenir une seule fois la consolation de la voir. C'en était fait, il la regardait comme ensevelie à jamais, lorsque tout à coup on annonce qu'elle va paraître. La famille est dans la joie. Elle arrive. Quel spectacle et quelle douleur ! ils n'embrassent qu'un spectre pâle et décharné, une insensée dont les rigueurs claustrales ont aliéné la raison, qui ne les reconnaît plus, qui ignore où elle se retrouve. Leurs larmes toutefois étaient encore des larmes de joie ; ils avaient leur enfant et se promettaient sa guérison.

Vain espoir ! la démence d'Elisabeth dégénéra bientôt en fureur ; elle poussait d'horribles hurlements, retombait accablée, et puis se relevait par de nouveaux accès de frénésie. Toute la ville de Castres fut témoin de cet état. Effrayé des dangers qui menaçaient sa fille, Sirven eut recours aux mesures employées avec les insensés ; il assujétit ses bras par une camisole étroite qui lui ôtait le pouvoir d'abuser de ses mains, fit fermer les volets de sa chambre avec un cadenas, écarta d'elle, en un mot, tous les moyens de nuire à elle-même et aux autres.

Ces précautions inspirées par la tendresse, la calomnie les change en crimes. On l'accuse auprès de l'intendant de la province de tenir sa fille renfermée depuis six mois, de l'avoir mise dans un sac, et par de mauvais traitements de l'empêcher de se faire catholique. Pour toute réponse, Sirven offrit au subdélégué de remettre sa fille au curé de

CAUSES CÉLÈBRES.

Castres. Mais la visite du sieur Malzac, médecin, délégué par l'intendant, fit ressortir la fausseté des imputations. Le supérieur ecclésiastique lui-même se dispensa de l'examen, tant la folie était constatée.

Ce devait être assez pour réduire la calomnie au silence. Sirven en avait enfin conçu l'espoir. Avec l'agrément du subdélégué, il se retira à Saint-Alby, paroisse à deux lieues de Castres, pour faire le terrier du seigneur, M. d'Espérandieu, dans le château duquel il s'établit, ainsi que sa famille. La persécution l'y poursuivit, et, vers la fin d'octobre 1761, le vicaire et les consuls de Saint-Alby vinrent chez lui, absent en ce moment, donner l'ordre d'envoyer Elisabeth à l'église. Ils en furent presque honteux lorsqu'ils eurent vu cette infortunée; ils comprirent l'indécence de l'introduire dans le lieu saint. La mère, au surplus, offrit de la remettre au vicaire, qui la refusa, témoin bien convaincu de sa folie.

Sirven pouvait-il douter que quelque ennemi secret, par un faux zèle de religion, ne cherchât à le perdre? Il résolut d'éloigner de cette maison hospitalière celle qui en troublait si cruellement la paix, et de la déposer entre les mains de M. l'évêque de Castres. Comme ce prélat revenait précisément du Languedoc, il ne renvoya pas plus loin qu'au lendemain l'exécution de son projet; il voulut cependant consulter avant madame d'Espérandieu, qui prenait un vif intérêt à ses peines. Il se rendit, accompagné du vicaire, à son château d'Ayguefondes, où cette dame faisait sa résidence. Elle approuva son dessein, et les retint l'un et l'autre à souper et à coucher.

SIRVEN.

Après une nuit qu'un peu de sécurité et la pensée d'un meilleur avenir rendaient assez calme, Sirven se leva, disposé à mener sa fille à l'évêque. Cette démarche le sauvait; ses chagrins allaient finir, s'imaginait-il, et ils commençaient. Un exprès arrivé à la hâte lui annonce qu'Elisabeth s'était évadée pendant la nuit, et qu'à son réveil sa mère l'avait cherchée vainement. La pensée d'être plus heureux précipite son départ; il accourt, et trouve sa femme et ses deux filles éplorées au milieu d'une foule d'habitants qui s'efforçaient de calmer leur douleur. On avait déjà fait dans le bourg des recherches inutiles; il envoie de toutes parts sur les traces de sa fille : personne ne peut la découvrir. Elle avait disparu.

Parfois cependant brillait un rayon d'espérance. Selon divers rapports, tantôt on avait vu une jeune fille passer le bac voisin; tantôt un curé avait dit : « Il ne faut pas se » mettre en peine; elle sera mieux qu'avec ses parents. » Enfin, on en avait aperçu une autre conduite par des archers sur le chemin de Lavaur. Alors ils croyaient leur enfant, sinon retrouvée, du moins vivante encore, et ils se flattaient par une explication imaginaire, mais assez naturelle, « que quelques ordres supérieurs secrètement exé- » cutés l'avaient sans doute de nouveau ravie à sa famille » pour la renfermer dans une maison religieuse. »

Plus de quinze jours s'étaient écoulés depuis la disparition d'Elisabeth, lorsque son cadavre fut découvert par des enfants. Sirven l'ignora quelque temps. Il était à Burlets, chez le sieur Falguerolles, occupé à dresser un mémoire pour ce gentilhomme. Dès qu'il sut l'horrible nouvelle, il partit presque mourant de Burlets, et à son arrivée apprit le transport du juge, le rapport du chirurgien et l'opinion du procureur fiscal. Cette mort paraissait tellement l'effet d'un malheur, que ce magistrat alla prier lui-même le vicaire de l'enterrer, et que le médecin et le chirurgien demandèrent leur payement comme ayant consommé leur ministère. Le juge lui-même, qui devait se rendre le 5 janvier à Saint-Alby pour faire inhumer le cadavre, ne s'y trouva point. Les consuls procédèrent sur une permission verbale. Encore une fois, Elisabeth avait péri par accident; le rapport le constate, l'enterrement le confirme.

En une nuit tout a changé. Ce qu'il avait permis la veille, le juge de Mazamet vient le lendemain le poursuivre comme un crime. Il informe, il entend des témoins. Au premier rapport des experts, on en substitue un second qui le détruit presque entièrement et qui altère ou change tous les faits. On ose y insérer que la tête paraissait ébranlée, qu'on avait trouvé du sang caillé à la nuque du cou, qu'il n'y avait point d'eau dans l'estomac, et que la fille était dans un état parfait de virginité. De là cette série d'affreux raisonnements : « Elle est vierge, donc elle n'a eu
» aucune de ces faiblesses dont les suites redoutées pous-
» sent au suicide; donc des scélérats ne lui ont pas ravi
» son honneur, des scélérats ne lui ont point donné la
» mort. Elle n'a point d'eau dans l'estomac; donc ses
» meurtriers l'avaient étouffée avant de la jeter dans le
» puits; donc il n'y a pas assassinat ordinaire ni suicide;
» donc c'est son père! » Ainsi argumentait un zèle fanatique. « La fille avait échappé à la conversion par la folie;

SIRVEN.

» mais le père avait gémi long-temps des saints efforts
» pour la ramener à l'église; le cloître, il avait osé l'appe-
» ler prison. Il était protestant, c'est-à-dire un coupable
» désigné à l'avance, une victime pour l'occasion. »

Sirven heureusement avait refusé de prendre la moindre part à l'inhumation du cadavre; il repoussait avec indignation les mensonges du second rapport; mais la justice était contre lui. Les intentions secrètes du procureur fiscal et du juge se comprenaient assez. L'opinion publique les balançait, il est vrai, et lui offrait un refuge. Qu'il était précaire! Il faut bien peu de temps, bien peu de chose, surtout le fanatisme aidant, pour la pervertir cette opinion publique.

L'instruction commença. Sirven disait : « Ma fille était
» dans un état habituel de démence; faites interroger les
» dames régentes de Castres.

» Quand elle s'est précipitée dans le puits, j'étais chez
» la dame Espérandieu; faites entendre ses domestiques ;
» en voici la liste.

» La folie de ma fille explique l'accident; si un autre
» en est responsable, l'alibi prouvera que ce n'est pas
» moi. »

Rien de plus simple et de plus concluant. Le procureur fiscal, comme s'il eût tourné le dos à la vérité pour ne la point voir, débuta par une perfidie; n'osant pas prononcer d'abord le nom de parricide, il empoisonna les esprits par une incertitude meurtrière, et refusa de faire entendre les domestiques de la dame Espérandieu, témoins nécessaires. Il étouffa la vérité, et en contraignant Sirven à se porter partie civile, le laissa se débattre comme il pourrait.

Les domestiques parlèrent enfin, et l'alibi fut prouvé. Les dames régentes écrivirent, et elles ne convinrent que de quelques marques d'imbécillité par intervalles. « Elles » ne l'avaient abandonnée qu'à regret; elles auraient pu » l'instruire encore, si les parents eussent voulu la leur » rendre. » N'importe, quoique enveloppée encore de nuages, la vérité commençait à se faire jour. Sirven respirait, reprenait peu à peu de la tranquillité. Il se figurait voir son innocence reconnue et son triomphe prochain. Déjà il défiait ses calomniateurs et se promettait de rejeter sur eux tout l'opprobre de l'accusation. Ces inspirations d'une conscience pure, cette intrépidité d'un cœur vertueux lui dérobaient la vue du danger et favorisaient les desseins de ses ennemis.

Qui le croirait? l'assignation des témoins, leur audition, n'étaient que le simulacre d'une procédure mensongère. Un décret de prise de corps était lancé contre Sirven, sa femme et ses deux filles; les premières averties, elles l'avaient enlevé à sa fausse sécurité en s'élançant dans sa chambre, comme on l'a vu d'abord.

Leur fuite ne fut que trop justifiée par la conduite du tribunal; à l'instant deux cohortes d'huissiers et de satellites, l'une à Castres, l'autre à Saint-Alby, viennent fondre sur leurs demeures, enlever et disperser leurs effets. Les consuls décrétés au sujet du prétendu enlèvement du cadavre subissent un interrogatoire. Le juge, que rien n'arrête plus, lance contre eux une proscription sanguinaire sous le nom de *monitoire*, copié mot pour mot sur celui

SIRVEN.

qui fut si funeste aux Calas. Un second monitoire enchérit sur le premier. Quinze jours après, on en lance un troisième; il ne produit pas plus de charges que les autres.

Alors le juge et le procureur fiscal, découragés sans doute, s'arrêtèrent tout à coup, comme n'osant plus avancer dans ces ténèbres de leur infernale poursuite. Peut-être aussi le cri universel qui s'élevait du Languedoc contre les juges de Calas vint-il consterner ceux de Sirven et les paralyser sur leurs siéges. Quinze mois entiers, soit impuissance, soit frayeur, ils parurent sommeiller. Déjà les âmes honnêtes renaissaient à l'espérance; le vœu public, comprimé si longtemps, rappelait les exilés dans leur patrie, lorsque le juge de Mazamet se réveille soudain, appelle à la hâte deux juges de deux petites justices du canton, de ce procès si chargé d'instructions et de témoignages leur fait précipitamment le rapport dans une matinée, et par sentence déclare :

« Pierre-Paul Sirven et Léger, sa femme, dûment at-
» teints et convaincus du crime de parricide dont ils sont
» accusés; les condamne à être pendus et étranglés; ses
» filles à être présentes à l'exécution de leurs père et mère,
» après quoi bannies à perpétuité de la ville. » A la fin est écrit : « Taxe pour le rapport, *gratis pro re publicâ.* » Au mois de mai **1764**, l'exécution figurative fut ordonnée par le parlement de Toulouse, et le 11 septembre elle eut lieu à Mazamet.

Cependant une nation amie et généreuse, la Suisse, après avoir accueilli dans son sein les quatre fugitifs, leur prodiguait des secours et des consolations. Pendant que, dans leur pays, le juge les faisait exécuter en effigie et les immolait autant qu'il était en lui, elle les forçait d'accepter une pension; noble vengeance de la justice méconnue et de l'humanité outragée ailleurs. Un grand homme aussi, le protecteur, l'ami des Calas, éleva son éloquente voix pour les Sirven; il attira sur eux les regards de l'Europe et les bienfaits de plusieurs souverains. Le génie proclama la vérité, et à ses accents courageux les lois devaient bientôt reconquérir leur pouvoir, l'innocence sa justification et les exilés leur patrie.

Sirven apprit au mois d'avril 1765 le jugement prononcé contre lui. Son âme se souleva, tout son sang bouillonna. Après un pareil arrêt, le supplice de l'infortuné Calas lui paraissait moins terrible à souffrir que la vie. Une multitude de citoyens distingués du Midi, nobles, notables habitants, prêtres, curés, tous lui avaient adressé une foule de certificats dans sa retraite, et l'invitaient à traduire le juge de Mazamet au pied du trône. Cet empressement, ce concours honorable l'encourageaient. Il venait d'ailleurs de perdre sa compagne chérie; elle avait succombé à ses afflictions. Il fallait réhabiliter sa mémoire; mais la procédure et le tribunal lui inspiraient un mortel effroi. Ses juges pouvaient-ils avoir tort? consentiraient-ils à le déclarer?... On l'avait condamné par fanatisme, on l'exécuterait par vanité. Que lui servirait de leur apporter sa tête? Dans cette lutte décisive entre ses sentiments et ses craintes, l'honneur fut le plus fort. Le 31 août 1769, Sirven était dans les prisons de Mazamet.

L'apparition soudaine du condamné fit trembler le vrai

SIRVEN.

coupable, son juge. Peu à peu il se remit et ne fut pas longtemps à rentrer dans ses voies d'iniquité. Il y avait deux cents témoins confrontables ; l'on n'en voulut présenter que quarante-quatre. On lui refusa obstinément d'assigner certains témoins vivants, et on requit la confrontation littérale de six témoins décédés, comme s'il avait été possible à Sirven de leur adresser des interpellations. Il lutta avec vigueur contre cette partialité absurde, en triompha ; mais le procureur fiscal ne voulut pas se démentir ; et le 15 novembre 1769, intervient sentence conçue en ces termes :

« Nous requérons l'accusé *dûment atteint et convaincu*
» *de parricide* ; pour réparation, qu'il soit banni pour dix
» ans de la ville et juridiction de Mazamet, etc. »

Ainsi, à deux années d'intervalle, le même crime était par le même juge puni d'abord de la peine capitale, ensuite du simple bannissement. Sirven l'avait prévu ; l'amour-propre devait, en partie du moins, consacrer l'œuvre de la cruauté. Mais, par arrêt solennel de 1770, le parlement de Toulouse mit fin à tant d'épreuves et déclara la famille Sirven innocente du crime dont elle était accusée. Succès tardif et trop chèrement acheté, honte ineffaçable des persécuteurs, éternel éloge de la victime, intrépide dans les périls de la fuite et les malheurs de l'exil, plus intrépide encore dans le retour, puisque, après avoir évité la mort par prudence, elle était venue la braver par devoir.

Tel fut Sirven, non moins innocent, mais plus heureux que Calas ; leurs noms seront associés dans la postérité la plus reculée, chaque fois qu'il faudra citer un grand exemple de fanatisme implacable et de justice passionnée.

CASTAING.

Deux jeunes gens arrivent dans une auberge de Saint-Cloud par les petites voitures, le 29 mai 1823, vers neuf heures du soir. Ils étaient seuls et bien portants.

Le lendemain au soir, vendredi, l'un d'eux boit du vin chaud et se sent indisposé; le samedi matin, il prend une tasse de lait froid et il tombe gravement malade; le même jour, un peu plus tard, il avale une cuillerée de potion calmante, et en quelques minutes il est à l'agonie; le dimanche, à une heure après midi, il expire.

Vin chaud, lait froid, potion, le compagnon de voyage avait seul tout acheté, tout préparé, tout offert; nul parent ne s'était trouvé là. D'un côté, quelle rapidité du mal! de l'autre, quelle solitude! Chacun s'étonne, s'effraye, et se demande ce qu'étaient ces deux étrangers.

Les médecins avaient déclaré : « Les circonstances du » décès paraissent extraordinaires et contre l'ordre naturel » des choses. » Les voisins disaient : « Le garde-malade est » légataire universel de l'autre. » On prévient la justice,

CASTAING.

elle arrive, et du premier regard voici ce qu'elle découvre :

Le mort était Claude-Auguste Ballet, avocat, âgé de vingt-cinq ans, fils d'un notaire de Paris.

Le vivant était Edme-Samuel Castaing, docteur en médecine, âgé de vingt-sept ans, issu d'une famille honorable. Le mort était riche, le vivant sans fortune.

Castaing est arrêté, examiné et suivi pas à pas, minute par minute, depuis le moment de l'arrivée à l'auberge jusqu'au dernier soupir de Ballet.

Le 29, on donna aux voyageurs une chambre à deux lits qu'ils occupèrent ensemble, et Castaing paya cinq francs d'arrhes.

Le 30, vendredi, ils se promenèrent jusqu'au dîner, vinrent le prendre à l'auberge, et ressortirent après. Durant toute la journée ils ne cessèrent pas d'être ensemble.

Castaing avait acheté des citrons. En rentrant à neuf heures du soir, il demanda une demi-bouteille de vin chaud, sans sucre, ajouta-t-il, parce qu'ils avaient apporté le leur.

Le vin fut monté, et par eux préparé avec le sucre et les citrons.

Castaing quitta la chambre de lui-même, par l'unique effet de sa volonté, monta auprès d'un jeune domestique de la maison, qui était malade, mais qui ne le demandait pas, passa quelques moments devant son lit, lui tâta le pouls, ne prescrivit rien et redescendit.

Le vin avait paru très-mauvais à Auguste ; il n'en but qu'une cuillerée, et la servante de la maison étant survenue, il lui avait dit : « J'ai trop mis de citron dans ce vin,

» il est si amer que je ne puis le boire. » La servante le goûta, le trouva fort amer aussi et se retira.

Les deux voyageurs se couchèrent. Que se passa-t-il pendant cette nuit? la mort en a emporté le secret; Castaing a révélé seulement ce qu'il a voulu, ce qui suit.

Auguste fut sans cesse agité, il ne dormit pas; il se plaignit plusieurs fois de ne pouvoir rester en place; il eut des coliques; le matin enfin, il déclara qu'il ne quitterait pas le lit, qu'il avait les jambes enflées, qu'il ne pouvait mettre ses bottes.

A quatre heures du matin, Castaing sortit : un domestique de la maison s'était levé tout exprès pour lui ouvrir les portes. Il prit une voiture, se rendit à Paris, et y arriva comme on ouvrait les boutiques. Il entra dans celle de M. Robin, pharmacien, rue de la Feuillade, n° 5 : il n'y trouva que l'élève, et se donnant lui-même pour un commissionnaire, présenta une ordonnance au crayon, signée *Castaing, docteur en médecine*, pour se faire délivrer douze grains d'émétique. La dose effraya l'élève, il hésita; mais sur la réponse que c'était pour faire prendre en lavage, selon la méthode du docteur Castaing, il livra les douze grains.

De la rue la Feuillade, Castaing courut à la place du pont Saint-Michel, chez M. Chevalier, autre pharmacien, et lui acheta un demi-gros d'acétate de morphine, pour faire soi-disant des essais sur des animaux.

Vers huit heures, il était de retour à l'auberge. En rentrant, il demanda du lait froid pour son ami : Auguste but le lait; à l'instant les vomissements et les coliques le sai-

CASTAING.

sirent. Au fur et à mesure on se débarrassait de toutes les déjections.

Cependant l'état du malade empirait rapidement : il demanda un médecin. Castaing lui proposa d'en faire venir un de Paris, mais il voulut qu'on en prît un sur les lieux mêmes.

Ce médecin, le sieur Pigache, ne put arriver que sur les onze heures du matin. Castaing, auquel il demanda son opinion sur la maladie, répondit qu'il la regardait comme un *cholera-morbus*. M. Pigache ordonna des émollients et se retira.

Castaing s'empara des clefs de deux meubles de l'appartement d'Auguste à Paris, et dans l'un desquels se trouvait alors à sa connaissance une somme de 70,000 francs en billets de banque.

Castaing sortit et fit porter à Paris, au nommé Jean, nègre, domestique d'Auguste, un billet ainsi conçu : « M. Ballet se trouvant indisposé à Saint-Cloud, Jean » viendra de suite le rejoindre avec le cheval gris et le ca- » briolet. Lui et la mère Buret (femme de charge d'Au- » guste) ne parleront à personne de tout cela. On dira à » ceux qui le demanderont qu'il est à la campagne, et cela » par ordre très-exprès de M. Ballet. »

M. Pigache revint vers trois heures ; Auguste était plus mal ; son ami était sorti pour la troisième fois. Lorsqu'il fut rentré, M. Pigache se plaignit de ce que ses prescriptions n'avaient pas été suivies : on lui promit plus d'exactitude, et il quitta le malade jusqu'à cinq heures. A son retour, il ordonna une potion calmante, et ne fut pas d'avis d'obtempérer au désir d'Auguste d'être transporté à Paris.

Le nègre Jean arriva. Castaing lui donna aussitôt les deux clefs, disant que son maître les lui avait confiées pour les remettre à quelqu'un à Paris, mais que ne pouvant le quitter, c'était lui, Jean, qu'il chargeait de les porter à la personne désignée, le sieur Malassis, clerc de Me Colin de Saint-Menge, notaire à Paris, et dépositaire du testament d'Auguste.

Les symptômes les plus alarmants se manifestaient : la respiration était gênée, la salive ne passait plus. Castaing administra au malade une cuillerée de potion. L'effet en fut rapide : cinq minutes après, il eut une attaque de nerfs et perdit connaissance. Castaing le laissa dans cet état jusqu'à onze heures et demie du soir. Alors M. Pigache, averti par un domestique de la maison auquel Castaing avait dit que son ami ne passerait pas la nuit, vint encore une fois.

Parmi ses nombreuses observations, ce médecin remarqua que tout le corps était couvert d'une sueur froide et parsemé de taches bleuâtres. Une saignée produisit un peu de mieux, mais tout espoir lui paraissait perdu. Il en proposa une seconde, à laquelle Castaing objecta la responsabilité grave si elle n'était pas suivie du succès. M. Pigache demanda alors un médecin de Paris. Il était une heure du matin. Castaing représenta que cette heure était trop avancée. On attendit à trois heures : Jean partit avec deux lettres de M. Pigache pour deux médecins de Paris, et avec l'ordre de ramener l'un ou l'autre.

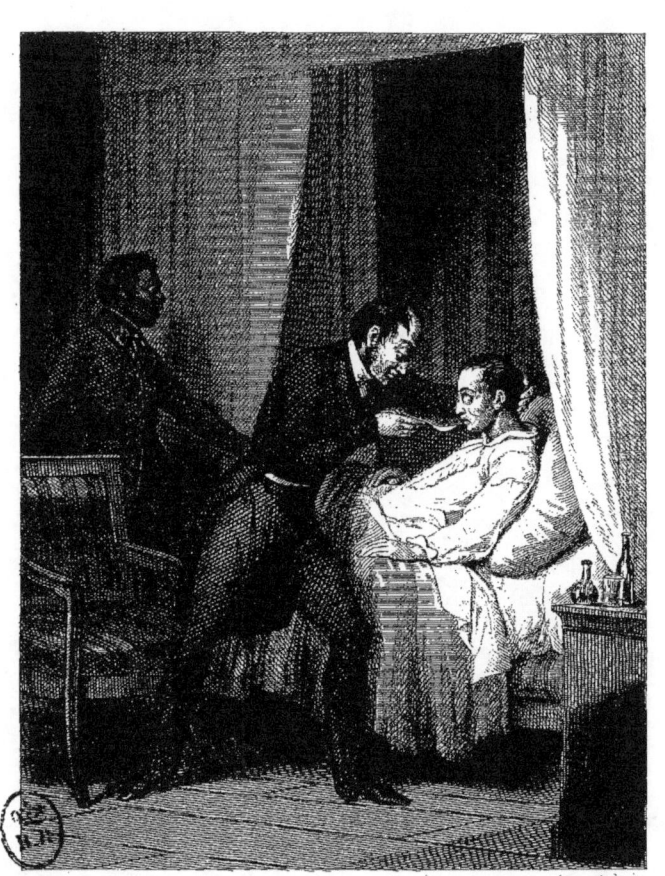

CASTAING.

La mort approchait : le médecin engagea l'ami à songer aux secours spirituels. Castaing alla chercher monsieur le curé de Saint-Cloud, auquel il dit que la maladie était une fièvre cérébrale. Pendant qu'on administrait l'extrême-onction, par sa ferveur et son recueillement il frappa le sacristain, qui ne put s'empêcher de dire au curé : « Voilà un » jeune homme bien pieux ! »

Après la cérémonie, Castaing sortit de nouveau, resta dehors une heure ou deux, et rentra vers six heures. Peu après arriva le docteur Pelletan fils, qui, comme M. Pigache, déclara le malade sans ressource. L'essai de quelques derniers remèdes fut inutile. Auguste expira entre midi et une heure, au milieu des pleurs et des gémissements de Castaing, que la douleur la plus profonde semblait pénétrer.

Tel est le récit des faits : leur simplicité seule eût accablé Castaing. Elle s'aggravait encore de ce que l'investigation la plus minutieuse avait appris sur sa vie, sur ses études, sur ses relations.

Castaing (Edme-Samuel) naquit en 1796 à Alençon, de parents honorables, mais peu riches. Après des études, couronnées de succès au collége d'Angers, il vint à Paris. Comme il montrait du penchant pour la profession de médecin, sa famille lui fournit, à l'aide de fortes économies, les moyens de suivre la carrière de son choix. Sa position était donc peu fortunée, mais l'ardeur de ses premières classes redoubla à l'école de médecine, soit goût prononcé pour la science, soit noble résolution de vaincre par le travail les rigueurs de la fortune.

Ce zèle exemplaire dura deux années. Un sentiment

plus fort, l'amour, lui succéda. Impétueux, et d'un tempérament irrésistible, il avait débuté par de grands écarts, s'il faut en croire une lettre saisie chez lui et dans laquelle on lit qu'il y a plusieurs années sa propre mère en disait *des horreurs*. Quelles étaient ces horreurs ? On n'a pas dû interroger madame Castaing, parce qu'elle était sa mère, ni l'auteur de la lettre, parce qu'elle était sa maîtresse. Toutefois le mot subsiste.

La multitude de ses cahiers, couverts de notes et d'extraits, atteste qu'il avait tout voulu approfondir, la physiologie, l'anatomie, la botanique, la chimie : mais, remarque qui fait frémir, les investigations du jeune adepte embrassaient aussi les différentes espèces de poisons. Il avait distingué avec un soin curieux ceux dont les traces visibles accusent toujours de ceux dont les vestiges imperceptibles échappent à l'œil le plus exercé. Il avait particulièrement signalé tels poisons dont l'action, conforme en tout à celle de certaines maladies, n'est sensible après la mort que par des symptômes identiques ; en un mot, il avait autant que possible fait deux classes de substances vénéneuses : l'une qui après le crime laisse toujours de l'effroi et de la conviction, l'autre qui rassure en offrant de nombreuses chances d'impunité. Était-ce un ordre scientifique ? était-ce une curiosité de précaution ? Mettons tout encore sur le compte de l'étude, et repoussons l'idée d'une scélératesse trop prévoyante. Néanmoins, quand le crime viendrait à l'idée de Castaing, il devait le trouver tout préparé, tout armé.

Sa liaison avec une femme du monde, veuve d'un ancien

CASTAING.

magistrat, blâmable sans doute par l'irrégularité, ne méritait pas du moins d'autre reproche : ce n'était pas de la débauche grossière, c'était le commerce des cœurs plus encore que des sens. Il avait deux enfants idolâtrés de lui comme leur mère, qu'il appelait sa femme. Ces trois êtres chéris étaient l'unique objet de ses pensées, de ses travaux: il ne rêvait qu'aux moyens d'assurer leur existence. C'était un rêve en effet. Sa maîtresse avait eu trois enfants de son mariage. L'entretien de cette double famille était au-dessus de ses ressources. Cette idée le désespérait.

Tout-à-coup, au mois d'octobre 1822, il se trouvait avoir à sa disposition des capitaux considérables, prêtait trente mille francs à sa mère, en plaçait soixante-dix mille dans les fonds publics, sous des noms supposés, et en juin de la même année il n'avait su comment rembourser six cents francs. L'explication de cette fortune subite, il faut la chercher dans une autre série de faits.

Castaing s'était attaché à la famille Ballet, dont le chef avait exercé pendant long-temps les fonctions de notaire à Paris ; mais Auguste et Hippolyte, fils d'un second lit, tous deux avocats, étaient surtout liés avec lui. La mort successive de plusieurs de leurs parents les rendit maîtres d'une fort belle fortune. Dès ce moment, une plus grande intimité s'établit entre eux et Castaing ; Hippolyte surtout, menacé de phthisie pulmonaire, se rapprocha davantage d'un ami qui était en même temps médecin, et il ne tarda pas à subir son ascendant.

Hippolyte Ballet éprouvait aussi un vif attachement pour son frère : vers le même temps, on remarqua qu'il s'était beaucoup refroidi. Pourquoi? Sur ce point on est réduit à des conjectures. Mais un méchant habile ne pouvait-il pas dans son intérêt préméditer, exploiter la désunion? A une époque voisine de sa mort, Hippolyte ne confia-t-il pas à plusieurs de ses amis, aux uns d'abord qu'il voulait faire un testament, aux autres ensuite qu'il l'avait fait, et au grand préjudice des droits légaux d'Auguste? C'est ce qui résultait de la déclaration de personnes en qui la confiance des deux fils était entière. Castaing lui-même l'avait dit devant les demoiselles Dossun et Percillée ; Auguste Ballet enfin confessait l'avoir vu et tenu après la mort de son frère. Ce testament existait, comment disparut-il?

Hippolyte était attaqué, on l'a vu plus haut, d'une phthisie pulmonaire : il meurt, et ce n'est pas de la phthisie pulmonaire. Au milieu des progrès de la maladie, loin de son terme encore, un accident morbide survient brusquement, et emporte Hippolyte en quatre jours.

Auguste a été emporté en trois.

Pendant tous les instants de cette courte maladie, Castaing n'avait pas quitté Hippolyte.

Il n'a pas non plus quitté Auguste.

Suivant les deux domestiques, Castaing avait interdit l'entrée des parents.

A Saint-Cloud, il a défendu de les instruire.

Ainsi Castaing est toujours seul auprès du lit des mourants : leurs frères et leurs amis n'y sont jamais ; il y a toujours des raisons pour les en écarter.

Hippolyte expire dans les bras de Castaing, et c'est dans ses bras qu'a expiré Auguste.

CASTAING.

Le procès-verbal d'autopsie d'Hippolyte constate une maigreur, caractère spécifique de la phthisie, mais une maigreur, y est-il dit, *insuffisante pour faire croire à la mort par épuisement.*

Après la mort d'Auguste, l'autopsie a lieu aussi, et les médecins trouvent de l'analogie entre les symptômes observés dans la première et dans la deuxième, ils les attribuent à des causes naturelles comme à certains poisons.

Et c'est précisément vers ce temps même que Castaing s'occupait le plus de l'étude des poisons, que, suivant son propre aveu, il en manipulait, et surtout de ces poisons dont les traces sont communes à certaines maladies. Il rencontre un jeune pharmacien, nommé Chevalier, qu'il avait connu dans les cours il y avait plusieurs années, et auteur d'un ouvrage estimé sur les réactifs ; il lui demande quels effets pouvaient produire *sur les chiens* les poisons végétaux... *Sur les chiens!* En mai 1822, le sieur Caylus, autre pharmacien, lui vendit dix grains d'acétate de morphine, et le 18 septembre de la même année dix autres grains.

Le 18 septembre... quelle date! dix-sept jours seulement avant la mort d'Hippolyte! douze jours avant qu'il ne s'enfermât avec lui pour faire de sa chambre une solitude! Il y resta sans témoins quand son ami eut rendu le dernier soupir. Des deux domestiques qu'Hippolyte avait à son service, l'un, la cuisinière, s'était retiré accablé de douleur et d'effroi dans la salle à manger ; l'autre, par l'ordre de Castaing, alla instruire de l'événement Auguste et son beau-frère Martignon. Maître de la maison, personne n'a pu voir ce qu'il y a fait. Il est facile de le deviner.

Le testament d'Hippolyte frustrait Auguste de ses droits légaux, et avantageait sa sœur, madame Martignon. Il était dans l'un des meubles : Castaing le dérobe ; puis faisant croire à Auguste que ce testament était chez M. Lebret, il lui demande cent mille francs pour l'avoir et le détruire. Le jour même du décès de son frère, Auguste écrit à M. Prignon afin de se procurer les cent mille francs. Ils se rendent à la banque accompagnés de Castaing, et c'est dès ce moment qu'Auguste a été en possession du testament, et lui, Castaing, de la somme. Ainsi s'explique cette faveur subite de la fortune qui, de la fin de septembre aux premiers jours d'octobre, lui apportait trente mille francs pour prêter à sa mère, soixante-dix mille pour placer sur les fonds publics.

Ce n'était pas assez d'avoir recueilli une partie des dépouilles d'Hippolyte par le trafic du testament, il convoitait l'autre, et avec cette seconde proie, tout ce que possédait Auguste. Quel était l'obstacle? La vie seule de ce dernier, car, en espérance, du moins, sa cupidité était déjà satisfaite. Par l'influence de ses manœuvres habiles, de ses suggestions coupables, il avait déterminé Auguste à écrire les lignes suivantes :

« Quoique dans un parfait état de santé, je puis mou-
» rir d'un instant à l'autre, soit par maladie, soit par ac-
» cident imprévu. En conséquence, de mon plein gré et
» mouvement, j'institue pour mon seul et unique héritier
» et légataire universel M. Edme-Samuel Castaing, docteur

CASTAING.

» en médecine, demeurant à Paris, rue d'Enfer, n° 31, » auquel je donne les biens mobiliers et immobiliers qui » composent ma succession au jour de mon décès. » Suivent des dispositions insignifiantes ; et il terminait par ces mots : « Pour ôter par ce moyen tous les droits auxquels » M. et madame Martignon, mon beau-frère et ma sœur, » pourraient prétendre légalement sur ma succession, » persuadé, en mon âme et conscience, qu'en agissant » ainsi, je rends justice à chacun ainsi qu'elle lui est due. »

L'avenir ainsi assuré, il fallait le plus possible rapprocher la jouissance. Un testament est si fragile, un testateur si capricieux ! D'ailleurs Auguste se refroidissait ; Auguste voulait aller demeurer loin de lui ; Auguste, impatient de son joug, de ses assiduités, de sa surveillance, aspirait à la liberté. Chaque jour, chaque minute mettait en péril ses espérances : la fortune était arrivée, il fallait la fixer. Bien mieux, Auguste venait de réaliser un capital de cent mille francs. Nul doute à cet égard : il les avait montrés à M. Raisson ; Castaing le savait, et même dans quel meuble ils étaient renfermés. Que ferait-il de ces *cent mille francs ?* N'allaient-ils pas lui échapper ?

C'est sur ces entrefaites mêmes et vers la fin du mois de mai que se lie entre Auguste et Castaing une partie de campagne, sans que personne puisse savoir ni dire comment elle s'arrangea, lequel des deux la proposa, pourquoi ils la firent seuls, quel en fut le but. Le voyage de Saint-Cloud suivit de près : on en connaît les suites.

L'autopsie fut confiée aux hommes de l'art les plus célèbres. De l'examen des procès-verbaux sur les substances trouvées chez l'accusé et le liquide trouvé dans l'estomac de Ballet, il résultait que les unes étaient de la classe des poisons végétaux, à la trace invisible, que l'autre avait pu être produit par ces poisons comme par la maladie. Personne ne s'expliquait quant au fait matériel. Il y avait incertitude : l'art ne venait pas au secours de la justice.

On avait enfermé Castaing dans les prisons de Versailles ; là, comme si sa conscience eût jeté d'abord une trop vive lumière sur les dangers de sa position, il ne se crut pas capable de les conjurer seul. Son premier soin fut de chercher un aide, un intermédiaire entre lui et les personnes dont le silence lui était précieux. Il choisit un sieur Goupil, compagnon de sa captivité, retenu pour un léger délit, dont les démarches ou les lettres n'étaient pas soumises à une grande surveillance. Bientôt la tristesse de sa situation, sa résolution de se suicider par un moyen subtil et doux si l'autopsie était à charge contre lui, son commerce avec une femme dont il avait eu des enfants, l'intimité avec les Ballet, les soupçons relatifs au testament du premier et à la mort presque subite du second, le placement détaillé des cent mille francs, venus, disait-il, d'un oncle, les poisons, et ceux achetés dernièrement, et ceux en sa possession, la gravité de ces détails avec le péril de la divulgation, l'intérêt du silence avec la nécessité imminente de l'obtenir, tout fut révélé à ce confident nouveau, tout, excepté le crime.

Il lui proposa d'écrire à sa mère afin qu'elle fît auprès de certaines personnes les démarches qui les engageraient à se taire. Goupil y consentit : il écrivit à la mère de Cas-

CASTAING.

taing; puis, tourmenté du poids de ces singulières confidences, ou plutôt, comme on l'a dit, payé pour les surprendre et les rapporter, il les a transmises à la justice.

Ces agitations de Versailles poursuivirent Castaing jusque dans les prisons de Paris. Là encore, il s'occupa de nouer des intrigues analogues avec des prisonniers, afin qu'ils écrivissent au pharmacien Chevalier de ne pas dire qu'il lui avait vendu de l'acétate de morphine. Là, aussi enfermé sans issue, au milieu du chaos inextricable des mensonges et des contradictions accumulés dans ses divers interrogatoires, il prit le parti de faire le fou. La ruse était préparée de longue main : à Saint-Cloud il avait dit au sieur Raisson qu'il deviendrait fou si sa position ne changeait pas, et au greffier de la justice de paix, que si ses inquiétudes se prolongeaient, il tomberait malade, et que déjà même il avait la fièvre. Aussi cette aliénation simulée dura peu. Elle consistait à boire son urine et à s'abstenir d'aliments. Au bout de trois jours il s'en lassa, et revint ou parut revenir à la raison.

L'instruction terminée, Edme-Samuel Castaing fut accusé :

1° D'avoir, dans les premiers jours du mois d'octobre 1822, à l'aide de substances pouvant donner la mort, attenté à la vie de Daniel-Hippolyte Ballet ;

2° D'avoir, à la même époque, de complicité avec Claude-Louis-Auguste Ballet, décédé, détruit volontairement un titre contenant les dispositions de dernière volonté dudit Daniel-Hippolyte Ballet ;

3° D'avoir, dans les derniers jours du mois de mai et

CAUSES CÉLÈBRES.

le 1ᵉʳ juin 1823, à l'aide de substances pouvant donner la mort, attenté à la vie dudit Claude-Auguste Ballet ;

Crimes et délits prévus par les articles 302 et 439 du Code pénal.

Castaing comparut le 10 novembre devant la cour d'assises de la Seine.

L'affluence des curieux était extraordinaire. A l'instant où l'accusé est introduit, on se lève, on s'élance pour le considérer : sa figure est agréable et porte l'empreinte d'une légère pâleur, occasionnée sans doute par une défaillance toute récente. Rien de dur dans ses traits, rien de farouche dans ses regards, on y lit la préoccupation plutôt que l'inquiétude ; on va le juger criminel, on l'aurait cru volontiers innocent. Sa mise est très-recherchée ; il tient à la main un rouleau de papier.

Rien de remarquable pendant les débats ; Castaing eut sans cesse recours à des subterfuges, à des invraisemblances, et quant au point décisif, son impuissance de représenter les substances vénéneuses, il se défendit par de prétendues expériences sur les animaux, par l'argument banal des empoisonneurs, les chats et les rats qui troublaient son sommeil dans l'auberge ; les latrines enfin, dans lesquelles la prudence la plus vulgaire ordonnait de jeter le reste de matières dangereuses. Seulement, lorsque après la déposition du docteur Laënnec, conforme à celle de ses collègues, que les symptômes constatés à l'autopsie pouvaient aussi appartenir à des causes d'empoisonnement, M. le président pressait avec force Castaing de s'expliquer, d'une voix basse il proféra lentement ces paroles : « Je ne

CASTAING.

» suis pas coupable du crime qu'on m'impute, monsieur
» le président. Je puis regarder en face, et même derrière
» vous (montrant le Christ); monsieur vient d'exprimer
» son opinion ; je m'y soumettrai ainsi qu'à l'arrêt de la
» Cour. »

Quand l'avocat-général terminait en s'écriant : « Vous
» ne donnerez pas à l'empoisonneur les riches dépouilles
» qu'il vient réclamer de vous, tenant de chaque main la
» tête d'un ami ; vous ne donnerez pas à l'empoisonnement
» un brevet d'encouragement et de sécurité : la société
» consternée a jeté le cri d'alarme, la société sera ven-
» gée! » Castaing avait sans cesse les yeux fixés sur l'ora-
teur ; son teint était vivement animé, et on remarqua, vers
la fin surtout, quelques mouvements d'impatience.

La délibération du jury dura deux heures. Quand il
rentra en séance, une agitation inquiète se manifesta dans
l'assemblée, et tout à coup il y régna un morne silence.
D'une voix émue, le chef du jury prononça la déclaration
suivante :

Sur la première question (l'empoisonnement d'Hippolyte Ballet) : Non, l'accusé n'est pas coupable.

Sur la seconde (la soustraction du testament) : Oui,
l'accusé est coupable.

Sur la troisième : Oui, l'accusé est coupable à la majorité de sept contre cinq.

A l'unanimité, la Cour se réunit à la majorité du jury.

On fait entrer Castaing. Sa démarche est ferme et assurée. Pendant la lecture de la déclaration du jury, et des
conclusions de l'avocat-général tendant à l'application des

peines portées par la loi, il demeure immobile, mais à la demande de M. le président s'il n'a pas quelque chose à dire sur cette application, il répond d'une voix forte :

« Non, monsieur le président; je saurai mourir, quoique » je sois bien malheureux, et que des circonstances fa- » tales m'entraînent dans la tombe. J'irai retrouver mes » deux amis. On m'accuse de les avoir assassinés lâche- » ment, mais il y a une Providence... S'il y a quelque » chose de divin dans l'être qui vit, ce quelque chose ira » vous retrouver, ô mes amis, Auguste, Hippolyte ! Ce » ne sont point de vaines déclamations; je n'implore » point votre miséricorde, je n'implore rien de ce qui est » humain; (élevant ses mains vers le ciel) mon espé- » rance est maintenant dans la divinité, et je marcherai » avec délices à l'échafaud, parce que ma conscience ne » me reproche rien, parce que ma conscience ne m'ac- » cusera pas, lors même que je sentirai... (Il porte les » mains à son cou.) Hélas! il est des choses qu'on » éprouve et qu'on ne peut exprimer! » Il ajoute d'une voix faible : « Vous avez voulu ma mort, la voilà! »

C'était bien avant dans la nuit. Les jurés restent appuyés sur leurs bancs, dans un profond silence; les bougies qui commencent à s'éteindre, la sombre lueur des lampes épuisées, tout donne à cette scène un aspect lugubre et déchirant; M. Roussel fond en larmes. Castaing se penche sur lui : sa fermeté ne se dément pas : « Al- » lons, lui dit-il, rassurez-vous, Roussel; regardez-moi, » je ne pleure pas; je vous remercie des efforts que vous » avez faits pour ma défense; vous avez cru à mon inno-

CASTAING.

» cence, je suis innocent en effet. Embrassez mon père,
» ma mère, mes frères... (avec un accent douloureux) ma
» fille... Vous me le promettez, n'est-ce pas? »

Puis s'adressant aux jeunes avocats placés dans le parquet : « Et vous, jeunes gens qui avez assisté à mon ju-
» gement, vous, mes contemporains, assistez aussi à mon
» exécution; ma fermeté ne se démentira pas; une
» prompte mort est la seule grâce que je demande... Je
» rougirais d'implorer la clémence. »

La Cour rentre, et au milieu du recueillement le plus solennel, M. le président lit d'une voix très-basse l'arrêt suivant : « Vu la déclaration du jury, vu les articles 439,
» 301, 302 du Code pénal, la Cour condamne Edme-
» Samuel Castaing à la peine de mort. »

On le transporta à Bicêtre, où il fut l'objet de la plus active surveillance : on redoutait qu'il n'attentât à ses jours; crainte fondée, s'il est vrai, comme on l'a dit, que la boîte d'une montre qu'on chercha à lui faire passer du dehors, et qui fut saisie, contînt du poison. Il avait formé un pourvoi en cassation, mais il fut rejeté deux jours après. Lorsqu'on vint l'avertir de sa translation à Paris, vers sept heures du matin, il dormait profondément. Il ne s'abusa pas sur le motif, car il dit aussitôt : « Je vois ce que c'est. »

Arrivé à la Conciergerie, il écrivit à son ancienne maîtresse une longue lettre, remarquable par un mélange confus d'idées religieuses et philosophiques. Il se rendit ensuite à la chapelle, et s'entretint avec l'ecclésiastique qui devait l'accompagner au lieu du supplice, jusqu'au moment où il fut livré à l'exécuteur.

CAUSES CÉLÈBRES.

Ayant témoigné le désir de voir encore une fois son père et sa fille, M. le procureur-général s'empressa d'autoriser cette entrevue ; mais, par des motifs qui n'ont pas été connus, elle n'eut pas lieu. Il demanda alors par écrit la bénédiction de son père, qui lui fut envoyée.

On avança l'heure de l'exécution, qui alors avait lieu à quatre heures. Un peu avant deux, le moment fatal lui fut annoncé : ses forces l'abandonnèrent un instant, et il parut regretter beaucoup ces deux heures que, selon lui, on retranchait à sa vie. Lorsqu'il eut franchi le seuil du dernier guichet de la Conciergerie, la foule se précipita de toutes parts dans la grande cour du palais et se répandit en murmures. Il sembla les entendre sans émotion. Son premier mouvement fut alors de se jeter sur le crucifix, de l'embrasser avec force et à plusieurs reprises. Il fallut le secours de deux hommes pour l'aider à monter sur la charrette. Pendant qu'on le liait, il promenait ses regards autour de lui et ses traits n'offraient aucun signe d'altération.

Mais son maintien ne fut plus le même dans le trajet du Palais à la place de Grève : tout son courage semblait l'avoir abandonné, et son visage, quelques instants auparavant fortement coloré, était devenu d'une pâleur mortelle ; sa tête, cédant aux secousses de la charrette, tombait sur l'épaule de son confesseur, auquel il parlait néanmoins de temps en temps, et dont il paraissait écouter attentivement les exhortations.

Arrivé au pied de l'échafaud, il tomba plutôt qu'il ne se mit à genoux, et y resta près de quatre minutes en

CASTAING.

prières. Il n'eut pas la force de se relever, et deux aides de l'exécuteur furent obligés de le soutenir pour monter. Quelques instants après, il avait cessé de vivre.

Ainsi périt Castaing, jusqu'à vingt-cinq ans homme distingué, à vingt-sept un monstre, anomalie terrible de l'un de ces êtres qui apparaissent par intervalles sur la scène avancée de la société, comme pour y révéler tristement à quel point des qualités brillantes peuvent tourner à la scélératesse, et en quelques mois aboutir au genre de forfait le plus lâche et le plus odieux. Dans cet homme d'atroce célébrité, la science prépara le crime, la cupidité le provoqua, l'hypocrisie le consomma.

LE CURÉ ET LE VICAIRE.

A quelque distance de l'abbaye de Vadgave, dans le comté de Nassau, se trouve une promenade ombragée et solitaire. Sur le soir, le 3 juillet 1748, un curé, nommé Risch, s'y reposait de la chaleur du jour, et en compagnie de deux religieux attentifs, rendait grâce à Dieu de la paix dont il jouissait, après une vie de troubles et d'agitations; il le prenait à témoin de la pureté de son âme, de l'innocence soutenue de sa conduite, et pour toute récompense lui demandait une fin tranquille dans sa nouvelle retraite. Tout à coup, quatre archers déguisés s'élancent sur lui. Les deux religieux, les prenant pour des voleurs, se hâtent de fuir. Risch est traîné par des chemins détournés et au travers des bois jusqu'à un village de la domination de Lorraine, où il arriva au milieu de la nuit. Vainement demanda-t-il les juges du lieu pour recevoir sa plainte; les archers avaient barricadé les portes de l'hôtellerie, et dès le point du jour le firent partir se dirigeant sur Metz. Enfermé dans les prisons royales, mis au secret, traité

LE CURÉ ET LE VICAIRE.

comme un vil scélérat, il passe plus de deux mois sans être interrogé.

Les honnêtes gens criaient à la persécution, l'indignation publique éclatait, ses cris frappèrent les oreilles de M. le chancelier. Il voulut connaître les motifs d'une réclamation si générale et si ardente. Sa justice se crut intéressée à interrompre la procédure du lieutenant criminel. Le procès fut donc évoqué et renvoyé en la grand'chambre du parlement de Metz. Cette précaution n'eut pas l'effet qu'en attendait le chef de la magistrature. Une faction hostile, accrue d'un grand nombre de mécontents, soulevés par le zèle de l'évêque de Metz pour la discipline ecclésiastique, s'élevait contre Risch. Inaccessible à toute sollicitation, le prélat écartait sans ménagement du ministère tous les sujets de capacité douteuse ou de mœurs suspectes, et poursuivait avec une inflexible fermeté les plus légères infractions.

Prévenus et subjugués par les plaintes passionnées de cette multitude, les juges cédèrent à la prévention et ne virent dans le sieur Risch qu'un forcené, coupable des manœuvres les plus odieuses envers son vicaire. Quel était ce vicaire? quelles étaient ces manœuvres?

Un sieur Louys fut nommé vicaire de la paroisse de Saint-Simplice de Metz, sur la fin du mois de mars 1744. Une physionomie agréable, des talents pour la prédication, séduisirent Risch, qui en était curé, et l'engagèrent à passer sur l'inconvénient de la jeunesse. Sous un maintien décent et honnête, Louys avait un goût prononcé pour la débauche. Il se trahit bientôt par des relations trop fréquentes avec une jeune personne appelée Barbe Marchand. Cette fille, fort jolie, alors âgée de vingt ans, et sa pénitente, vivait, avec sa mère et sa tante, du travail de ses mains.

L'intimité arrivée une fois à l'extrême, les lieux les plus sacrés, l'église, le confessionnal, le cimetière même, malgré les sinistres et lugubres idées qu'il réveille, étaient les témoins de leurs rendez-vous, les confidents de leurs entretiens secrets. Bientôt Barbe Marchand ne dissimula pas son penchant pour le jeune confesseur, et lui de son côté n'en rougit plus. Ils s'écrivaient des lettres de la tendresse la plus exaltée. Dans l'une, elle lui disait, ainsi qu'une autre Héloïse : « Dieu et la religion me défendent » de t'aimer, mais je ne puis faire autrement. »

Le curé rejeta comme des calomnies les premiers bruits de ce coupable commerce, et d'abord leur préféra assez facilement les explications que donnait le vicaire, le bien de la pécheresse, l'ardeur d'un saint zèle. Mais, témoin lui-même de relations trop suivies, il fallut en croire ses yeux, et adresser à son vicaire de graves représentations sur le danger de murmures qui pourraient le perdre, sur le devoir pressant de leur imposer silence.

Le vicaire promit : seulement il pria le curé de procurer de l'ouvrage à cette malheureuse, afin que la misère ne la retînt pas dans le dérèglement dont il espérait la retirer, et ne devînt un obstacle à la pénitence. « Le but » semblait noble et sacré. Il l'encourageait à braver les » médisants, les langues de vipères. Quel mal à la faire » quêter dans la paroisse pour les pauvres, à lui payer » l'argent du bouquet et de la coiffure, si d'ailleurs il se

LE CURE ET LE VICAIRE.

» montrait insensible à une passion qu'il ne partageait
» plus, qu'il s'efforçait d'éteindre? »

Ces inspirations hypocrites, mais débitées avec l'accent de la vertu, il les soutenait désormais par la prudence. Les rendez-vous paraissaient très-rares : ils ne sortaient ensemble que la nuit. S'il lui parlait dehors, c'était dans des quartiers très-éloignés. Mais dans sa chambre il la recevait à des heures indues, avait soin d'en retirer la clef, répondait rarement quand on frappait ou quand on l'appelait pour l'administration des sacrements, et s'il ouvrait, on entendait les pas d'une personne qui fuyait pour se cacher. Le marguillier et sa femme, que la situation de leur logement faisait presque concierges du presbytère, avaient beau fermer les portes de l'allée lorsque le sieur Louys, toujours le dernier à rentrer, était retiré, le matin elles se trouvaient ouvertes, quoique tout le monde dormît encore.

Le curé, qui ignorait et qui n'avait garde de soupçonner par qui et comment cette porte s'ouvrait, en fut alarmé, et eut recours à des précautions. Il fit changer les gardes de la serrure d'une barrière qui fermait la porte du cimetière, et par laquelle il fallait passer pour arriver à leur demeure. Cette mesure de sûreté dérangeait les plans nocturnes du vicaire, ses rendez-vous au bal, où, déguisé avec des habits loués chez les juifs, il allait rejoindre sa maîtresse. Il se formalisa.

Enfin, Barbe Marchand devint enceinte, et ne prit aucun soin de cacher les apparences extérieures de son crime. Seulement elle changea de confesseur.

Instruit par la clameur publique, le curé mande le vicaire dans son cabinet : là il lui représente en ami, en père, toute l'horreur d'un commerce formé par l'abus du sacrement, entretenu par un double sacrilége. Il lui peint l'énormité du scandale qui trouble les esprits de quelques paroissiens ; enfin l'éclat que cette nouvelle faisait déjà dans la ville. Il l'exhorta à une retraite, et lui suggéra le prétexte d'un voyage chez ses parents.

Louys parut touché, et le curé, supposant son retour sincère, lui donna une médaille d'argent à l'image de la Vierge, en l'exhortant à se mettre sous la protection de cette mère des vertus. Quelques jours après, par une docilité simulée aux conseils de son supérieur, il lui demanda la permission d'aller voir sa famille. Elle lui fut accordée avec empressement. C'était une disposition à la retraite, un premier pas vers la sagesse.

Il partit, et sans doute Barbe Marchand avec lui, car jusqu'à son retour elle disparut ; le curé ne la revit qu'au mois d'août suivant, lorsqu'elle vint lui demander un billet de charité pour sa mère malade. En le donnant, il lui adressa la réprimande la plus sévère sur sa débauche, et jugeant à ses réponses que ses relations avec Louys n'avaient pas encore cessé, il lui défendit de le revoir, sous peine d'être chassée de la paroisse.

Cette menace produisit peu d'impression. Louys la faisait venir chez lui à toute heure, et souvent on le voyait sortir de chez elle à quatre heures du matin, en bonnet de nuit et en robe de chambre. Comme autrefois, il lui écrivait des lettres et en recevait ; elle portait une bague, don de son amant ; rien ne manquait au scandale. Elle ac-

LE CURÉ ET LE VICAIRE.

coucha d'une fille au mois de juillet 1745. Louys, qui lui avait promis de la baptiser, arriva à l'église pendant que le second vicaire, alors de semaine, commençait la cérémonie ; il lui arracha le livre en disant : « La pauvre » Marchand ! je veux faire le baptême de son enfant. »

Le nouveau-né fut mis en nourrice, et au bout d'un mois à l'hôpital, avec une médaille au cou, portant la figure de la Vierge ; c'était celle que le curé avait donnée à Louys. Cependant les relations de Louys et de Barbe Marchand devinrent moins fréquentes ou plus secrètes ; mais elles continuèrent, et un voyage qu'il prétexta fut l'occasion d'un rendez-vous où ils passèrent la nuit ensemble.

Ces faits et d'autres encore, consignés dans les informations, apprenaient que Barbe Marchand n'était pas le seul objet du goût excessif de Louys pour le sexe, et que quelques autres femmes partageaient tour à tour ses empressements. Sous peine de condescendance criminelle, le curé ne pouvait plus se taire ; il mande Louys, lance sur lui, en présence de ses collègues, une accusation terrible, et instruit l'un des grands vicaires du diocèse. Celui-ci répond qu'une réprimande ne suffit pas, qu'il faut ou l'interdit qui le sépare de l'église, ou au moins la retraite qui l'éloigne du crime ; en cessant de voir sa complice, peut-être l'oublierait-il ? Sans indulgence pour le coupable, le curé avait des égards pour sa réputation, et surtout pour le caractère sacré dont il était revêtu. Il voulait punir l'homme et en même temps sauver le prêtre. L'interdit ou l'exil étaient également funestes. Il ne croyait pas, d'ailleurs, à un endurcissement final, à une corruption sans remède, et dans l'illusion de sa charité ou de son espérance, il conjura le grand vicaire d'attendre encore.

« La pâque approchait; la paroisse avait besoin de lui, » et avec le fond de religion qu'il lui connaissait, un seul » pas en arrière suffirait pour le rendre à la vertu. » L'honneur du sacerdoce l'emporta. Ces instances avaient été si pressantes, que, loin d'envoyer l'interdit, le grand vicaire fit passer le renouvellement des pouvoirs de Louys. En les remettant, le curé lui imposa pour première condition de rompre à jamais avec sa prostituée.

Cependant, peu de jours après, le curé est averti qu'il y avait sur la paroisse, et dans la maison où logeait Barbe Marchand, trois filles enceintes; il y fit la visite; la Marchand était l'une de ces trois filles. Elle n'osa plus se montrer; parvenue au terme de sa grossesse, elle sollicita quelques secours de Louys, et comme ils se faisaient attendre, elle le menaça d'aller accoucher dans sa chambre. Il lui envoya quelques nippes et neuf livres.

Un mois après, elle était déjà enceinte. Les murmures redoublent; on crie au scandale, à l'abomination; on accuse hautement le curé de favoriser le libertinage du vicaire par sa lenteur à le déférer aux supérieurs. Juste avant tout, celui-ci résiste aux clameurs : il hésite à croire à tant d'infamies; il veut s'assurer si la preuve en existe; il prolonge même cette espèce d'information en apprenant que Louys sollicitait auprès de l'évêque diocésain une cure vacante. Il craignait de la lui faire perdre, et dans l'avancement même dont Loys était indigne, en-

LE CURÉ ET LE VICAIRE.

trevoyait un moyen de le sauver. La cure étant donnée à un autre, il fallut se livrer à la recherche des preuves, suspendue un moment.

Malgré le mystère de l'information, le vicaire ne pouvait l'ignorer, et alors, pour la première fois, il commença à craindre, et forma la résolution sincère de quitter la Marchand. Cette fille demanda à parler au curé, lui déclara que Louys était le père de l'enfant dont elle était accouchée au mois de janvier précédent; qu'elle était encore enceinte de ses œuvres, et elle sollicita justice. Le curé la promit, en lui recommandant de cacher cette révélation à tout le monde. Cependant il fallait en vérifier l'exactitude; Louys fut confronté avec cette fille.

Le vicaire nia les principales circonstances, mais de cet air et de ce ton qui dénotent le coupable. Il n'en présenta pas moins un billet par lequel la Marchand certifiait que le père de l'enfant dont elle était accouchée était un soldat des volontaires royaux. Le curé lui objecta que prendre un certificat pour un crime qu'on n'avait pas commis était une précaution suspecte et la plus capable d'y faire croire. Louys n'en était pas plus déconcerté; il s'imagina convaincre son supérieur en lui amenant deux femmes préparées à l'avance : l'une, la mère même de Barbe Marchand, tenant son dernier enfant sur ses bras; l'autre, la femme d'un tonnelier. Cette dernière répéta et appuya le contenu du certificat; l'autre se borna à pleurer et à dire en regardant le sieur Louys qu'elle ne savait rien.

Désespéré, confondu de tant d'audace mêlée à tant de corruption, le curé tomba dans une maladie dangereuse, durant laquelle il fit l'aveu à l'archiprêtre de Metz que le chagrin en était la cause. Il en reçut bien des conseils et des consolations; mais les bruits toujours croissants étaient parvenus jusqu'à l'évêque, et le prélat exigea le compte des faits. Quel parti prendre? le curé était dans une perplexité extrême. Abandonnerait-il la Marchand, qui s'était confiée à lui? Perdrait-il Louys, coupable, il est vrai, mais qui avait présenté un simulacre de défense? Après avoir consulté le curé de Saint-Victor et le supérieur du petit séminaire, il fut décidé qu'on enverrait Barbe Marchand faire ses couches à Paris; que si Louys ne pouvait pas ou ne voulait pas payer les frais du voyage, ils y contribueraient tous les trois; qu'ils lui donneraient un certificat sur le vu duquel elle serait admise à l'Hôtel-Dieu. M. Dupuits, le curé de Saint-Victor, jugea à propos de retarder le départ de quelques jours, afin de l'interroger lui-même.

La conférence et ses résultats étaient ignorés de Louys, et il osa traduire devant le procureur du roi du bailliage Barbe Marchand. Elle soutint n'avoir rien dit qui ne fût vrai, et voulut lever la main pour prêter serment; mais Louys l'arrêta, ce qui occasionna entre eux une scène où elle répandit des larmes, au milieu desquelles elle réitéra ses accusations.

Le curé, après avoir remis à cette fille quelque argent avec le certificat, la fit partir. Quelle fut sa suprise et son indignation lorsqu'à huit jours de là il l'aperçut dans une des rues de Metz! Il la fit chercher et retira le certificat, reste de charité dont elle abusait avec impudence. Elle en

LE CURÉ ET LE VICAIRE.

eut une plus grande encore, celle de venir se jeter à ses pieds, en l'assurant que Louys, instruit de son départ, l'en avait détournée, l'avait attirée dans sa chambre, et après les promesses les plus solennelles de ne point l'abandonner, l'avait menacée de la perdre en la déférant à l'évêque comme calomniatrice. La charité du curé, quoique mal entendue, était inépuisable; son attachement pour Louys, malgré ses indignités, se ranimait quelquefois encore. Plus l'affaire devenait sérieuse, plus il entrait dans sa pensée de l'assoupir; il se sentait vaincu par le sublime précepte de cette religion qui ordonne de pardonner toujours. Il chercha encore des voies de conciliation, fit retenir chez elle Barbe Marchand par sa tante, pressa de nouveau Louys de choisir une retraite, lui offrant, comme autrefois, et son cœur et sa bourse, lui promettant même les fruits du vicariat, dans lequel il ne le ferait pas remplacer.

Ces secousses multipliées dérangèrent une seconde fois la santé du sieur Risch et le déterminèrent à se retirer à la campagne. Ses soins et ses démarches avaient arraché de Barbe Marchand l'engagement formel de quitter Louys et de ne plus le voir, si elle en obtenait *dix écus*: sacrifice faible, sans doute, mais humiliant, et qu'il refusa parce qu'il y vit l'aveu d'une dette et une preuve contre lui-même. C'en était trop. Tant d'indulgence devenait presque de la complicité. L'évêque, d'ailleurs, le lieutenant criminel, le promoteur, tout le monde voulait être instruit, et ce dernier se transporta chez le curé pour apprendre la vérité de sa bouche. Comment reculer? Il dit ce qu'il savait, et donna un mémoire, à lui remis par la Marchand, avec différentes lettres qui prouvaient le commerce de cette fille et du vicaire. Mandée elle-même à l'évêché, elle déposa entre les mains de l'évêque différents mémoires, plus circonstanciés encore, où le commencement, les progrès et les suites de la séduction étaient détaillés avec la dernière exactitude. Le tribual de la pénitence était surtout, assurait-elle, le lieu qu'il avait choisi pour la corrompre.

Ces déclarations étant confirmées par la tante et la mère, et les pièces communiquées au promoteur, plaintes furent portées vers l'official et icelles immédiatement suivies d'une accusation contre Louys de dérèglement, de commerce suspect, et de la révocation de ses pouvoirs. Sa première ressource fut de présenter au nom de son père un placet à l'évêque, par lequel il menaça de se pourvoir au tribunal séculier pour faire éclater son innocence. L'évêque répondit de sa propre main, en marge du placet : « La procédure criminelle sera plus déshonorante que » l'interdit ; les désordres du sujet sont avérés ; on l'a mé- » nagé à cause du scandale, sur les instances de ses amis, » et par égard pour son respectable curé. » A cette réponse, comme s'il eût été inspiré par le démon lui-même, Louys conçut le plan de la plus infernale machination. A son tour, il rendit plainte conte Barbe Marchand, ses complices et adhérents, qu'il accusa de complots calomnieux, et d'avoir suborné cette fille pour lui attribuer des grossesses et un scandale *à quoi il disait n'avoir aucune part.*

LE CURÉ ET LE VICAIRE.

L'information fut composée de quarante-huit témoins gagnés et entendus par des juges prévenus; Barbe Marchand décrétée de prise de corps, et le sieur Risch d'ajournement personnel. La Marchand prit la fuite et se retira sur les terres de l'Empire; Louys partit pour la chercher. Une femme affidée, nommée la veuve Louis, étant allée à Denai, la découvrit, lui parla, et l'attira sur les terres de Lorraine, à Warisse. Là elle fut arrêtée, et le gendre de cette veuve, intime ami du vicaire Louys, préposé pour accompagner la prisonnière.

Le vicaire lui-même, à ce qu'on rapporta, s'était rendu à Warisse pour instruire son ami de ses intentions : il lui avait donné à dîner et faisait partie de l'escorte sous un habit séculier. Pendant la route, le gendre, placé auprès de cette fille, s'entretint continuellement avec elle à voix basse. Pour la séduire, on l'a su depuis, il remplit son imagination des plus vives terreurs sur le supplice qui l'attendait. « Elle n'avait, assurait-il, qu'un parti à prendre pour sau- » ver sa vie ; c'était d'accuser le curé de subornation, et » de ne point charger le vicaire, parce que, s'agissant » d'inceste spirituel, ils seraient tous deux brûlés. Elle » éprouverait, d'ailleurs, par toutes sortes d'attentions, » qu'on n'avait pas dessein de lui causer la moindre peine » si elle adoptait le système proposé. » Dès son arrivée, un émissaire, témoin et solliciteur du sieur Louys, eut avec elle, dans la prison, une conférence, dont il profita sans doute pour mieux l'ensorceler encore.

Quelques preuves de corruption que lui eût déjà données son vicaire, jamais le curé ne serait allé jusqu'à croire cet excès d'impudence. Innocent, il se présente à ses juges, réclame les priviléges ecclésiastiques, demande son renvoi devant l'official, et l'obtient. Barbe Marchand avait été interrogée, il l'est aussi; mais à la tournure des questions, il s'aperçoit d'abord que sa perte est jurée. Il sort, consulte des personnes graves sur la conduite qu'il a tenue; elles étaient déjà dévouées à son adversaire. On le taxa d'indiscrétion ; on le blâma comme coupable de scandale; on l'épouvanta sur les suites d'un procès criminel, où il s'agirait plus de ce qu'il avait dit que de ce que son vicaire avait fait. Les larmes coulèrent des yeux de l'infortuné. Il apprend que le décret d'ajournement personnel avait été converti en décret de prise de corps, et il se voit déjà la victime de ses ennemis. L'évêque, les grands vicaires, tous ceux enfin qu'une fatale prévention ou qu'une haine implacable n'aveugla pas, augmentèrent ses alarmes, en grossissant à ses yeux le crédit de ses persécuteurs. Tous conseillaient la fuite; mais sa conscience pure et tranquille lui disait de rester, il y était résolu. Désespérant de vaincre sa fermeté par des raisons, ils eurent recours à la ruse, l'enlevèrent à son insu, durant son sommeil, et lorsqu'il se réveilla, le conduisirent malgré lui sur une terre étrangère, à l'abbaye de Vadgave, aux environs de laquelle, comme nous l'avons vu, il fut arrêté pendant une promenade.

Coupable à l'avance dans la pensée de ses premiers juges, le curé ne pouvait cesser de le paraître que miraculeusement. Un commissaire, nommé pour l'interroger, le mit plus d'une fois hors de lui-même par les reproches

LE CURÉ ET LE VICAIRE.

les plus violents. Le promoteur seul suivait sans déviation la ligne de la droite et impartiale justice. Avant de savoir si Risch est un calomniateur, ne faut-il pas constater si Louys est coupable? Un procès n'est-il pas subordonné à l'autre? Le bon sens et la raison le disaient. Ils ne furent pas écoutés; le parlement rejeta trois requêtes du promoteur sur la nécessité de terminer d'abord l'instruction contre le vicaire, et celui-ci, après avoir interjeté appel comme d'abus d'une procédure si naturelle, obtint un premier triomphe.

L'official, forcé de juger sur la seule accusation portée contre Risch, d'après une information faite uniquement à sa charge, ne pouvait se dispenser de le condamner. Un jugement du 29 avril « le déclare atteint et convaincu de » calomnie : pour raison de quoi il devait se retirer dans » un séminaire, être suspendu de toutes les fonctions des » saints ordres, et se défaire de sa cure dans un an. » Sur-le-champ on le transféra des prisons de l'officialité dans celles de la conciergerie, en choisissant, dans cette ville de guerre, l'heure de la garde montante pour lui faire traverser la place d'armes à pied, escorté comme le dernier des malfaiteurs. Quelle humiliation! et en même temps quelle différence ! Barbe Marchand avait été transférée sans bruit dans une chaise à porteurs ; l'innocent était livré méchamment à la risée de la soldatesque; la criminelle soustraite à tous les regards avec une intention affectée. Trop heureux encore le curé si la honte eût été la seule peine inventée par ses persécuteurs ! Il fut plongé dans les cachots, sans que son père eût la liberté de le consoler.

Le bruit courut même que l'inceste spirituel devant être puni par le feu, il en subirait le supplice. Sa famille, en proie aux plus cruelles alarmes, porta ses plaintes au roi. Le chancelier, par ordre de sa majesté, défendit l'infliction d'aucune peine sans l'en avoir prévenue. La vie, du moins, fut mise en sûreté.

Les actes qui précédèrent l'arrêt définitif étaient empreints de la plus révoltante iniquité. Les témoins favorables disparaissaient, les procès-verbaux se rédigeaient pour la forme, les huissiers que leur office tenait aux portes de la chambre arrêtaient les témoins, et au passage leur suggéraient de fausses déclarations. Quelle sentence attendre de ces infâmes précédents? Elle en fut digne en tous points : « Barbe Marchand, condamnée à » être fouettée, marquée et bannie du royaume à perpé- » tuité ; comme elle, le pauvre Risch, condamné au ban- » nissement perpétuel ; leurs biens acquis et confisqués au » profit de qui il appartiendrait, sur iceux préalablement » pris la somme de 6,000 livres au profit de Louys. »

L'arrêt, exactement publié et affiché aux portes de tous les curés, à celles de l'évêché, dans tous les carrefours de la ville, et dans les villes voisines, fut exécuté contre Barbe Marchand ; mais Risch demeura dans les prisons où Louys l'avait fait écrouer le surlendemain. Faute du payement des 6,000 livres dans la confiscation et la vente de tous ses biens et de ses effets, on poussa l'inhumanité jusqu'à le dépouiller des vêtements les plus nécessaires, à le priver des meubles les plus vils ; on lui ôta même sa calotte et son bonnet de nuit. Une seule chose lui restait

LE CURÉ ET LE VICAIRE.

encore : un peu de santé. L'obscurité, l'infection, l'humidité des cachots la lui ravirent. Il devint paralytique du côté gauche depuis la tête jusqu'aux pieds.

Il survécut cependant à tant d'opprobres et de cruautés. Il se pourvut; les deux arrêts furent cassés, le procès renvoyé au grand conseil, et Risch transféré. Mais ce passage d'une prison à une autre ne lui réservait qu'une nouvelle ignominie. On eut soin de l'en tirer à l'issue des audiences : le jour et l'heure étaient indiqués : le peuple s'était assemblé en foule; une double brigade d'archers, soutenus d'un renfort de gardes, devait former l'escorte; et tout cet appareil pour un paralytique!

A mesure qu'il s'éloignait de cette ville fatale, l'espoir renaissait : « de nouveaux juges auraient moins d'aveugle-» ment; un nouveau peuple ne s'acharnerait pas à sa perte. » L'indépendance du grand conseil le vengerait des préven-» tions du parlement. » Il ne se trompait pas. En éclairant d'abord de quelques rayons les ténèbres d'une information mensongère, la vérité déconcerta l'audace de Louys. Attaché à son prisonnier comme une bête féroce à sa proie, il l'avait suivi, et s'était insolemment présenté à ses juges. Dès les premières dépositions, il fut décrété de prise de corps, et renfermé dans les mêmes prisons où il faisait gémir sa victime. Étonné de ce coup sans en être abattu, accoutumé aux succès d'une longue impunité, il hasarda de se pourvoir en cassation. Le temps de l'illusion était passé : sa demande fut rejetée.

Il ne s'agissait que de lire de bonne foi les déclarations de Barbe Marchand, faites à l'époque de sa liberté et

CAUSES CÉLÈBRES.

répétées volontairement à monsieur l'évêque de Metz. La séduction au confessionnal; le tutoiement dans des billets où il l'appelait *sa bonne amie;* dans d'autres, le langage violent d'un amant passionné et jaloux; le nom de Louys donné à son enfant; les cadeaux, *boucles d'oreilles, bague, mouches, chaussons, surplis, argent pour faire ses couches;* tout avait été jusque-là enseveli dans un oubli prémédité; tout reparut alors pour accabler enfin le hideux objet ou d'une protection inexplicable ou d'un aveuglement criminel. Il ne resta plus de nuages, la vérité apparut dans son jour manifeste, lorsqu'on vint à produire une lettre de Barbe Marchand à un tiers pendant sa première fuite. Elle y disait :

« Je suis bien à plaindre d'être sur les champs sans
» avoir un sou, moi et mon pauvre enfant; il faut que je
» fasse de quelques façons, quand Louys devrait me faire
» pendre; je sais qu'il est à Rozières; j'irai le trouver;
» peut-être il aura quelque compassion de moi et de son
» enfant. »

Telle était la pièce de conviction irrésistible. Ignorée jusque-là, produite tout à coup après plusieurs années d'erreurs, de persécutions, de souffrances extrêmes, n'était-elle pas un de ces documents précieux que la justice d'en haut se plaît parfois à révéler à la justice d'ici-bas, afin qu'elle soit confondue quand elle a mal prononcé, et décidée quand elle hésite trop longtemps?

Par arrêt du conseil du 20 mars 1753, l'innocence de Risch fut reconnue, et la peine à laquelle il avait été condamné, le bannissement perpétuel, reporté sur Louys.

LE CURÉ ET LE VICAIRE.

Juste, mais tardif retour; vaine réparation de ce qui était irréparable : en rendant enfin l'infortuné Risch à l'honneur et à la liberté, la justice ne l'avait pas moins conduit peu à peu à la mort. Il vécut assez pour entendre son arrêt d'absolution, non pas assez pour en profiter. Comme il se préparait à quitter la prison, sa paralysie, aggravée par ce changement instantané de situation, le força de garder le lit. De longs malheurs l'avaient épargné, une joie subite le tua.

LE TRAITRE.

Le sieur Lagarde, gentilhomme poitevin, se présente, dans la matinée du 23 juillet 1615, devant madame la comtesse de Marsan, qui habitait alors un château en Auvergne. Il était tout vêtu de noir, et paraissait triste et abattu. « Hélas! dit-il les larmes aux yeux, quelle perte,
» madame, nous venons de faire vous et moi! un tel mari!
» un tel maître! Emporté par son courage, monsieur le
» comte a donné trop avant dans les rangs ennemis. Il
» y est mort. »

A ces tristes mots, la comtesse tombe évanouie. Sa femme de chambre et Lagarde s'efforcent en vain de ranimer ses esprits. Il faut la transporter sur son lit, où bientôt elle crie, pleure, se désole, et donne toutes les marques du plus violent désespoir. Lorsque le calme commença à renaître, l'horreur de son état la remplit d'effroi. Où vivre désormais? où se retirer? Vers ses parents? ils ne voudront pas reprendre celle qui les a quittés. Vers ses amis? ils la méprisent. Vers son beau-père? il la trai-

LE TRAITRE.

terait d'impudique, lui reprocherait la destinée de son fils, et voudrait l'en faire punir. Elle appelle la mort à son secours. Lagarde reparaît, et après quelques discours débités avec adresse, il en vient jusqu'à lui représenter « que
» ce n'est pas le temps de se consumer en regrets, qu'il
» faut songer sérieusement à sa triste situation et aux
» moyens d'en sortir. » Il lui répéta d'abord ce qu'elle s'était dit à elle-même. « Elle était dénuée d'appui. Ses pa-
» rents et son beau-père ne lui en offriraient jamais aucun.
» La persécution la menaçait de toutes parts : il fallait s'y
» soustraire. Ensuite il lui offre un asile, et si la sagesse
» l'inspirait, elle n'hésiterait pas à accepter une protection
» qu'il serait heureux de consacrer par un nom plus doux.
» Il était gentilhomme, avec 2,000 livres de rente dans le
» Poitou. Sans doute, ce n'était pas une consolation de la
» perte du comte de Marsan, mais c'était du repos, de la
» sécurité, et un avenir qui, pour être médiocre, ne se-
» rait que plus heureux. »

La comtesse, confuse et interdite, n'osait proférer une parole. D'un côté, l'honneur de demeurer comtesse de Marsan, d'avoir un fils destiné à posséder une immense fortune, la mort récente de son époux, la légèreté, apparente au moins, de l'oublier en si peu de jours, l'humiliation de descendre ; de l'autre, les menaces du présent et de l'avenir accumulées sur sa tête ; aujourd'hui la misère, demain la vengeance : tout la livrait à cette séduction qu'exercent trop souvent sur un caractère faible la crainte et le malheur. Sans trop écouter Lagarde, elle ne le repousse pas. Lui, qui, depuis longtemps épris de la comtesse, n'avait jamais osé, par respect pour son maître, laisser soupçonner ses sentiments, leur donne un libre cours et parvient à la décider. Le curé d'un des prochains villages vint célébrer le mariage en présence d'un domestique affidé, et l'un par effroi, l'autre par perfidie, ils souillèrent la couche d'un époux et d'un maître.

Comment le comte de Marsan se trouvait-il à l'armée? comment, si la nouvelle de sa mort n'eût pas été un mensonge, la comtesse se trouvait-elle tout à coup sans protection, sans asile, réduite à cette extrémité désespérée de passer des bras d'un grand seigneur dans ceux d'un misérable?

Le comte de Marsan et le marquis de Bourdette, tous deux riches seigneurs des bords de la Loire, délibéraient un jour sur les moyens de conclure enfin l'union de leurs enfants, que depuis longtemps ils destinaient l'un à l'autre. Cléonie de Bourdette était riche, fille unique, et ne manquait pas d'agréments. Le jeune Agénor de Marsan avait acquis, et à bon droit, le titre de cavalier parfait, et quoiqu'à la fleur de l'âge, avait déjà donné, sous les yeux de son prince, des marques de courage et de valeur; doué d'ailleurs de beauté et de bonne grâce autant que gentilhomme de cette époque.

Il était alors à la cour, et se promenait dans la galerie du palais où se rendaient communément la jeune noblesse pour voir les belles dames et en être vue. Il s'y entretenait avec d'autres cavaliers de son rang et de son humeur, lorsqu'une dame passe masquée devant lui; sa taille était élevée, sa tournure noble. Il s'étonne, et s'écrie galam-

LE TRAITRE.

ment : « Si cette dame est aussi belle sous le masque
» qu'elle le fait paraître, elle mérite d'être servie des plus
» braves. » Il la suit des yeux, et la voit s'arrêter à une
boutique, où elle marchande une écharpe. L'occasion était
favorable; il s'approche et la salue courtoisement. A la
vue d'un gentilhomme si beau et si gracieux, elle ôte son
masque et rend le salut.

Déjà vaincu d'un premier regard, le jeune comte hasarda quelques questions sur son nom, sur le lieu de sa naissance, sur sa demeure. Il apprit qu'elle était de Picardie, s'appelait Marie Bernadat, et poursuivait à Paris un procès dévolu par appel au parlement. Il demanda la permission de l'accompagner jusqu'à sa maison, et la faveur d'employer le crédit de ses amis au gain de sa cause; bientôt, en effet, soit sollicitation, soit justice, elle fut gagnée. Marie voulait, sans retard, porter l'heureuse nouvelle à sa famille; mais il la conjura au nom de l'amour de ne pas s'éloigner, et s'efforça de la retenir par tous les témoignages d'une passion extrême. « Elle convint que le
» service rendu était d'un haut prix pour elle, que sa reconnaissance ne l'acquitterait jamais. Ce sentiment lui
» était seul permis, elle devait se défendre d'aller au delà;
» l'honneur et la raison se réunissaient pour combattre
» tout autre penchant. L'honneur! elle perdrait la vie plutôt que de la souiller d'une tache. La raison! il se rencontrait trop de différence et d'inégalité du sang. Il
» était grand seigneur, elle était simple demoiselle. Il
» devait adresser ses vœux ailleurs et plus haut, et ne
» plus l'importuner d'un désir, qu'elle ne partagerait pas

» sans folie, qu'elle ne contenterait pas sans honte. »

Ce refus, prononcé d'un ton modeste et ferme, accrut l'amour par l'estime, et à l'instant il lui déclare la pureté de ses vues, la résolution de l'épouser dès qu'elle y consentirait. « Mais votre père n'y consentira jamais, reprit-elle; » et si nous bravons secrètement sa volonté, ce sera lui » donner sujet de se plaindre et de vous et de moi. Nous » ne serons pas heureux. » Il la rassura, lui promettant de concilier les ménagements dus à un père avec l'exécution d'un dessein invariable désormais, et il lui renouvela le serment de s'unir à elle.

Tandis que s'allumait ce double amour, le gouverneur du comte, le même Lagarde, auquel il les confie, loin de lui en montrer toutes les conséquences, les favorise. Il reconnaît d'abord la violence de cette passion née du hasard. Le mal lui paraît trop profond pour y appliquer le vain remède de quelques conseils. Un avis au père était déjà tardif. Il lui attirerait des reproches et compromettrait la récompense offerte par le fils. Il excita donc la flamme qu'il désespérait d'éteindre, et précipita vers la conclusion un jeune homme déjà si emporté et si résolu.

Agénor accompagna Marie en Picardie; elle disposa ses affaires, emporta ce qu'elle put du logis paternel, et, sans prendre congé d'aucun de ses parents, rejoignit le gouverneur, qui l'attendait hors de la ville. Il la fit monter sur une haquenée, et la conduisit en Auvergne, dans un château qu'y possédait M. de Marsan père. Le fils, qui était retourné à Paris pour acheter des bagues et des joyaux, prit la poste et arriva en même temps au lieu assigné.

LE TRAITRE.

Pendant que l'on s'inquiétait d'une disparition si subite et que ses parents la cherchaient activement, le comte avait fait venir un prêtre, et en présence du sieur Lagarde et de son valet de chambre épousait Marie. Les voilà au comble de leurs désirs et du bonheur. Leurs jours s'écoulaient dans une paix inaltérable. S'ils se trouvaient séparés quelquefois, c'était seulement lorsque Agénor allait visiter son père aux bords de la Loire, rares et courts voyages. De cette union clandestine naquit un fils, qu'ils firent élever auprès d'eux et qui reçut le nom de la famille.

Cependant le roi, pour punir d'injustes agressions, avait levé une armée et passé les Alpes. Tout tremblait au bruit de ses conquêtes, et la victoire, qui l'avait favorisé en deux batailles sanglantes, lui promettait un triomphe complet sur ses ennemis. Le jeune comte de Marsan ne pouvait négliger une si belle occasion d'acquérir de la gloire. L'exemple de tant de braves cavaliers qui avaient accompagné le monarque ne lui permettait pas le repos. Il communiqua son dessein à Marie, la nécessité de soutenir l'honneur de sa maison, et de mériter les hautes dignités auxquelles ses prédécesseurs étaient parvenus. Elle n'opposa que des larmes, il la consola par l'espoir d'un prochain retour.

En partant, le comte confia à son gouverneur la surveillance du château et le soin de sa femme, lui promettant de le récompenser à son retour de ce service et de tous les autres. Lagarde jura fidélité et assistance, même au péril de sa propre vie, s'il en était besoin. Deux jours après, il se rendit aux bords de la Loire pour découvrir si le père n'a-

CAUSES CÉLÈBRES.

vait pas eu quelques soupçons sur la conduite de son fils. Il ignorait le mariage, mais un bruit vague était venu jusqu'à lui ; on lui avait rapporté qu'Agénor vivait avec une femme dans son château d'Auvergne ; il en avait eu de l'humeur, et sans le scandale et la certitude de la résistance, il eût été chasser de ce château l'objet d'un amour qu'il désapprouvait. Mais il était impossible d'y pénétrer sans la permission de celui qui en avait le gouvernement. D'ailleurs il avait pour son fils une affection aveugle, et aimait mieux adresser des reproches à Lagarde, son Mentor. Dès qu'il le vit, il s'écria :

« Quelle avait été son erreur en choisissant un pareil
» gentilhomme ! Il l'avait cru sage, prudent, capable de ré-
» primer de folles passions, et il les avait encouragées. Il
» avait pensé donner à son fils un gouverneur digne de ce
» nom, et il n'avait rencontré qu'un entremetteur de ses
» plaisirs. » L'injure blessa vivement Lagarde, et sans la qualité du comte, il lui en aurait demandé raison. Il rejeta la conduite de son fils sur l'amour, qui, parmi tant de familles plus illustres encore, avait produit bien d'autres extravagances, sur l'ignorance où il avait vécu de la liaison d'Agénor jusqu'au moment où, appelé comme témoin, il avait épousé, en sa présence, une demoiselle jeune, belle, honnête, qu'il chérissait, et dont il avait un fils. « Était-il temps de m'opposer lorsque le prêtre se
» trouvait là ? et suis-je un entremetteur pour avoir as-
» sisté à une union qui s'était préparée, qui se serait
» consommée sans moi ? — Mon fils marié ! s'écria le
» comte en l'interrompant, sans mon consentement, avec

LE TRAITRE.

» une fille débauchée et de basse extraction! Que devien-
» nent et l'alliance projetée avec mon ami et la grandeur
» de notre maison? Lagarde, vous êtes bien coupable;
» vous deviez m'avertir, j'aurais tout sauvé. — Il y allait
» de ma vie, répondit le gouverneur. Mais le mal n'est
» pas sans remède; j'en connais un qui vous délivrera de
» cette femme et l'enverra dans un lieu d'où vous n'en-
» tendrez plus parler d'elle. — Lequel? dit vivement le
» vieillard; apprenez-le-moi, et votre bonheur est assuré. »

Lagarde pria le comte de ne rien compromettre par une précipitation indiscrète, de lui laisser conduire cette affaire avec prudence, l'assurant qu'il serait satisfait. Puis il reprit la route de l'Auvergne avec l'infâme projet dont nous avons vu l'exécution couronnée de succès.

Ses désirs assouvis durant quelques jours, Lagarde avertit un matin sa crédule conquête qu'un prévôt devait, sur la demande de M. de Marsan le père, se saisir de sa personne. Elle était accusée de s'être approprié plusieurs bijoux précieux appartenant à son fils. Le plus sûr était de se retirer en Poitou, sur le domaine qu'il y possédait. Marie ne fit pas d'objections; elle était prête à le suivre partout où sa sûreté l'exigeait. Il la conduit sans retard dans une maison qu'elle croyait à lui, mais qui était à son frère aîné.

Après un séjour de quelque temps, Lagarde prétexta un voyage dans le but de sonder, disait-il, les véritables desseins du vieux comte, et d'en obtenir le prix dû à ses longs services. Il lui promet le retour le plus prompt, et en sa présence, la recommande aux soins affectueux de sa belle-sœur et de son frère. Cependant il convint secrètement avec ce dernier que huit jours après il la chassera de manière à ce que jamais on n'en entende parler. Il arrive bientôt chez M. de Marsan, et s'empresse de raconter la réussite de sa trame infernale. Le comte l'en félicite mille fois et lui laisse le choix de la récompense.

Marie commençait à se rassurer et à goûter quelque calme, grâce aux prévenances de sa belle-sœur ; mais elle fut réveillée tout à coup vers le milieu de la nuit par Lagarde aîné, qui entra brusquement dans sa chambre pour lui annoncer qu'un prévôt de la maréchaussée était au village prochain, et devait avant le jour s'assurer de sa personne, suivant un ordre de la justice, à la requête de M. de Marsan. Il fallait fuir, échapper à la prison, sauver sa vie. « Mais à cette heure, répondit-elle, à travers les ténèbres, » dans un pays inconnu, seule et sans guide, je n'en aurai pas le courage. — Eh bien ! reprit-il, ayez celui » d'attendre le prévôt, déjà peut-être en campagne, et de » vous livrer à la vengeance d'un père irrité. Voulez-» vous perdre ceux qui ont tout fait pour vous sauver? De » gré ou de force, allez ailleurs chercher une retraite. » A peine lui laisse-t-il le temps de prendre ses vêtements, et il la pousse hors de sa maison.

Il lui avait inspiré un tel effroi, quelle courut d'abord se réfugier dans la forêt voisine. Elle y marcha toute la nuit, à tâtons, au hasard, souvent dans quelque petit sentier, souvent à travers les ronces et les épines, accablée de fatigue, de faim, de désespoir, et redoutant la mort, parfois la souhaitant. Après s'être traînée ainsi une partie

LE TRAÎTRE.

Nouvelles Causes célèbres
ou
Fastes du Crime

Publié par Pourrat Frères

LE TRAITRE.

du jour sans rencontrer ni habitants ni maisons, elle entendit les aboiements d'un chien. Elle tourna ses pas du côté d'où ils partaient, et aperçut une vieille femme qui ramenait un troupeau de brebis. S'étant approchée, elle la pria de lui donner à boire un peu d'eau. A la vue d'une personne les habits en désordre, toute échevelée et les pieds ensanglantés, la pauvre bergère fut émue de compassion, la mena dans sa cabane, et lui offrit quelques aliments grossiers, avec l'hospitalité pour la nuit qui commençait déjà.

Le lendemain, en prenant congé, elle voulut la récompenser; mais, dans le trouble de sa fuite précipitée, elle n'avait rien emporté. Son unique ressource était une bague d'or; elle la lui donna, et reçut en échange le vêtement le plus grossier. La voilà déguisée en mendiante, errant de château en château, de village en village, tendant la main pour subsister. Tant de misère et d'humiliation eût touché Lagarde lui-même.

Toujours persuadée qu'on la poursuivait, le premier soin de Marie était de s'éloigner du Poitou. Après mille détours et mille accidents, elle arriva à Laval, au pays du Maine, et entra dans la ville, confondue avec les autres mendiants. Elle s'arrêta à la porte du château pour demander l'aumône. La dame de Laval, renommée alors par sa bienfaisance, revenait de la promenade, lorsqu'elle aperçut Marie. A son accent étranger, elle s'informa de quelle contrée elle venait : elle répondit qu'elle était une pauvre femme de Picardie, arrivant de pèlerinage; que dans la route elle avait perdu son mari, et que pour vivre elle était obligée d'implorer le secours des personnes charitables.

La châtelaine l'ayant alors considérée plus attentivement, crut découvrir à travers les haillons de la pauvreté et les taches de boue dont elle avait à dessein barbouillé son visage, ce je ne sais quoi qui annonçait une bonne origine que le malheur n'avait pas effacée. Elle lui proposa d'entrer à son service pour nettoyer la vaisselle de la maison. Marie accepta avec reconnaissance, et dès l'heure même s'occupa de son triste emploi. Elle avait beau se défigurer, envelopper sa tête d'un mauvais chapeau de paille sale et gras, se couvrir d'une bure grossière, au bout de quelque temps elle fut remarquée, et un vieux serviteur du logis, qui avait la charge de l'argenterie, en devint amoureux. Il était veuf, riche et sans enfants.

Le nouveau prétendant parlait souvent de mariage à Marie. Elle s'excusait sur sa misère. Il insistait, disant qu'il avait assez de fortune et pour elle et pour lui, qu'il serait trop heureux de la retirer de ce degré d'abaissement pour lequel elle ne semblait pas née. Elle, qui avait déjà épousé un grand seigneur par amour, un gouverneur par crainte, ne voyait pas trop pourquoi elle n'épouserait pas un argentier par espérance de faire trêve enfin à ses malheurs. Cette douce pensée l'entraîna peu à peu, et elle ne mit plus à son consentement d'autre condition que celui de sa maîtresse. Le vieil amoureux courut se précipiter aux genoux de madame de Laval, lui demandant, pour prix de ses anciens et loyaux services, une grâce de la-

LE TRAITRE.

quelle dépendait le bonheur de sa vie, celle d'épouser la laveuse de vaisselle. Elle le releva, et au ton passionné de sa prière, reconnut d'abord que toute réflexion serait inutile. Les noces se firent.

Jamais Marie n'était entrée dans une méditation sérieuse de sa conduite. Entraînée tour à tour à ses diverses résolutions par les sentiments qui exercent l'influence la plus décisive sur toutes les destinées, elle ne s'était pas appliquée assez à discerner ce qui est mal de ce qui est bien. Cette légèreté insouciante, à laquelle d'ailleurs la nécessité semblait chaque fois avoir servi d'excuse, lui avait fait accepter sans réflexion les chances offertes par le sort. A peine s'est-elle unie à l'argentier, qu'elle se trouve parjure et coupable. « M. de Marsan était-il bien » mort? du moins elle avait pu le croire. Mais Lagarde » vivait encore? il n'était pas responsable de la rigueur » des poursuites exercées contre elle. Il gémissait peut-» être de l'avoir perdue. Peut-être aussi l'avait-il trahie, et » le voyage aux bords de la Loire lui en inspirait le soup-» çon. N'importe, si le premier lien avait été à ses yeux » rompu par la mort, le second ne l'était par aucune » cause. Le troisième devenait un crime ; et puis comme » elle s'était abaissée par degrés ! d'un grand seigneur à » un gouverneur, d'un gouverneur, au moins gentil-» homme, à un simple argentier. » Parvenue là, elle ne pouvait plus s'en prendre à la fatalité, mais à sa volonté seule.

Ces accusations, justes, mais tardives, agitent son âme de repentir et de remords. Elle tombe dans un état de langueur que la fièvre augmente chaque jour; ses forces diminuent, les médecins désespèrent de sa guérison, sa vie est en danger. Après avoir reçu les secours de la religion et confessé ses fautes, elle fait dire à sa maîtresse qu'au moment de mourir elle veut déposer dans son sein un secret qui lui pèse. Madame de Laval arrive, s'asseoit au pied de son lit, et lorsque Marie a renvoyé tout le monde, excepté son mari, d'une voix que les souvenirs du passé animent un moment, elle raconte et la rencontre imprévue d'Agénor, sa retraite en Auvergne, son mariage, le départ pour la guerre, la nouvelle vraie ou fausse portée par Lagarde, ses secondes noces, la cruauté du frère aîné, sa fuite nocturne, et surtout cette crainte perpétuelle de M. de Marsan le père la poursuivant pour la punir. Puis sa voix s'affaiblit, ses yeux se fermèrent; ses traits, agités durant ce récit pénible d'un mouvement convulsif, reprirent du calme, et délivrée enfin du poids qui l'oppressait, elle s'éteignit doucement. Madame de Laval lui donna des regrets, et ceux de l'argentier furent si vifs, qu'il tomba malade et ne lui survécut pas.

Cependant, la guerre terminée, le jeune comte de Marsan précipitait son retour en Auvergne, impatient de revoir sa chère Marie. Il ne trouve au château que Lagarde avec quelques domestiques. Le traître fait assez bonne contenance et accourt le saluer; mais lorsque son maître s'informe de la comtesse et de son fils, il affecte un air de tristesse profonde, et lui annonce que le fils est plein de santé, mais que la mère est morte. Le comte demeure immobile de douleur, et quand elle a eu son cours, or-

LE TRAITRE.

donne des funérailles, se revêt de noir et fait prendre le deuil à toute sa maison. Quelque temps après, Lagarde, prétextant le besoin du repos, sollicita avec sa retraite la récompense promise, obtint l'une et l'autre et regagna le Poitou.

Le valet confident de Lagarde n'avait pas toujours été discret. A la suite de quelques démêlés avec son maître, il avait, dans un moment d'humeur, révélé sa trahison à un serviteur du comte. Dès que Lagarde eut quitté l'Auvergne, touché de l'affliction réelle de M. de Marsan pour une perte imaginaire, indigné de porter avec toute une maison le deuil d'une personne qui existait encore, il crut enfin son devoir engagé à dire la vérité. Le comte refusait d'y croire. Quelle ne fut pas sa surprise et sa colère! Il jura de se venger, prit avec lui cinq ou six serviteurs bien armés et s'achemina vers le Poitou. Il lui fut facile de découvrir la demeure du frère aîné, auquel il demanda d'abord ce qu'était devenue la jeune dame laissée chez lui par Lagarde. Sur sa réponse qu'il en avait, en effet, logé une sept ou huit jours, mais qu'elle était partie sans qu'il ait pu la retenir : « Traître ! s'écria le comte, » vous m'en répondez sur votre tête ; si elle est morte, » vous mourrez aussi. »

Il fit avec ses serviteurs les recherches les plus actives dans les environs, et arriva par hasard jusqu'à la cabane de la pauvre bergère qui avait donné asile à Marie, recueillit quelques détails sur sa misère, sur son costume de mendiante, en reçut l'anneau de Marie et ensuite se mit sur ses traces; désespéré de l'inutilité de ses démarches, il arriva à Laval. Quoique le seigneur du lieu fût son parent, il était résolu de garder l'incognito jusqu'à ce qu'il eût des nouvelles de la fugitive. Mais le comte de Laval l'avait aperçu comme il se présentait à une hôtellerie, et sur sa bonne mine n'avait pas hésité, suivant l'habitude entre nobles à cette époque, de lui offrir gracieusement l'hospitalité : il l'accepta, et après le souper, le premier soin de la comtesse fut d'exciter son intérêt par le récit de l'aventure extraordinaire qui depuis quelque temps avait répandu la consternation dans sa maison. « Malheureuse Marie ! s'écria-t-il en interrompant la com- » tesse; infâme Lagarde ! » Et sans ajouter un mot et sans égard pour les consolations que lui prodiguaient ses hôtes, il s'éloigna avec horreur du lieu où tant d'indignités et tant d'infortune lui étaient enfin révélées.

Le comte se dirigea vers Paris, où il arriva le désespoir dans le cœur. Tantôt il détestait la cruauté de son père, tantôt il s'indignait de la perfidie de Lagarde. L'un, par préjugé, lui avait ravi ce qu'il avait de plus cher au monde ; l'autre, par trahison, avait déshonoré ce qu'il devait le plus respecter. L'un avait eu des rigueurs dont il ne lui serait jamais permis d'avoir raison, et l'autre avait commis un crime dont la poursuite lui paraissait difficile et la punition bien douteuse. A ses regrets déchirants, à l'amertume de la douleur qui navrait son âme, Marie, il le sentait bien, ne serait pas leur seule victime. Ses jours et ses nuits se consumaient à accuser tour à tour les auteurs de ses maux, pardonnant à son père, justifiant Marie, maudissant Lagarde, mais conduit

LE TRAITRE.

par le désespoir à cette tristesse sombre, à cette langueur de l'âme et du corps contre laquelle sont impuissants les soins de l'amitié et les secours de l'art. Il succomba bientôt. M. de Marsan lui survécut peu de temps. La nouvelle inattendue de la mort de son fils et la douleur de voir éteindre sa maison allumèrent dans ce vieillard une fièvre brûlante qui l'enleva en peu de jour.

Lagarde triomphait; tant de trépas ne semblaient se succéder que pour sa sécurité pleine et entière. Qui pouvait désormais et l'accuser et le poursuivre? Il ne restait plus ni victime ni vengeur. Il se trompait. Parmi les jeunes seigneurs qui avaient assisté aux derniers moments d'Agénor de Marsan, il en était un qui avait recueilli son testament de mort, sa prière solennelle de ne pas laisser le crime de Lagarde impuni. Un homme de loi célèbre composa un mémoire, dont plusieurs exemplaires furent répandus dans le Poitou. L'un des premiers tomba entre les mains de Lagarde aîné, qui, signalé comme complice, se pressa de communiquer à son frère les terreurs dont il était lui-même agité, et prit la fuite. Celui-ci s'apprêtait à le suivre, lorsque son cheval, s'étant cabré, se renversa sur lui; on le releva presque expirant, la tête à demi fracassée, et vomissant le sang; il expira au milieu d'horribles douleurs.

Ainsi la seule crainte de la clameur publique qu'allait soulever un éloquent écrit précipita le châtiment du traître. La vengeance divine l'atteignit par le moyen même à l'aide duquel il pensait s'y soustraire.

L'AMI INTIME.

Le 28 mars 1810, entre six et sept heures du matin, deux particuliers aperçurent dans la rue des Moulins un panier propre à contenir du vin. Ils le soulevèrent, et ayant remarqué qu'il en découlait du sang, ils s'empressèrent d'informer de leur découverte le commissaire de police du quartier. Celui-ci s'étant transporté sur les lieux, ouvrit le panier, qui était attaché avec une corde ensanglantée, et y trouva le cadavre d'un homme bien vêtu, ainsi qu'un chapeau dans l'intérieur duquel était le nom de *Cottentin*.

Les officiers de santé appelés constatèrent que le cadavre avait autour du cou une forte pression, et au côté droit de la tête une contusion; d'où ils concluaient que l'individu avait été frappé avec un instrument contondant, et qu'ensuite il avait été étranglé avec une corde semblable à celle qui avait servi à lier le panier.

On découvrit facilement le domicile de Cottentin : on fit venir ses employés, ses domestiques; tous le reconnu-

L'AMI INTIME.

rent et déclarèrent qu'il était sorti le 27 mars à neuf heures du matin et n'était pas rentré. Suivant le nommé Joseph, son domestique, il avait pris en sortant sa montre en or et à répétition, avec sa chaîne et son portefeuille de maroquin vert, dans lequel il y avait, outre beaucoup de papiers, quatre à cinq billets de la banque de France.

Aucun de ces objets ne se retrouvait sur le cadavre. Le peu d'effets qu'il portait consistaient en un mouchoir, une cravate négligemment nouée, une petite épingle en or, une pièce de six liards et un centime. L'assassinat et le vol étaient bien constatés ; mais rien ne conduisait sur la trace des coupables.

Le magistrat de sûreté rechercha d'abord quelles personnes fréquentaient plus particulièrement Cottentin. On lui désigna comme son ami intime, celui auquel il accordait une confiance absolue, chez lequel même il avait déposé son argenterie, ses papiers les plus précieux, et qu'il visitait deux ou trois fois par jour, un sieur Lepeley Deslongchamps, qui demeurait depuis environ trois mois dans une maison garnie, rue Neuve-des-Bons-Enfants, au troisième au dessus de l'entresol. Son logement était composé d'une antichambre longue et peu éclairée et d'une chambre à coucher avec alcôve.

Le commissaire de police s'y présenta le 28 mars, vers quatre heures du soir, et l'invita à se rendre avec lui chez le magistrat de sûreté. Lepeley l'y suivit, et à peine entré, avant même toute espèce de question, il dit :

« Il m'est arrivé hier un événement singulier. La plus
» grande intimité, comme on vous l'a dit, régnait entre

» Cottentin et moi ; j'étais le dépositaire de ses papiers les
» plus précieux, renfermés encore chez moi, soit dans une
» armoire, soit dans une malle. Le 27 mars, vers les onze
» heures du matin, il vint me voir et me remit un pro-
» jet de compromis entre lui et ses associés, qu'il me pria
» d'examiner. Peu de temps après, il sortit en m'annon-
» çant son retour vers les quatre heures. A une heure
» environ il est revenu et m'a demandé mon opinion sur
» l'acte. Deux hommes de loi plus instruits que moi dans
» les affaires l'ayant rédigé, lui répondis-je, je ne me
» permets pas de le juger.

» Deux minutes après, j'entends sonner à la porte de
» mon antichambre, je l'ouvre ; deux hommes se présen-
» tent et me demandent si le sieur Cottentin n'est pas
» chez moi. Sur ma réponse affirmative, ils entrent dans
» ma chambre, où était Cottentin : l'un d'eux, s'adressant
» à lui, l'interpella pour savoir s'il comptait bientôt ter-
» miner leur affaire. Cottentin ayant répondu qu'il s'oc-
» cupait d'un arrangement avec ses créanciers : — Il y a
» des dettes sacrées et hors de ligne, reprit l'autre.—Cot-
» tentin le pria de remarquer qu'il n'était pas chez lui.—
» Puisqu'on ne vous y trouve jamais, continua le même
» homme, il faut bien venir vous chercher dans la maison
» où l'on vous a vu entrer. Au même instant, et sans
» autre réflexion, il porta avec la crosse d'un pistolet
» (autant que le trouble où j'étais a pu me permettre de
» l'observer) un coup sur la tête de Cottentin, qui, étourdi
» et tremblant, se jeta dans mes bras en s'écriant : Ah !
» mon ami ! Aussitôt l'autre particulier, qui n'avait pas

L'AMI INTIME.

» dit un mot, s'arma de deux pistolets, et me les pré-
» senta en disant qu'il me brûlerait la cervelle si je faisais
» un mouvement; que je voulais aussi nuire aux créanciers
» de Cottentin; que mon tour n'était pas encore venu,
» mais qu'il arriverait bientôt.

» Celui qui avait porté le premier coup à Cottentin
» lui passa aussitôt une corde au cou et l'étrangla. Quatre
» minutes après, les deux individus se retirèrent, me dé-
» fendant de rien dire. Ils n'ont rien pris à leur victime.

» Anéanti par ce fatal événement, je n'eus la force ni
» de remuer ni de pousser un cri pour faire arrêter les
» assassins. Environ un quart d'heure après, j'entendis
» de nouveau sonner à la porte; craignant que ce ne fus-
» sent les mêmes hommes, j'allai regarder par la croisée
» qui donne sur l'escalier, et j'aperçus Héluin, avec le-
» quel j'étais en relations d'affaires. Je lui ouvris la porte;
» il entra dans ma chambre à coucher, où je lui fis voir
» le cadavre de Cottentin étendu sur le carreau; et, après
» lui avoir raconté la déplorable scène qui venait de se
» passer chez moi, je lui demandai des conseils sur le
» parti à prendre. J'avais parlé d'une déclaration devant
» le commissaire de police; mais Héluin n'adopta pas
» cette idée, et nous arrêtâmes d'acheter un grand panier
» propre à contenir des bouteilles de vin, de le faire rem-
» plir, porter ensuite chez moi, d'en retirer les bouteilles,
» de mettre à la place le cadavre de Cottentin et de le
» faire déposer dans un endroit quelconque. Tout cela fut
» exécuté. J'appris depuis par Héluin que le panier ren-
» fermant le cadavre avait été porté chez la femme Thu-

» bry, sa sœur, portière, rue des Moulins. J'avais donné
» à Héluin l'argent nécessaire pour cette opération. »

Après avoir reçu cette déclaration, le magistrat de sûreté se transporta sur les lieux, les examina et constata que le carreau de la chambre à coucher avait été nouvellement lavé, mais que des taches de sang y étaient encore empreintes. Il en remarqua aussi sur la redingote et le pantalon dont Lepeley était alors même revêtu, et qu'il avait eu soin de laver également.

Ces traces de sang pouvaient fort bien se concilier avec le récit de Lepeley; mais il présentait plusieurs invraisemblances, et le magistrat crut prudent de s'assurer de sa personne. Sa déclaration exigeant la même mesure à l'égard d'Héluin, on l'arrêta, la nuit du 28 au 29 mars, dans une maison de jeu.

Le langage d'Héluin, interrogé aussitôt, concordait avec celui de Lepeley; seulement il prétendit avoir d'abord donné le conseil de rendre compte de l'assassinat au commissaire de police, ce que Lepeley avait refusé. En avouant avoir reçu une somme d'argent et remis 150 fr. à sa sœur, la femme Thubry, il soutint que cette femme ignorait le contenu du panier. « Je lui avais déclaré, dit-il, qu'il ren-
» fermait du vin; que dans une heure je l'enverrais re-
» prendre pour le faire passer à Passy, et ensuite em-
» barquer pour Rouen. »

D'après les déclarations de Thubry et sa femme, également interrogés, Héluin avait fait porter dans leur loge un panier qu'il avait dit contenir du vin. L'ayant déplacé pour faciliter l'arrangement du lit de leurs enfants, et

L'AMI INTIME.

ayant remarqué du sang, Thubry était allé aussitôt dans la maison de jeu où il avait laissé Héluin, pour le prévenir de cette découverte et lui annoncer leur volonté de ne pas garder un pareil dépôt. Alors Héluin avait manifesté de l'étonnement et dit : « Ah! le scélérat, il m'a » trompé! » Lui ayant proposé de se rendre chez le commissaire de police, il s'y était opposé, craignant de se compromettre et de se perdre tous; alors ils avaient transporté le panier de l'autre côté de la rue, à l'endroit où on l'avait trouvé le lendemain matin.

La femme Thubry ajouta que son frère, qui l'avait quittée après avoir fait déposer le panier dans sa loge, était revenu le même soir vers huit heures, avant l'apparition des traces de sang. Il avait la démarche chancelante d'un homme ivre. Il lui avait fait voir une montre à répétition avec une chaîne en or, de la valeur, disait-il, de quinze louis. Il avait aussi étalé des pièces d'or, annonçant qu'il avait gagné dans la journée deux mille francs. Comme elle était malheureuse et mère de plusieurs enfants, elle en avait sollicité quelque secours, et il lui avait donné 150 fr.

Héluin avait indiqué une fausse demeure; la police découvrit bientôt la véritable. C'était un cabinet dépendant du local loué par une veuve Delaulne, avec laquelle il vivait, suivant toutes les probabilités. Perquisition faite au domicile de cette veuve, on trouve, entre la sangle et les matelas de son lit, deux portefeuilles vides, l'un, petit, ayant une serrure; l'autre, plus grand, n'en ayant pas. Elle déclare qu'ils lui appartiennent et qu'elle possède le grand depuis deux ans, par suite d'un échange fait avec Héluin. Ce portefeuille, présenté à Joseph, domestique de Cottentin, est reconnu pour celui de son maître. Le garçon de caisse et les autres employés le reconnaissaient aussi. Héluin prétendit l'avoir acheté depuis quatre ans, mais sans pouvoir désigner la personne qui le lui avait vendu. Il convenait d'ailleurs de l'échange prétendu avec la femme Delaulne.

La police, avertie aussi qu'Héluin avait passé la nuit qui suivit l'assassinat dans une maison de jeu, et y avait déposé entre les mains d'un tiers, pour se procurer de l'argent, une montre à répétition avec sa chaîne, chercha à acquérir la preuve de ce fait. Elles se retrouvèrent entre les mains du sieur Béraud, employé dans les jeux, qui avait prêté cinq louis sur ce nantissement.

Cottentin était alors en discussion d'intérêt avec le sieur Artaud, ancien militaire, et son créancier d'une somme assez considérable, et menacé d'une ruine complète par le mauvais état des affaires de son débiteur. Artaud avait eu avec lui de vifs démêlés, et lui avait même écrit plusieurs lettres menaçantes. Cottentin, après avoir rédigé contre lui un projet de plainte, avait obtenu un permis de port d'armes. Il était toujours armé de deux pistolets, qui ne se retrouvaient ni dans ses poches ni dans son domicile. Il manquait aussi la clef de son bureau, celle de la malle qui renfermait ses papiers, et une petite fiole contenant de la liqueur blanche dont il faisait journellement usage.

Le directeur du jury, instruit que dans la nuit du 27 au 28 mars, on avait entendu monter aux lieux d'ai-

L'AMI INTIME.

sances de la maison garnie où demeurait Lepeley, jugea convenable d'en faire fouiller la fosse, et les objets manquant ci-dessus désignés y furent découverts. Une autre clef se trouva aussi parmi les cendres de la chambre à coucher de Lepeley; elle ouvrait parfaitement la serrure de la malle dans laquelle Cottentin renfermait chez Lepeley ses papiers les plus importants.

Tant de charges réunies contre Lepeley et Héluin les signalaient à la justice comme les auteurs de l'homicide commis sur la personne de Cottentin, et du vol de sa montre et des valeurs que contenait son portefeuille. Mais un aussi modique intérêt pouvait-il avoir été le mobile d'un si grand crime?

Cottentin, gêné dans ses opérations, convaincu que sa maison ne pouvait se soutenir, et que bientôt elle serait obligée de déclarer sa faillite, s'occupait depuis quelque temps des moyens de mettre sa fortune à l'abri des poursuites de ses créanciers. A cet effet, il avait ouvert sur ses livres un compte par lequel il paraissait débiteur d'un sieur Jacquette, beau-frère de Lepeley, de la somme de 76,000 fr., pour laquelle Jacquette avait tiré des lettres de change sur Cottentin, qui les avait acceptées.

Appelé pour s'expliquer à ce sujet, Jacquette déclara qu'il n'était qu'un prête-nom; qu'il n'avait fourni aucune valeur à Cottentin; que Lepeley, entre les mains duquel étaient restées les lettres de change, avait conduit toute l'opération. En effet, Lepeley avait fait toucher à la caisse pour 48,000 fr. de lettres de change. Qu'étaient devenus les 28,000 fr. à échoir, et qui, le 27 mars, étaient dans le portefeuille de Cottentin? Elles avaient été remises dans un petit paquet à la dame Jacquette, avec prière de s'en charger à titre de dépôt ; mais, instruite dans la soirée des soupçons d'assassinat élevés contre Lepeley, elle se hâta de lui renvoyer le paquet. Comme l'arrestation avait déjà eu lieu, on le lui rapporta ; ses craintes augmentèrent, et elle s'empressa de les jeter au feu.

Il s'était consommé d'ailleurs entre Cottentin et Lepeley plusieurs actes en fraude des créanciers, dont quelques-uns fournirent à la justice des renseignements dont voici le résultat.

Inspecteur des domaines à Coutances quelques années avant l'assassinat de Cottentin, Lepeley reçut de ses supérieurs l'ordre de se rendre dans une autre ville. Il refusa et fut destitué. Il avait une épouse et deux filles estimables, ce qui ne l'empêchait pas de vivre en concubinage avec trois femmes. Le mari de l'une d'elles demanda le divorce et mourut bientôt après de chagrin. Un autre mari, moins offensé de l'inconduite de sa femme, prêta à Lepeley 1,800 fr. Quelque temps après, il reçut 14,000 fr. Lepeley en fut instruit et convoita cette somme. Pour se l'approprier, il dit à la femme : « Ton mari nous ennuie,
» il faut nous en défaire. Tu m'as dit qu'il avait le som-
» meil profond ; laisse ce soir la porte ouverte ; j'entrerai
» dans la maison, je m'introduirai dans sa chambre, je
» l'étranglerai, je l'attacherai ensuite sur l'escalier ; je
» t'attacherai aussi. Je me retirerai aussitôt ; tu crieras à
» l'assassin ; on viendra, et tu diras que des voleurs ont
» fait tout cela. » Heureusement pour le mari cette femme

L'AMI INTIME.

fut effrayée et n'osa pas aller plus avant dans le crime.

Poursuivi par ses nombreux créanciers de Coutances, Lepeley fut contraint de s'éloigner. Il y laissa sa femme et ses enfants sans ressources, et arriva à Paris, vers le mois de mai 1809, dans une profonde détresse. Bientôt après on le vit mieux vêtu, et l'on attribua ce changement à la générosité de Cottentin.

Six semaines environ avant l'événement, Joseph alla de la part de son maître chez Lepeley, qui le fit déjeuner et lui demanda s'il ne songeait pas à s'établir. « Je le vou- » drais bien, répondit Joseph, mais je n'en ai pas les » moyens. » Alors Lepeley lui dit : « Si tu veux, je pour- » rai te faire avoir 20,000 fr. — Eh! qui voulez-vous, » répliqua Joseph, qui me donne cette somme? — Moi, » dit Lepeley ; mais il faut tuer un homme. — Non, mon- » sieur ; j'aimerais mieux mendier mon pain toute la » vie. »

Tout se réunissait pour convaincre Lepeley et Héluin ; mais jusqu'à présent ils s'obstinaient à tout nier. Ce dernier, effrayé sans doute de la découverte de la montre et du portefeuille de Cottentin, se détermina enfin, le 19 avril, à faire devant le directeur du jury la déclaration suivante :

« Depuis deux mois et demi, je connaissais Lepeley ; il » m'avait chargé plusieurs fois de lui négocier des effets. » Le 26 mars dernier, je me rendis chez lui dans la ma- » tinée, pour lui faire part de la perte que je venais de faire » au jeu d'une somme de 2,000 fr., provenant d'un effet » dont il m'avait confié le placement, et je lui proposai de

» lui souscrire des billets pour la sûreté de cette somme.
» Lepeley me dit être occupé d'un objet bien plus impor-
» tant, qui ne lui laissait de repos ni le jour ni la nuit. Un
» particulier refusait de lui remettre un écrit qui compro-
» mettait la moitié de sa fortune. Je lui demandai si ce
» particulier n'était pas M. Cottentin. Il me répondit que
» non ; que celui dont il s'agissait était un coquin, un
» lâche et un poltron. Il voulut savoir si j'étais homme à
» l'aider dans cette circonstance; je le lui promis, imagi-
» nant qu'il s'agissait de la simple reprise d'un écrit in-
» justement retenu. — Demain matin, il doit venir chez
» moi, me dit-il alors, trouvez-vous-y à dix heures.

» Je m'y rendis en effet. Un instant après, Cottentin,
» que je connaissais, arriva; je lui cédai le fauteuil dans
» lequel j'étais assis. A un signe de Lepeley, je vis que
» c'était là celui dont il m'avait parlé; mais l'impression
» toujours produite par l'homme estimable sur celui qui
» n'est pas né pour le crime me déconcerta et abattit mon
» courage. Lepeley s'en aperçut et n'exigea pas de Cot-
» tentin cet écrit. Il sortit peu de temps après.

» Alors Lepeley me dit : Vous êtes un enfant ; si Cot-
» tentin vous avait regardé, il vous aurait demandé ce que
» vous aviez. Il faut vous remettre. Allons, venez dé-
» jeuner. Nous nous rendîmes chez un traiteur. Lepeley
» me versait coup sur coup à boire et me demandait si je
» me sentais le courage de lui porter secours. — Oui, lui
» répondis-je, je ne vous abandonnerai pas. — Si vous sa-
» viez, me dit-il, combien cet homme est perfide ! Songez
» qu'il y va de la vie ou de la mort. Étourdi par l'ivresse,

L'AMI INTIME.

» je promis tout ce qu'il exigea ; je lui dis pourtant : Si
» Cottentin vous remet l'écrit, tout sera fini ? — Oui,
» répliqua-t-il ; mais s'il s'y refuse, m'abandonnerez-vous ?
» — Je protestai que non. — Cottentin, ajouta Lepeley,
» doit revenir à une heure, je lui demanderai l'écrit ; et
» si vous voyez qu'il résiste, avec votre tabatière, que vous
» tiendrez à la main, vous lui porterez un coup sur la
» tempe pour l'étourdir, et je lui prendrai mon écrit. Soyez
» certain, mon cher Héluin, de ma reconnaissance.

» Après avoir déjeuné, nous retournâmes chez Lepeley,
» où bientôt arriva Cottentin. Lepeley le prit par le corps
» et me dit : Vous voyez bien qu'il ne veut pas me le ren-
» dre. Je portai à l'instant avec ma tabatière un coup sur
» la tête de Cottentin qui l'étourdit et le renversa. Alors
» il m'ordonna d'aller chercher une corde derrière la
» malle placée dans l'antichambre. J'obéis. Je remis cette
» corde à Lepeley, qui la plaça autour du cou de Cottentin
» et l'étrangla.

» Je vis ensuite Lepeley fouiller dans les poches de
» Cottentin, en retirer un portefeuille rouge foncé et un
» papier plié en quatre, qu'il me montra en disant : Le
» voilà, cet écrit si précieux ! Il prit aussi la montre, qu'il
» me remit avec un billet de banque de 500 fr., qui a
» servi à payer tant le panier que les bouteilles. Il m'avait
» aussi autorisé à donner 200 fr. à ma sœur ; je lui en ai
» compté 150. » Il convint au surplus avoir fait toutes les
démarches pour la disparition du cadavre.

Lorsque le directeur du jury donna connaissance à Lepeley de cette déclaration, son premier mot fut : « Je suis

» altéré. » On lui servit un verre d'eau ; il le but, et après avoir repris ses sens, il se récria contre Héluin et contre la fausseté de sa déclaration.

Traduits devant la cour criminelle, ils persistèrent, le premier, dans son système de dénégation ; l'autre, dans ses révélations au directeur du jury. Lepeley, abandonné par l'avocat auquel il avait d'abord confié sa défense, entreprit de la présenter lui-même. Une heure de recueillement lui suffit pour remplir cette tâche avec un calme, avec une méthode, avec un ton de sensibilité qui en auraient imposé sur son innocence si les charges de l'instruction avaient été moins fortes. Ses moyens, au reste, se réduisaient à deux : le désaveu du crime et l'impossibilité de croire qu'il eût été assez lâche, assez atroce pour donner la mort à son meilleur ami, à *son ami intime*.

Héluin fut présenté comme un homme qui n'était pas né pour le crime et qu'une inconcevable fatalité avait enchaîné aux volontés d'un autre, séduit, égaré, instrument aveugle d'un forfait dont il n'avait jamais eu l'idée, et plutôt le témoin que le complice.

La dénégation de l'un n'eut pas plus de succès que les aveux de l'autre ; tous deux furent condamnés à la peine capitale, et moururent avec ce sang-froid, cette résolution qui ne devraient appartenir qu'à l'honnête homme. Placés dans la fatale charrette, non loin l'un de l'autre, ils se regardèrent presque tout le temps sans proférer une parole ; mais lorsqu'ils montèrent sur l'échafaud, Lepeley dit assez haut : *C'était bien la peine de mentir;* Héluin répondit : *C'était bien la peine de dire la vérité*.

LE PROCUREUR FISCAL.

Le juge du Pont-d'Anis, près de Bourg en Bresse, reçut, le 19 août 1724, un réquisitoire du procureur fiscal de Treffort et Varambon, dans lequel était exposé qu'un nommé Sévos, après avoir bu et mangé chez M. Vallet six mois auparavant, le samedi 19 février 1724, avait disparu depuis ce temps-là; que, d'après certains ouï-dires, il avait été assassiné et enterré auprès de l'embouchure du four de la tuilerie de ce Vallet, et qu'ensuite il avait été jeté dans le feu quelque temps après, lors de la cuisson des premiers matériaux.

Sur ce réquisitoire, le juge permit une information, dans laquelle fut entendu comme témoin oculaire et auriculaire le nommé Vaudan. Il déposa en ces termes : « Passant au Masfalcon la nuit du 19 février, sur les trois » ou quatre heures environ avant le jour, j'entendis du » bruit dans la maison des Vallet, et une personne qui » criait : Au secours! miséricorde! confession! je vous » demande pardon! et cela jusqu'à trois reprises diffé-

» rentes. En même temps je reconnus la voix de Joseph
» Vallet, qui disait : Point de confession, il faut que tu
» partes ! Ce qui m'effraya et m'obligea de me cacher
» dans un buisson, d'où je continuai à entendre frapper
» celui qui criait. Quelque temps après, je vis Joseph
» Vallet, sa femme et ses enfants, qui portaient un corps
» mort, qu'ils mirent à l'embouchure de leur tuilerie, et
» couvrirent ensuite de quantité de bois. Trois ou qua-
» tre jours après, j'allai chez les Vallet sans faire sem-
» blant de rien, pour voir si je reconnaîtrais l'endroit où
» on l'avait enterré. J'aperçus que le corps n'y était plus.
» Je me retirai, et plus tard j'ai ouï dire que c'était celui
» de Joseph Sévos, et que les Vallet l'avaient brûlé le
» vendredi saint dans leur tuilerie. »

D'autres témoins vinrent déposer, les uns, que, passant le vendredi saint près de la tuilerie des Vallet, les autres, que, labourant leurs terres, qui n'en étaient pas éloignées, ils avaient été saisis d'une odeur sortant du fourneau des Vallet, semblable à celle d'une chair grillée, à celle d'un corps que l'on brûlait. On sentait, ajoutaient-ils, cette odeur à plus d'un quart de lieue ; elle était si insupportable, qu'il leur avait fallu s'en éloigner et détcler leurs bœufs de la charrue. Plusieurs autres témoins enfin racontaient ce qu'ils avaient appris de la bouche de Vaudan.

D'après pareille information, toute la famille des Vallet, c'est-à-dire le père, la mère et les deux fils, sont décrétés de prise de corps. Le procureur fiscal chargé de l'exécuter s'appelait Frillet, notaire, de plus commissaire à terrier, receveur des droits seigneuriaux. C'était un de

LE PROCUREUR FISCAL.

ces honnêtes corsaires de province qui mettaient les paysans à contribution sous prétexte d'exiger leurs droits. Le manteau d'officier de justice, en lui donnant un air de magistrat, protégeait ses brigandages et le rendait respectable. Cette sangsue des paysans s'était engraissée de leur substance la plus pure. Il leur avait extorqué déjà plus de cent mille écus. Cruel, vindicatif, animé des plus mauvaises passions, qu'il faisait servir toutes à sa cupidité, il semblait une espèce de fléau suscité par Satan pour le ravage et la punition des campagnes.

Un tel homme ne pouvait manquer à sa mission. Il fit exécuter le décret avec l'appareil le plus imposant et une recherche inouïe de rigueurs. La brigade de la maréchaussée de Bourg, secondée par les domestiques des seigneurs de Varambon, après avoir enlevé la famille Vallet, livrèrent sans aucune formalité la maison au pillage, et conduisirent ces malheureux dans les prisons du château du Pont-d'Ains. Quoique le père eût une fièvre violente depuis quelques jours, Frillet en sa présence lui fit mettre les fers aux pieds et des menottes à boulon d'un poids de plus de trente-cinq livres. Il ordonna qu'on le renfermât au cachot, sans permettre la visite des médecins. Comme on l'y conduisait, l'embarras de ses fers le fit tomber. Frillet rit de sa chute, et de ce rire amer indice du plaisir que la cruauté satisfaite procure à tous les méchants. Le fils aîné éprouva un sort non moins rigoureux et reçut des fers aussi pesants. On le jeta dans un cachot profond dont l'humidité produisit par tout son corps, et surtout aux jambes, une faiblesse habituelle qui le priva à jamais de la marche et du travail. Il n'épargna pas la femme de Vallet plus que les autres, et, contre l'usage, il la soumit à des menottes seulement un peu moins pesantes. Quant au plus jeune des fils, il eut soin de commander exprès pour lui des menottes à boulon si étroites, que sa chair, meurtrie et enflée, débordait tout autour. Au bout de quinze jours, les cris continuels du petit malheureux forcèrent de lui rendre les mains libres.

La fièvre de Vallet excitait dans ses entrailles une soif qui le brûlait. Vainement suppliait-il de lui donner un peu d'eau, elle lui était refusée. Ses cris retentissants nuit et jour excitaient la compassion. Frillet fit boucher les trous pour intercepter à la fois la lumière et les gémissements du malheureux. Un pieux ecclésiastique se présenta pour offrir au prisonnier mourant les secours spirituels; par ordre de Frillet on lui interdit l'entrée du cachot. Une livre de pain et deux verres d'eau par jour à chacun, voilà tout ce qu'il accordait à ses victimes.

Cette captivité si dure, prolongée pendant six mois, devint pour ce pauvre père un enfer anticipé. Une multitude infinie d'insectes lui livrait la guerre sans trêve ni repos ; c'étaient des fourmis rouges, trois fois plus grosses que les fourmis ordinaires. Leurs aiguillons lui causaient d'inexprimables douleurs. Une fois rassasiées, elles laissaient la place à d'autres, et ainsi se succédant sans interruption, ne lâchaient jamais prise. Comment s'en délivrer avec des mains enchaînées? Leurs éternelles piqûres avaient fait de sa peau un objet d'horreur et de son corps toute une plaie. On le transporta enfin dans la Conciergerie du palais de Dijon, où le premier soin de l'ecclésiastique fut de le faire panser.

Le jour même de leur arrestation, les Vallet avaient subi un interrogatoire; leur imagination n'avait pu leur en suggérer l'objet. Ils demeurèrent anéantis de surprise lorsqu'ils s'entendirent accuser d'avoir assassiné dans leur tuilerie Joseph Sevos; ils examinaient leur conduite passée, et n'y trouvaient pas le plus léger prétexte pour colorer cette imposture. La malice seule de leurs ennemis avait inventé cette fable atroce. Mais quel ne fut pas leur effroi d'apprendre qu'on en faisait revivre une autre, et qu'on leur opposait ce qu'une fois déjà ils avaient si victorieusement confondu !

Le 15 mars 1705, c'est-à-dire vingt années environ auparavant, Vallet, après avoir entendu les vêpres de la paroisse de Priay, revenait chez lui, accompagné des frères Blondel et de Claude Maurice, paysans comme lui. Ils rencontrèrent Antoine Duplex dans un état d'ivresse qui le faisait chanceler à chaque pas. « Bonsoir, cousin, » lui dit Vallet; et il s'aperçut que Duplex saignait du nez. Il crut ce saignement l'effet d'une chute, et continua son chemin, laissant aux nommés Antoine Mallet et Nicolau, qui survinrent, le soin de le reconduire dans sa maison.

Le lendemain, Duplex, dont l'ivresse s'était dissipée, travailla comme à l'ordinaire, et trois jours de suite donna son temps au curé de Priay. Le dernier jour, en s'en retournant chez lui pendant la nuit, il se laissa tomber dans un creux plein de boue et d'eau. Comme il avait chaud, il sentit sur-le-champ un froid qui lui glaça le sang. Il s'en plaignit au nommé Mallet, son compagnon. Le soir même, le mal s'aggrava ; il se coucha pour ne plus se lever, et une pleurésie l'emporta. Cependant, comme s'il eût succombé à de prétendus coups portés par Joseph Vallet et Blondel, le procureur fiscal du Pont-d'Ains, alors le sieur Ravet, obtint permission d'informer, et chercha même à intéresser la veuve à la poursuite ; mais elle déclara n'avoir jamais entendu son mari se plaindre des Blondel et de Vallet. La procédure n'eut pas d'autres suites et n'aboutit à aucune condamnation.

Au procureur fiscal Ravet succéda Frillet. Il débuta par accuser son prédécesseur de s'être laissé corrompre par les prétendus coupables, rendit plainte, et par son grand crédit auprès du juge, le fit condamner aux galères perpétuelles; toutefois, sur les appels successifs, l'innocence de Ravet fut définitivement reconnue. Celle des autres accusés, Joseph Vallet et Blondel, ne semblait pas devoir être plus douteuse. Mais ce n'était pas le compte de Frillet, et il importe ici de bien connaître les détails d'un assassinat dont l'auteur devait devenir entre ses mains l'instrument le plus redoutable de sa cupidité dans l'accusation présente.

Durant le cours du mois de mai de l'année 1722, Philippe, fils aîné de Joseph Vallet, fut attaqué sur la grand'-route par les frères Pin et par un autre particulier. La partie n'était pas égale ; on lui vola son argent et ses habits, et s'il eut assez de preuves pour soupçonner violemment les accusés, il n'en eut pas assez pour les faire condamner. Joseph Sevos, celui pour le meurtre duquel la famille Vallet gémissait actuellement dans les cachots, caché

LE PROCUREUR FISCAL

derrière un buisson, avait été spectateur du vol. Après le jugement, il eut l'indiscrétion de dire dans un cabaret que s'il avait été assigné, il aurait par sa déposition perdu les frères Pin. Antoine Pin, l'un d'eux, redoutant l'effet d'une arme pareille entre les mains de Vallet, et le renouvellement des poursuites, résolut d'étouffer la voix d'un témoin si bien instruit et de s'en défaire.

Un samedi, Antoine Pin ayant trouvé Joseph Sevos au hameau de Masfalcon, dans la maison de Joseph Vallet, but avec lui. Joseph Sevos sortit ensuite, disant qu'il allait chez Catherine Floret. Antoine Pin vint l'y rejoindre bientôt, et but encore avec lui jusqu'à huit heures du soir. De là ils passèrent chez Claude Dumoulin, où une nouvelle séance bachique se prolongea jusqu'à minuit. En payant l'écot Joseph Sevos montra son argent, et cette vue excita encore son compagnon à précipiter ses projets. Du cabaret de Dumoulin ils se rendirent au hameau de Masdes-Bris, chez Sevos. Ils convinrent d'y manger une omelette. Comme ils n'avaient ni plat ni même de pain, Antoine alla chercher ce qui manquait chez le nommé Morel, avec la précaution d'entrer dans l'écurie de son père et d'y prendre une serpe. Après ce repas, qu'il croyait le dernier de Sevos, il l'invita à se coucher, et au moment où il gagnait son lit, lui porta avec la serpe un coup terrible. Sevos tomba en criant : « Ah! je suis mort, » et en effet il ne donnait pas signe de vie. Le meurtrier lui prit quarante écus et se retira dans la Dombe, voisine de la Bresse.

Sevos, qui avait contrefait le mort, se releva, alla fermer sa porte, étancha le sang qui coulait encore, pansa sa plaie dès que le jour parut, mais resta enfermé chez lui le dimanche et le lundi suivant, tant il redoutait la rencontre de son assassin. Le mardi il alla rendre plainte à Frillet, auquel il raconta toutes les circonstances de l'assassinat, sans oublier le vol. Frillet, qui démêlait déjà dans son esprit tout le parti à tirer plus tard de cette révélation inattendue, dit à Sevos : « Que feras-tu à Pin ? c'est » un misérable ; si tu le rencontres quelque part, tu sais de » quoi il est capable. Va tant que terre te portera, ne » fais aucune poursuite. » Frillet fut obéi. En le quittant Sevos disparut sans laisser aucune trace de son départ, sans qu'on pût savoir de quel côté il avait dirigé ses pas. De là ce bruit répandu que Sevos avait été assassiné ; de là aussi contre Vallet un moyen de persécution dont se dévoilera bientôt le mystère.

La plainte de Frillet était, on le remarquera, fondée sur un double assassinat ; l'un, celui de Duplex, remontant à 1705, à vingt années ; l'autre, celui de Sevos, tout récent. Pour celui-ci, il s'était procuré les témoins dont on a déjà fait connaître les dépositions ; pour celui-là il n'en retrouva qu'un seul, le nommé Claude Maurice. En 1705, Maurice avait dit dans l'information : « Duplex était ivre. » Il fit une chute qui occasionna le saignement du nez ; il » n'avait été maltraité de personne. Il m'en assura lui-» même le lendemain. » En 1724, Frillet exerce sur lui assez d'influence pour en obtenir la déclaration suivante : « J'étais à boire dans un cabaret lorsque j'entendis, à » quelques pas de là, un homme qu'on maltraitait. Je » trouvai Joseph Vallet qui tenait sous lui Antoine Du-

LE PROCUREUR FISCAL.

» plex ; il le battait et disait : Il faut que je l'achève ; et
» quelques jours après les coups dont il fut accablé furent
» cause de sa mort. » Quel témoin et quel accusateur !

Ce n'est rien encore : lors de la confrontation des témoins avec les Vallet, Antoine Pin, le véritable assassin de Sevos, avait été décrété de prise de corps. Il était alors engagé dans le régiment de la Sarre, où, sur un ordre du ministre, il fut arrêté, puis conduit à la prison de Bourg, et ensuite à celle du Pont-d'Anis. Là, après avoir déclaré les menaces de mort proférées contre lui par Vallet s'il osait parler, les sommes d'argent qu'il en avait reçues pour prix de son silence, il répéta presque mot à mot la déclaration de Vaudan.

De leur côté les Vallet demandèrent à prouver que Sevos avait été tué par Antoine Pin. On sembla le leur permettre pour la forme, et on se borna à un vain simulacre d'information, après laquelle le juge conclut « à ce
» que Joseph Vallet fût condamné à être pendu pour avoir,
» par des voies de fait, causé la mort de Duplex, et à ce
» que sa femme, ses fils et Antoine Pin fussent appliqués
» à la question ordinaire et extraordinaire. » Sur l'appel, le parlement de Dijon ordonna que Vallet et Antoine Pin seraient interrogés séparément sur la sellette et appliqués à la question.

Antoine Pin, d'une complexion robuste, soutint l'épreuve avec courage. Loin de lui arracher des aveux, elle l'excita à charger les Vallet encore plus fortement. Ils l'apprirent, et à cette fatale nouvelle tout espoir les abandonna. Ils s'apprêtèrent à subir le supplice, mais comme dernière ressource pour protester contre l'injustice des hommes. Ils demandèrent du linge blanc et le revêtirent, afin que le public, voyant cette blancheur, la regardât comme le symbole muet de leur innocence. Mais, ô prodige ! Antoine Pin, à peine dégagé des liens de la question, demanda que M. Gui de Vormes, rapporteur, voulût bien se transporter dans sa prison et y recevoir ses déclarations. Il rétracta ce qu'il avait dit contre les Vallet, les proclama innocents, et s'avoua seul coupable de l'assassinat de Joseph Sevos. Ainsi sa conscience lui réservait des tourments inconnus, la torture morale l'emporta sur la torture physique et lui arracha des aveux. Intrépide dans le mensonge, il venait de triompher des valets du bourreau par une rare constance, et quand il les a fatigués et qu'il est libre, il fait une révélation volontaire. Le remords a donc des pointes bien acérées et la vérité quelque chose de bien irrésistible ! La justice d'en haut envoie donc parfois aux grands criminels de ces terreurs au prix desquelles notre justice imparfaite et bornée n'a que de vains épouvantails !

Le lendemain, sentence qui déclare Antoine Pin atteint et convaincu de l'assassinat de Joseph Sevos et « le con- » damne à avoir par l'exécuteur de la haute justice les » bras, jambes, cuisses et reins rompus et brisés sur un » échafaud, son corps mis sur une roue pour y demeurer » la face contre le ciel jusqu'à la mort. En ce qui con- » cerne la famille Vallet, ordonne qu'il sera sursis de pro- » céder au jugement de leur procès jusque après le testa- » ment de mort d'Antoine Pin. » Pour le recevoir le commissaire se transporta sur-le-champ dans la prison, et

LE PROCUREUR FISCAL.

Antoine Pin raconta les circonstances déjà connues et ajouta :

« Le sang rejaillit sur ma besace, sur le lit et par terre.
» Je pris du son pour le couvrir. J'oubliai cette besace, et
» plus tard le châtelain la reconnut. » Mais ce qu'il dit encore choque tellement la vérité dans un moment où il s'accusait sans réserve et où il n'avait plus le moindre intérêt à la cacher, que le trouble d'une imagination exaltée en fournit seul quelque explication. On n'a pas oublié les paroles de Sevos échappé au coup de serpe. Il s'était relevé, barricadé, et renfermé durant deux jours entiers avant son départ. Eh bien, Antoine Pin poursuit en disant : « Après
» l'avoir assassiné, je le cachai dans mon écurie sous du
» fumier. Je m'absentai pendant quatre jours ; j'avouai
» mon crime à Pierre Pin, mon frère, qui, ayant pitié de
» moi, m'aida à porter le corps mort dans un endroit que
» l'on nomme le Bisset, autrement dit le Bessier, où nous
» l'enterrâmes. Quant à Vaudan, ajouta-t-il, c'est un
» fripon qui a reçu de l'argent pour déposer faux contre
» les Vallet, et s'il était pris il en embarrasserait beau-
» coup d'autres. »

Avant de marcher au supplice, Antoine Pin demanda à faire réparation publique aux Vallet. Ils parurent. Il se jeta à leurs genoux, les embrassa et les arrosa de ses larmes ; implora son pardon avec des regrets si vifs, qu'ils peignaient toute l'horreur de son crime et toute sa douleur d'avoir flétri leur innocence. Durant le trajet de la prison au lieu du supplice, ses gestes, ses paroles témoignaient du plus profond repentir. Attaché sur la roue, les os brisés et la face tournée vers le ciel, le peuple l'entendit s'écrier : « Seigneur, pardonnez-moi mon faux témoi- » gnage ; les Vallet sont innocents. Je vous demande » vengeance de leur sang s'il est répandu. Que l'on ar- » rête Antoine Vaudan ; c'est un faux témoin ; il décla- » rera de qui il a reçu l'argent. » C'est dans ces sentiments qu'il expira.

Par nouvel arrêt la cour ordonna qu'il serait incessamment procédé à la recherche du cadavre de Joseph Sevos dans l'endroit qu'indiquait le testament de mort d'Antoine Pin ; que Pierre Pin et Antoine Vaudan seraient appréhendés au corps. Ils le furent sur-le-champ, et on les conduisit à Ambournay. Le nommé Claude Maurice trouva le moyen de pénétrer dans la chambre de Vaudan et de lui dire à l'oreille, malgré la présence des archers, de ne pas se démentir, qu'il ne manquerait pas d'argent, et qu'il bannît toute crainte.

Vaudan interrogé persista d'abord dans sa déposition ; pressé vivement, il se rétracta par degrés, et à la dernière confrontation, accablé du poids énorme d'un crime qui compromettait la vie de quatre innocents, il demanda pardon aux Vallet, fit une pénitence publique à l'audience de la miséricorde, dans la prison, et déclara avoir été corrompu par Maurice. Arrêt du 5 octobre qui le condamne comme faux témoin à être pendu, appliqué à la question. Il continua à se rétracter.

Maurice, que son infâme contradiction à vingt années d'intervalle avait rendu suspect, fut également emprisonné et appliqué à la question le même jour. Il désigna Frillet

LE PROCUREUR FISCAL.

comme l'ayant engagé à déposer contre les Vallet, à renouveler l'affaire Duplex, à soutenir le meurtre de ce paysan par Joseph Vallet, et s'excusa par la crainte du pouvoir de Frillet et de ses menaces ; de plus il nomma Antoine Thorillon et Joseph Vaudan comme ayant trempé dans la subornation.

Arrêt qui condamne aussi Maurice a être pendu et étranglé, rend la liberté aux Vallet, pour être statué sur le surplus, surseoit jusque après le testament de mort de Maurice. Ce dernier persévéra dans sa rétractation et dans ses témoignages contre Frillet, après quoi il fut conduit au supplice. C'était la troisième victime de Frillet.

Enfin le procureur d'office de la justice du Pont-d'Ains est à son tour décrété d'accusation avec Joseph Mallet, garde des bois, et son domestique, Antoine Thorillon. Il n'en est pas plus tôt instruit, qu'il se hâte de fuir avec ses deux complices et les conduit en Savoie, dans un couvent de religieux, où tous trois demeurèrent cachés.

La vérité se faisait jour par degrés. Les innocents étaient libres et trois des coupables frappés d'un juste supplice ; le plus grand de tous seulement en fuite, il est vrai, mais à la veille d'être convaincu. Il ne restait de doute que sur Joseph Sevos. Qu'était-il devenu? Pourquoi cette disparition subite? Avait-il été enterré comme son assassin l'avait soutenu? Les perquisitions à l'endroit indiqué étaient sans résultat. Personne ne donnait le moindre renseignement, lorsque, au milieu de la ville de Bourg, en vue des habitants, au grand jour apparaît Joseph Sevos. Pierre Vallet n'en croyait pas ses yeux ; il approche, lui demande son nom et le prend pour un fantôme, qui pourtant lui répond à demi-voix : « Je suis Joseph Sevos ; » ne me faites point de tort. » Pierre Vallet remercie la Providence de lui envoyer ce moyen inespéré de donner plus d'éclat à l'innocence de sa famille. Il le fait reconnaître à ses amis et à ses compatriotes, le montre à tous les gens du pays, se constitue prisonnier avec lui dans les prisons de Bourg, et provoque la manifestation la plus complète de son innocence.

Sevos, loin de déclarer d'abord la vérité, s'enveloppa de réponses ambiguës, contradictoires, dont l'obscurité fit soupçonner à la cour un mystère d'iniquité profonde. Il accusa vaguement un inconnu de subornation, et le signala de manière à ne pas désigner celui qu'il avait dans la pensée; aussi arrêta-t-on un sieur Marnes, agent des seigneurs de Varambon. Il ne fallut rien moins que la sellette pour arracher à Sevos le récit de l'entrevue avec Frillet après l'assassinat, et l'aveu des conseils qu'il en avait reçus.

L'existence de ce témoin précieux ne fut pas longtemps ignorée du procureur fiscal. Il pensa à en faire usage pour se justifier, et du fond de sa retraite présenta un volumineux mémoire en cassation; mais le conseil refusa de l'entendre aussi longtemps qu'il ne se constituerait pas prisonnier. Le pas était délicat. S'il tombait entre les mains d'un parlement équitable, inaccessible à la corruption, il était perdu. Cependant l'espoir dans la clémence du roi l'engagea à se constituer prisonnier; l'instruction commença, et devint par degré si terrible, qu'à chaque instant se présentaient aux regards de Frillet des con-

LE PROCUREUR FISCAL.

damnations et des supplices avant-coureurs du sien.

Seyriziat, sergent de la justice de Treffort, atteint et convaincu de plusieurs faux exploits, fut étranglé. En marchant au supplice il cherchait à exciter la compassion du public en s'écriant : « Les faux exploits sont l'ouvrage » de Frillet ; Frillet est la cause de ma mort. »

Joseph Mallet, domestique de Frillet, fut appliqué à la question ordinaire et extraordinaire *du moine de Caen*, c'est-à-dire à la question inventée par un moine de ce nom. Elle se donnait avec des poids attachés aux pieds du patient. Les bras liés derrière le dos, on l'élevait au moyen d'une corde et d'une poulie. La grosseur des poids plus ou moins forts faisait la question ordinaire ou extraordinaire. Mallet, convaincu de faux, accusa Frillet, et fut condamné à la potence.

Bardot, dit Bardolet, que Mallet avait chargé dans son testament de mort, subit la même question sans rien avouer, mais n'en fut pas moins condamné à servir le roi sur ses galères en qualité de forçat.

Ainsi cette succession de preuves imprimait profondément dans l'âme de Frillet l'image de l'inexorable sévérité du parlement, et à chacune d'elles il devait sentir s'approcher le glaive de la justice suspendu déjà sur sa tête. De leur côté, les victimes de sa longue persécution produisaient contre lui la série de ses artifices meurtriers et le crime irréparable de leur infortune. Les Vallet le pressaient avec ardeur, et ce n'était pas le moindre de ses tourments de tomber sous la poursuite de ceux-là même qui avaient été si longtemps l'objet des siennes. Il luttait toutefois par une apologie risible de sa conduite, par des certificats de probité mendiés de tout côtés, qui lui attiraient l'application de l'axiome : *L'iniquité simulée est une double iniquité.*

Toute la ville était occupée de la destinée de Frillet. La voix du peuple, voix divine lorsqu'elle est soutenue par le témoignage des honnêtes gens, s'élevait depuis longtemps contre lui. Jugé dans tous les esprits, on concluait unanimement à la peine capitale; mais chacun, suivant la vivacité de son indignation, variait le supplice : pour les uns c'était la roue, pour les autres le feu, les plus modérés se contentaient de la potence. De toutes parts un cri de mort; le palais et les lieux d'alentour étaient remplis d'une foule que les mêmes vœux et la même impatience réunissaient.

Les juges s'assemblèrent à la tournelle dès sept heures du matin et n'en sortirent qu'à quatre du soir. Arrêt définitif qui condamne Frillet, atteint et convaincu de prévarications et malversations dans ses fonctions de procureur d'office et de notaire, à être pendu et étranglé jusqu'à ce que la mort s'ensuive.

Dès que le bruit de la condamnation à mort se fut répandu, chacun se sentit délivré d'une incertitude accablante. Les portes et les fenêtres, sur le passage de la Conciergerie jusqu'au lieu du supplice, étaient encombrées. La sécurité des petites villes et des villages semblait, dans l'avenir, dépendre de la punition de ce tyran des campagnes. L'exemple contiendrait ses semblables. On se préparait avec plaisir au dénoûment d'une tragédie qui, dans les bonnes règles, devait se terminer par le châtiment d'un

LE PROCUREUR FISCAL.

si grand coupable. La clémence royale trompa cette juste attente. Le procureur général présenta une lettre de M. le chancelier à M. le premier président, par laquelle le roi ordonnait la surséance à l'exécution de l'arrêt. Le peuple consterné murmura hautement contre une grâce indiscrète qui prolongeait la vie à l'auteur de tant de morts diverses, suspendait à contre-temps le bras de l'exécuteur, déjà levé pour frapper, et ajournait le spectacle auquel la justice lui donnait droit. Vainement plus tard sa majesté commua la peine en un bannissement de dix années hors de la province; le peuple n'envisagea pas moins Frillet comme ayant mérité dans son esprit le supplice de la potence, et autant qu'il était en lui l'exécuta.

Frillet, en apprenant à la fois la condamnation et la surséance, se mit à genoux et s'écria : « *Lætatus sum in* » *his quæ dicta sunt mihi ; in domum Domini ibimus.* » (La destinée que vous m'apprenez me combla de joie; » j'irai dans la maison du Seigneur.) » Comme il se mettait en chemin pour aller exécuter son ban, l'infamie de sa situation l'accabla si vivement qu'il en mourut.

Fin trop douce pour un misérable qui suborna ou fit suborner cinq témoins et les envoya l'un après l'autre à la mort; qui plongea dans les cachots, pendant une année, avec un raffinement de cruautés inouïes, toute une famille dont le chef fut menacé longtemps du dernier supplice et poursuivi par Frillet, mû par une basse cupidité, celle de s'emparer à meilleur marché d'une tuilerie plus renommée que la sienne.

MONTBAILLY.

Une ouvrière de Saint-Omer se présenta à sept heures du matin, le 27 juillet 1770, à la porte d'une dame pour travailler chez elle. Son fils la pria d'attendre quelques instants, parce que sa mère n'était pas encore levée. Une heure s'écoule, l'ouvrière s'impatiente et demande qu'on la réveille. Alors le fils ouvrit la porte de la chambre, il entra... Qu'aperçut-il?... un cadavre livide et souillé de sang... « Ah mon Dieu! s'écrie-t-il, ma mère est morte! » Il veut s'élancer vers cet objet lugubre, l'horreur l'arrête. Il perd l'usage des sens et tombe évanoui. La mort était dans tous ses traits. On tremble pour ses jours; un chirurgien vint arrêter les progrès de la douleur et le rappeler à la vie.

Auprès de lui sa femme éplorée faisait retentir l'air de ses cris. Elle appelait sa belle-mère. Dans l'égarement de son affliction, elle croyait possible de la ranimer, criait au secours; plusieurs personnes se précipitent dans la maison;

MONTBAILLY.

mais à peine ont-elles aperçu, examiné ce corps livide, qu'elles voient que tout espoir est perdu. On s'empresse d'enlever à des enfants cet affreux spectacle. Le jour des funérailles est fixé. Le son des cloches annonçait déjà la triste cérémonie, lorsqu'un bruit sinistre se répandit tout à coup dans le public.

On s'assemble, on raconte l'événement, on plaint le sort de cette femme, on cherche, on se demande les causes de cette mort tragique et soudaine. La malignité les eut bientôt imaginées; les têtes s'échauffèrent, chacun inventa des circonstances; la prévention les réalisa, la calomnie en fabriqua les preuves. Un murmure universel s'élevait dans la ville. Le fils et la belle-fille sont les deux coupables; plus de doute, ces enfants dénaturés ont assassiné leur mère. Il faut livrer ces deux parricides à la justice.

Comment une multitude aveugle avait-elle passé en un moment de la pitié au soupçon, du soupçon à cette clameur terrible? Avait-elle vu dans les antécédents de ce jeune ménage de quoi l'autoriser?

Montbailly avait reçu le jour à Saint-Omer, de parents honnêtes. Les premières années de sa vie n'eurent rien de remarquable. Son éducation, en rapport avec sa naissance, développa la douceur de son caractère et un goût vif pour les choses louables. Il eut le malheur de perdre son père et de voir sa mère contracter un second mariage; mais cette union ne fut pas de longue durée. Avant de la former, elle avait établi une manufacture de tabac et chargé son fils de la surveillance de ses intérêts et de l'inspection des ouvriers.

CAUSES CÉLÈBRES.

Une jeune fille nommée Dannel, née de parents estimables, mais pauvres, fut admise dans l'atelier. Sa jeunesse et ses charmes firent bientôt une vive impression sur le cœur de Montbailly. La facilité de se voir et de se parler à chaque instant décida leur penchant mutuel. Bientôt des signes extérieurs annoncèrent la faiblesse de l'ouvrière. Fidèle aux lois de l'honneur, Montbailly s'empressa de s'unir à elle et de se l'attacher par des liens indissolubles. Ce choix, décidé par le penchant et par le devoir, semblait lui promettre d'heureux jours. Des querelles domestiques ne tardèrent pas à le troubler.

La mère de Montbailly, animée jusque-là de la plus grande tendresse pour son fils, après une alliance aussi disproportionnée ne vit plus en lui qu'un insensé sacrifiant les avantages de la fortune à une passion ridicule, et dans sa compagne qu'une victime dévouée à sa haine, qu'elle fit éclater bientôt par des emportements et des fureurs. Ce qui exerce presque toujours tant d'empire sur le cœur d'une mère, la naissance d'un enfant, la trouva inexorable et devint un nouveau genre de divisions et de querelles.

Depuis longtemps cette femme était l'esclave d'une passion avilissante; elle avait l'habitude de s'enivrer d'eau-de-vie. Plus d'une fois son fils lui avait adressé les représentations les plus touchantes pour la ramener à la raison. Le respect même lui parut de l'outrage; loin de se corriger, elle se cacha, et pour mieux se livrer à son grossier penchant, elle profita des absences fréquentes de son fils.

Les goûts de Montbailly étaient aussi innocents que ceux

MONTBAILLY.

de sa mère étaient dépravés. Il se plaisait à élever des plantes, à cultiver des fleurs, recherchait les amusements les plus simples, les plus purs. Mais sa femme ne pouvait le suivre au milieu de ses délassements champêtres ; elle demeurait au logis, exposée à surprendre trop souvent les suites d'une incontinence qu'on ne savait pas toujours déguiser. Elle devint un témoin importun dont on résolut de se débarrasser.

Plusieurs scènes violentes avaient déjà signalé l'antipathie de cette belle-mère injuste. Elle poussa bientôt ses emportements jusqu'à rendre à madame Montbailly le séjour de sa maison insupportable. Sa vie même fut menacée, et elle ne lui laissa d'asile que dans la demeure paternelle. Elle y avait retrouvé la paix depuis un mois, lorsque son mari la conjura de revenir. Elle refusa. La justice seule triompha de son obstination à fuir une maison funeste. La discorde et la haine l'y attendaient encore. Pour ne lui laisser aucun doute sur une rupture ouverte, la belle-mère se retira dans sa chambre et résolut de vivre séparément.

Cette retraite lui sembla bientôt une sorte d'exil où elle se trouvait plus esclave que libre ; elle était impatiente d'en sortir, de reprendre l'empire absolu qu'elle avait tenté vainement d'abdiquer, et de chasser tous ceux qui gêneraient ses penchants. Elle demandait, elle pressait une séparation entière. Jamais ses enfants ne seraient assez éloignés d'elle.

Montbailly avait eu recours à la justice pour faire rentrer sa femme dans le domicile conjugal ; sa mère l'invoqua pour les en expulser tous les deux. Le 26 juillet 1770, à sept heures et demie du soir, elle leur fit faire sommation de sortir de sa maison dans les vingt-quatre heures. En fils respectueux, Montbailly ne se défendit que par des larmes ; il osa espérer encore dans la tendresse d'une mère et tenta de la fléchir. Il vole à sa chambre, se prosterne aux pieds de son lit ; tremblant et immobile, il lui annonce son saisissement par des sanglots, ce langage muet et si éloquent de la douleur. Montbailly voit sa mère s'attendrir et la nature reprendre ses droits. Il la conjure, au nom de la plus sainte affection, de garder ses enfants auprès d'elle ; lui expose les dangers de la solitude pour une femme de son âge, lui rappelle ceux que déjà elle a courus.

Désarmée par de si touchantes prières, et prête à renoncer à son projet, elle fait une réponse qui témoignait assez du changement de son âme : « Nous verrons de- » main. » En effet, un instant après, elle vint, en signe de réconciliation, passer une heure avec ses enfants. Ensuite elle se retira pour se livrer à sa fatale habitude. Les jeunes époux s'applaudissaient d'un retour presque inespéré. Ils se figuraient déjà voir leur mère, oubliant cette haine dont l'amertume les avait abreuvés, répandre le bonheur et la paix sur leurs jours. Bercés dans cette douce confiance, ils s'abandonnent au repos qui les fuyait depuis si longtemps. Ils s'endorment... Nous venons de voir leur réveil.

Ce que souhaitait une multitude aveugle et prévenue arriva bientôt ; la rumeur générale frappa les oreilles du

MONTBAILLY.

magistrat, et l'avertit qu'il s'était commis un crime. Plainte en fut rendue. Absorbé par le plus grand des malheurs, celui de perdre sa mère, Montbailly n'en redoutait pas d'autre. Le soupçon agitait toute la ville; la voix publique l'accusait; et lui, dans l'affliction sincère d'un cœur innocent, pleurait sur le cercueil de sa mère... Des officiers de justice l'en arrachent tout à coup.

Un commissaire de police dresse procès-verbal. Des recherches minutieuses se font dans toutes les chambres. Le cadavre, par ordre du magistrat, est enlevé publiquement et transporté à l'hôtel de ville. Un médecin et un chirurgien, appelés pour en faire la visite, croient apercevoir un crime et rédigent leur rapport. Montbailly frémit et du soupçon qui le flétrit et de la situation qu'on lui prépare. Il est enlevé avec violence de sa maison et traîné ignominieusement dans le séjour des scélérats avec sa femme. La douceur même de pleurer ensemble leur est ravie, il faut gémir dans des cachots séparés.

En quelques heures quel excès d'infortune! Du bien qui venait de sourire à Montbailly, quelle chute rapide dans l'abîme du mal! Respecter, chérir sa mère, la perdre par un événement tragique et cependant naturel, être pris pour son assassin, malgré l'horreur soulevée par ce forfait dans une âme vertueuse; être signalé comme un criminel et sentir en soi l'innocence; en avoir Dieu pour témoin et ne pouvoir la rendre visible aux yeux des hommes, telle fut en ce moment la situation de Montbailly, et ce n'était qu'un prélude!

La justice criminelle déploya à la vue des accusés tout

l'appareil de ses formes effrayantes. Rigueur des cachots, subtilité des questions, rien ne fut épargné pour les déconcerter et surprendre au fond de leur conscience l'aveu d'un attentat imaginaire. Au nom de parricide, Montbailly recule. La dénégation la plus nettement articulée, avec tous les signes de l'indignation et de l'étonnement, sort plusieurs fois de sa bouche. On croit que, plus faible et plus timide, sa femme laissera échapper leur secret : ses réponses, sans être concertées, se trouvèrent conformes aux siennes et ne varièrent jamais.

Les juges de Saint-Omer, convaincus de leur innocence, auraient sans doute brisé leurs fers ; mais la nature du crime, son atrocité, la réunion de certains indices, les déterminèrent à prononcer « un plus ample informé d'un » an, pendant lequel temps ils tiendraient prison. » Cette condamnation parut rigoureuse. Loin de redouter leurs juges, ils avaient désiré leur présence comme celle de dieux éclairés et vengeurs ; ils ne trouvèrent que des hommes aux lumières douteuses, à la volonté incertaine. La prison qui devait s'ouvrir se referma sur eux.

Le procureur du roi appela de la sentence *a minima*. Ce leur fut une sorte de joie d'apprendre que des magistrats souverains allaient prononcer sur leur destinée. Des regards plus élevés, plus perçants sauraient mieux lire dans leurs consciences pures ; la supériorité du nouveau tribunal les rassurait. Montbailly et sa femme furent donc transférés dans une autre prison et comparurent bientôt devant les juges qui devaient décider irrévocablement de leur sort.

MONTBAILLY.

Leurs réponses portèrent toujours le double caractère de l'innocence : la simplicité et l'uniformité. Les conclusions du ministère public tendaient à leur décharge et non à la confirmation de la sentence. Le terme de leurs malheurs semblait approcher. Cependant, par une fatalité cruelle, des indices indifférents aux premiers juges se changent tout à coup en preuves aux yeux des magistrats supérieurs ; des vraisemblances légères revêtent les formes sérieuses de l'évidence. Le nom de parricide produit un effet magique ; l'un des accusés ne leur apparaît plus que comme l'assassin de sa mère, l'autre comme son complice. Ils s'imaginent lire sur leurs traits ces signes de réprobation dont les plus grands scélérats sont marqués au front. Ils croient entendre le sang d'une mère qui crie vengeance, et l'arrêt fatal est prononcé.

Montbailly fut condamné à faire amende honorable, ayant un écriteau portant ce mot : « *Parricide;* à avoir le poing » coupé, être rompu vif, expirer sur la roue, son corps jeté » au feu, ses cendres au vent, etc. ; et sa femme à faire » amende honorable, avec écriteau portant ces mots : » *Complice de parricide;* à être pendue, jetée au feu, etc. »

Ils ignoraient cet arrêt sanglant, et, dans l'attente de leur sort, se livraient encore à l'espérance. Le cachot de Montbailly s'ouvre. Son âme éprouve un sentiment de joie. La liberté lui apparaît un moment ; mais, entouré d'archers et chargé de fers, il comprend bientôt tout son malheur. On l'arrache aux bras de sa femme, sans qu'il puisse obtenir de la revoir encore une fois et de lui dire le dernier adieu. Il ne sait pas qu'elle est destinée à périr

CAUSES CÉLÈBRES.

comme lui ; mais avant de perdre la vie, elle doit la donner au malheureux fruit de leur amour qu'elle porte encore dans son sein.

Arrivé à Saint-Omer, Montbailly fut replongé dans le même cachot où il avait déjà gémi. Là seulement la vérité se présenta à lui avec toutes ses angoisses ; il vit de loin s'élever l'échafaud, il entendit du fond de sa prison le bruit, le concours d'un peuple se précipitant en foule vers l'objet de sa curiosité chérie, nommant, maudissant, attendant sa victime ; et il était cette victime que les coups meurtriers d'un bourreau allaient rompre, et dont le corps frissonnait à l'approche de sa destruction par un barbare supplice. Il était cette victime, innocente pour elle seule et pour Dieu, coupable aux yeux de tous. Pensée mortelle qui brûlait son âme et anticipait sur l'autre torture.

Mais bientôt Montbailly résigné envisagea la mort d'un regard calme et ferme. Il tira de la pureté de son cœur les seules consolations qui pussent en adoucir l'amertume et en fortifier la faiblesse. Il détourna ses regards de la justice humaine, les porta plus haut et s'affermit sur son innocence. Frappés de sa constance, les magistrats de Saint-Omer lui envoyèrent un confesseur trois jours avant l'exécution. « Je suis donc condamné à mourir ! s'écria-t-il à la vue du » ministre saint, en versant un torrent de larmes. Quel » crime ai-je commis? » L'ecclésiastique, pour ébranler son âme et en arracher l'aveu du crime, lui trace le tableau de ce que la religion nous peint dans un autre monde de plus terrible et de plus consolant. Montbailly dévoile sa conscience et la montre telle qu'elle n'avait jamais cessé

MONTBAILLY.

d'être, innocente et pure. Il proteste devant Dieu et aux genoux de son ministre de l'injustice des hommes. Le troisième, le dernier des jours de Montbailly, est arrivé. On l'arrache du cachot avec tout l'appareil réservé aux plus grands coupables pour le conduire au lieu où il doit entendre prononcer son arrêt de mort. Il l'écoute dans un morne silence; mais au nom de parricide dont il s'entend flétrir, à ce nom plein d'opprobre, il s'écrie indigné : « Moi! parricide! non, je n'ai pas tué ma mère. » On le ramène, et pendant qu'il attend les préparatifs du supplice, le bourreau s'avance et lui attache l'infâme écriteau.

Tout est prêt. Le cortége sinistre le prend aux portes de la prison. Montbailly est assis dans le tombereau des criminels; deux religieux l'assistent, deux bourreaux suivent; le peuple se précipite en foule, se presse autour de lui, les uns pour le voir, les autres pour le reconnaître. Travesti en scélérat, le condamné avance lentement vers la cathédrale de Saint-Omer, et avant d'y arriver traverse la place des exécutions. Il voit de plus près l'échafaud, le bûcher, dressés pour lui. Ses yeux se remplissent de larmes, il les détourne de ces objets sinistres, et par son courage en surmonte toute l'horreur.

Une fois aux portes de la cathédrale, on ordonne à Montbailly de faire amende honorable et d'avouer qu'il a assassiné sa mère. Révolté de cette violence morale, il rejette et les ordres de la justice et les exhortations des deux religieux. On insiste; il élève la voix et prononce ces paroles entrecoupées de sanglots : « Je demande pardon à
» Dieu et au roi pour les fautes que j'ai commises pendant

» ma vie ; mais je ne le demande pas à la justice pour le
» crime dont je suis accusé, parce que je ne l'ai pas com-
» mis. » On le presse encore plus vivement. Il tourne ses
regards vers le peuple et s'écrie avec l'accent de l'indignation la plus profonde : « Non, mes concitoyens, non, mes
» amis, quand on me ferait mourir à petit feu, quand on
» me couperait par morceaux, je n'avouerai jamais un
» crime dont je suis innocent. »

Le confesseur s'arma encore une fois de l'autorité que lui donnait son sacré caractère en ce moment solennel, et tenta le dernier effort contre un désaveu dont la persévérance commençait à l'étonner et à lui faire redouter l'exécution de ce terrible arrêt. Montbailly se lève et l'interrompt. « Vous voulez, mon père, vous voulez que je m'a-
» voue coupable d'un parricide ! prenez-vous donc sur votre
» compte devant Dieu le mensonge que vous voulez me
» faire commettre à la porte de cette église ? » Tous les témoins de cette scène déchirante pleuraient autour de l'infortuné. Le peuple, inconséquent et léger, se repentait déjà de son injustice. Celui qu'il avait accusé avec tant de témérité, il le plaint, il le pleure, il commence à l'absoudre ; il est convaincu de son innocence, il voudrait le sauver. Vœux tardifs et impuissants ! stérile et vaine pitié !

Déjà Montbailly est sur l'échafaud, déjà il est dépouillé de ses vêtements. Le bourreau est en possession de sa victime et commence ses barbares fonctions. Il lui coupe la main. « Hélas ! s'écria-t-il en jetant sur ses concitoyens
» un regard de douleur et de désespoir ; cette main était

MONTBAILLY.

» innocente. » Bientôt les aides le lient sur la croix, le bourreau frappe. Tous les cœurs sont oppressés, tous les yeux inondés de larmes. Les sanglots et les gémissements du peuple couvrent les cris que la torture fait pousser au malheureux.

Montbailly expirant est transporté sur la roue. Le confesseur approche, lui colle le crucifix sur les lèvres, le conjure d'avoir pitié de son âme et enfin d'avouer. Il retrouve assez de force pour dire : « Dieu que j'embrasse, Dieu » devant lequel je vais paraître, connaît mon innocence. » — Mon ami, lui dit un instant après l'un des bour- » reaux, tu n'as plus rien à espérer, tu vas mourir, avoue » donc ton crime. — Je vous ai avoué, mon père, toutes » mes fautes, répondit le patient d'une voix mourante en » fixant son confesseur. Aurais-je attendu jusqu'à pré- » sent à avouer le crime pour lequel je meurs, si j'avais » eu le malheur de le commettre ? » Le confesseur redouble de prières ; mais la voix de Montbailly à demi éteinte murmure le mot *innocent*, et prêts à se fermer ses yeux protestent encore.

Telle fut, à l'âge de quarante-deux ans, la fin tragique d'un fils injustement accusé d'avoir assassiné sa mère. Quelque horrible qu'elle fût, son infortune était au moins consommée; la justice avait épuisé sur lui toutes ses rigueurs ; les flammes avaient dévoré leur victime : il ne restait plus de lui que des cendres. Ses tourments étaient finis, grâce à la mort. Mais plus à plaindre peut-être, sa veuve l'attendait. Étendue sur la paille et noyée dans les larmes, tantôt elle subissait en silence les terreurs de l'appréhension, tantôt elle appelait la mort à grands cris. La naissance de son fils était pour elle le terme fatal. Elle l'envisageait avec horreur. Quand la nourrice viendrait prendre l'enfant, le bourreau en même temps viendrait saisir la mère.

Tant de malheurs accablaient la raison de cette pauvre femme; la folie vint parfois à son secours en jetant le trouble parmi ces images cruelles, véritable supplice de son âme. Les chimères du délire adoucissaient l'excès de ses maux. O couple malheureux! ô déplorable destinée! La conviction de leur innocence vint bientôt de la province dans la capitale, et excita la pitié de tous les cœurs généreux.

Plusieurs jurisconsultes, dans un mémoire dicté par l'humanité, un célèbre professeur en chirurgie, dans une consultation savante, se réunirent pour démontrer leur innocence, et une voix puissante la proclama; cette voix, qui avait vengé la mémoire de Calas, qui avait provoqué la justice pour les Sirven, s'éleva aussi en faveur de Montbailly. Le chancelier accorda un sursis, et le roi permit un nouvel examen du procès.

Pour cette mémoire qui restait à venger et cette accusée à préserver du supplice, nul ne manqua à sa mission. Chacun, selon son mérite, fit valoir l'humanité, la raison, le droit, l'évidence. Mais surtout en produisant les nombreux exemples de tant d'erreurs fatales, ils firent trembler la justice sur ce que ses décisions précipitées avaient d'irréparable.

Une femme est maltraitée pendant la nuit par son époux; elle crie au meurtre, à l'assassinat, et ses plaintes

MONTBAILLY

sont entendues des voisins. Le lendemain on entre dans la maison. Le trouble et l'agitation du mari, du sang répandu, le four qui fume encore, la femme qu'on cherche en vain, que d'indices! Ce n'est pas tout. Le mari, appliqué à la question, avoue qu'il a fait mourir sa femme dans le four ; il est condamné au dernier supplice. Appel au parlement de Paris. Les juges assemblés opinent, sont, en un mot, sur le point de rendre leur arrêt. Au moment même la femme se représente ; elle avait disparu avec son amant.

Deux voleurs se saisissent d'un marteau dans la boutique d'un maréchal; cet instrument d'un crime bientôt commis est reconnu pour lui appartenir ; sur cet indice, appliqué à la question, il meurt de souffrances. Les voleurs arrêtés pour d'autres crimes le déclarent innocent.

Jean Prouste est assassiné dans la maison d'un boulanger chez lequel il demeurait. Sur une multitude de faux indices, on répute le boulanger auteur de cette mort. Il subit la question ordinaire et extraordinaire. Les meurtriers véritables, arrêtés peu de temps après, confessent le forfait au moment de l'exécution.

Un homme dérobe secrètement chez un curé sa soutane et son collet, court exécuter un assassinat, remet aussitôt l'habit sacerdotal où il l'a pris, et dénonce l'ecclésiastique, assurant qu'il l'a vu commettre le crime. On fait une visite. La soutane se trouve ensanglantée. Sur cet indice violent, sur le témoignage du scélérat, le pasteur innocent est condamné.

Et tant d'autres, Jacques Aubry, la Pivardière, Langlade, Lebrun, victimes fameuses, déplorables exemples de la légèreté, de l'ignorance, de la prévention des juges. Par bonheur, la cour du conseil supérieur d'Arras, par arrêt du 8 avril 1771, raya de cette liste de funèbre mémoire où déjà il était inscrit le nom de la veuve Montbailly, et cette femme qui avait, pour ainsi dire, vécu si avant dans la mort, retourna enfin parmi ses semblables, libre et assez heureuse pour voir la mémoire de son malheureux époux réhabilitée.

LA NAUDIN.

« Que voulez-vous de moi? disait le sieur Riscle, lieu-
» tenant du maire de Lille en Jourdain, à une jeune fille
» de quatorze ans, pâle et égarée, qui entrait dans sa
» chambre vers six heures du matin. Justine, que vou-
» lez-vous de moi? — Je vous demande justice. —
» Contre qui?— Contre papa.— Que vous a-t-il fait?—
» Il me déshonore depuis cinq ans. — Je ne reçois point
» de dénonciation dans ma maison, répondit le sieur
» Riscle; faites-vous conduire par un valet de ville à la
» chambre de l'auditoire, et je vous y rendrai justice. »

Arrivée là, elle déclare qu'elle est âgée de quatorze ans ; que depuis cinq ans son père... que quand elle voulait résister il l'attachait avec des cordes, et lui fermait la bouche; qu'elle l'a quitté depuis une semaine, qu'elle a passé les nuits et les jours dans les blés, allant dans l'obscurité chercher du pain chez les paysans. Le sieur Riscle, après avoir dressé et signé procès-verbal, borna là ses fonctions, pour laisser procéder le maire Latournelle, qui rendit une ordonnance *de soit communiqué au procureur fiscal*. Cette jeune enfant était la fille d'un sieur Lafitte, officier en retraite, objet depuis longtemps de la haine du sieur Riscle.

Le procureur fiscal conclut à ce que Justine soit visitée par des chirurgiens, pour vérifier si violence lui a été faite. Deux chirurgiens, les sieurs Lille et Laurent, sont commis à cet effet, et il est ordonné que Justine demeurera séquestrée dans l'hôtel de ville. Le rapport des deux hommes de l'art constata des déchirures ensanglantées. Sur les conclusions nouvelles du procureur fiscal, procès-verbal de dénonciation. Le lendemain, le sieur Lafitte arriva à l'Ile-Jourdain. La tristesse, l'indignation, l'horreur le saisissent à la fois quand il apprend la scène de l'hôtel de ville. Son premier soin est d'arracher sa fille aux mains des officiers municipaux, non pour la faire revenir auprès de lui, mais pour la placer dans un lieu à l'abri de toute influence. Il charge un ami de la conduire au couvent des Ursulines à Gimon, et il attend avec impatience les suites d'une procédure devenue nécessaire pour sa justification.

Pendant ce temps, un sieur Pascal, contrôleur ambulant, était allé trouver les parents de Lafitte et leur avait dit : « Votre honneur est perdu si vous ne vous hâtez de
» prévenir un supplice dont l'ignominie rejaillira sur toute
» la famille. Vous connaissez la démarche de Justine au-
» près des officiers municipaux; elle a révélé l'infamie de
» son père. L'état affreux de cette pauvre fille, constaté
» par les chirurgiens, atteste déjà le crime. Une foule de
» témoins oculaires le mettent à chaque instant dans le

LA NAUDIN.

» plus grand jour; prévenez l'activité de la justice tandis
» qu'il en est temps. Une lettre de cachet, la détention
» dans un fort n'ont rien qui flétrisse, et c'est l'unique
» moyen de soustraire Lafitte au supplice du feu. Je vous
» offre mes services, mon crédit; donnez-moi vos signatu-
» res, et je me charge d'obtenir la lettre de cachet en
» votre nom. »

Ce Pascal avait été longtemps l'ami de Lafitte, ou du moins avait affecté de le paraître. Ils s'étaient peu à peu refroidis, parce que l'un avait exigé, pour prix de quelques services, de basses condescendances auxquelles l'autre n'avait jamais voulu consentir. Lafitte se contenta du mépris; Pascal conçut et nourrit depuis contre Lafitte une animosité irréconciliable.

Tandis qu'il courait de porte en porte chez les divers parents, le maire et son lieutenant se rendaient les échos de tous ses discours, et comblaient des plus grands éloges le désintéressement, la générosité de cet homme rare qui, par le seul plaisir de bien faire, prenait à cœur la réputation de la famille. Néanmoins la proposition de Pascal n'était pas également accueillie par tous les parents. Quelques-uns la rejetèrent avec indignation; les plus effrayés seuls promirent leur signature.

Le sieur Latournelle, le maire, minuta lui-même un placet au roi, dans lequel il peignit Lafitte comme un dissipateur effréné, un adultère public, un père incestueux et parricide. Il le remit à Pascal, qui, après l'avoir enrichi de notes marginales de sa main, en fit tirer une copie en forme, que certains parents signèrent, y fit faussement ajouter la signature de quelques autres, et l'envoya lui-même au ministère.

Quoique dénonciateur, le maire osa remonter sur le siége pour s'occuper de la procédure dirigée contre Lafitte et le perdre juridiquement si le ministère ne frappait pas assez tôt. Il avait promis aux parents, pour obtenir leur signature, d'arrêter le cours de la justice, et il n'en rendit pas moins, le 24 juillet 1786, une ordonnance à l'effet de procéder à une enquête. Plusieurs témoins furent entendus, le sieur Riscle lui-même, quoique rédacteur, comme juge, du procès-verbal. Toutes leurs dépositions se réduisaient à de simples ouï-dire, à des propos recueillis de la bouche de Justine ou de celle d'une fille Naudin, sa bonne; elles furent pourtant jugées suffisantes pour déterminer contre Lafitte un décret de prise de corps.

Lafitte soupirait après son arrestation comme après l'époque où il confondrait la calomnie. Ses ennemis, au contraire, cherchaient à la retarder et à étouffer ses défenses. Le décret resta au greffe près d'un mois et demi, c'est-à-dire jusqu'à ce que Pascal eût été averti de l'expédition prochaine de la lettre de cachet; alors seulement ils se résolurent à une descente dans le domicile de Lafitte, pour l'arrêter en vertu du décret de prise de corps; pendant ce temps la lettre de cachet arriverait, et on s'en servirait pour le transporter et l'écrouer dans le fort de Brescou, d'où il n'aurait jamais le moyen de faire entendre sa voix. Ainsi son innocence serait toujours problématique.

Heureusement le secret des démarches auprès du gou-

LA NAUDIN.

vernement avait transpiré, et Lafitte, instruit assez tôt, s'était soustrait aux perquisitions pour aller lui-même auprès du trône réclamer contre la surprise faite au roi. Bien loin de se douter de la véritable cause de sa disparition, Pascal et les officiers municipaux firent faire les recherches les plus scrupuleuses. La difficulté de l'arrêter les inquiétait sérieusement. Lafitte avait relevé appel du décret lancé contre lui, et déjà une ordonnance avait enjoint au greffier de l'Ile-Jourdain de remettre la procédure au greffe du parlement de Toulouse. Un nommé Aiguebère, désigné d'office pour écrire cette procédure, alla trouver le maire Latournelle, qui, au lieu de la laisser au greffe, comme il y était obligé, l'avait emportée chez lui ; il promit de la rendre le lendemain ; mais la chose était impossible : elle était alors entre les mains de Pascal.

Latournelle, Riscle et Cruchent, procureur fiscal, prennent le parti d'amener à leurs frais le greffier Aiguebère à Toulouse, où était logé Pascal. Là, invité par ce dernier à faire l'extrait de la procédure qui devait être remise au greffe de la cour, Aiguebère répond « qu'il n'en a pas
» le temps ; mais qu'on lui rende la procédure, et qu'il
» en fera l'extrait à l'Ile. — Ayons deux scribes pour faire
» ici cet extrait, réplique Pascal, qui ne veut pas se des-
» saisir ; vous n'aurez qu'à le collationner et le signer. —
» J'y consens, répond Aiguebère, pourvu qu'en même
» temps vous me remettiez l'original. — Non, jamais
» vous ne l'aurez, s'écrièrent à l'envi Latournelle, Pascal
» et Riscle. — Jamais donc je ne collationnerai ni ne si-
» gnerai, » poursuit Aiguebère.

CAUSES CÉLÈBRES.

Surpris d'une résistance à laquelle il n'était pas accoutumé, Pascal court s'assurer de la porte et lui notifie qu'il ne sortira qu'après avoir signé. « Au moins, dit alors le » greffier, laissez-moi aller pour prendre conseil et m'in- » former si je ne trahirais pas mon devoir en me prêtant » à vos désirs. » Mais toujours inexorable : « Vous ne » sortirez pas, continue-t-il d'un ton furieux, vous ne sor- » tirez qu'après avoir signé. »

Pendant ce débat, les deux scribes travaillaient à l'extrait. Quand ils eurent achevé, nouvelle lutte entre Pascal et le greffier, le premier voulant toujours rester nanti de l'original, le second craignant de se compromettre. Enfin, ne pouvant mieux faire, il cède à la force, signe l'extrait daté de l'Ile-Jourdain, quoique rédigé à Toulouse, et laisse Pascal maître de la procédure. Cependant Pascal et ses complices n'étaient pas tranquilles; l'extrait serait déposé au greffe; il ne renfermait aucune preuve contre Lafitte, donc il en formait une terrible contre eux, celle d'avoir « employé la crainte et la force pour faire signer et certi- » fier un faux à Aiguebère. » Ils frémissaient.

De son côté cependant Lafitte avait rendu, dès le 9 août, une plainte au sénéchal de l'Ile, pour fait de subornation envers sa fille et les témoins, et l'on procédait à des informations. Les craintes de ces trois coupables redoublaient, le voile qui couvrait leurs manœuvres allait être soulevé, la lettre de cachet serait révoquée peut-être; il fallait imaginer un moyen de salut : à l'accusation d'inceste succéda un moment celle de parricide.

Le fils aîné de Lafitte était mort au mois d'avril 1780;

LA NAUDIN.

on avait répandu alors le bruit que son père, voulant se défaire de lui, l'avait enfermé dans une chambre obscure et malsaine, avec la chaîne au cou et les fers aux pieds, et l'avait laissé mourir de faim et de soif dans un état de dénûment complet. Le peuple ameuté s'était transporté à l'église pour exiger l'exhumation du cadavre. L'affaire avait été étouffée ; mais, disaient Pascal et les autres, « la preuve
» qu'on a dérobée autrefois se révèle assez aujourd'hui ;
» celui qui a violé sa fille peut bien faire mourir son fils :
» un crime rend l'autre certain. »

Un second fils de Lafitte avait péri de mort violente en 1785, et on lisait dans le monitoire qu'il avait péri à la suite de trois coups de couteau. « Quel autre que Lafitte
» a pu les donner? » disaient encore ses ennemis.

Justine avait allégué un fait faux en avançant qu'elle avait passé huit jours et huit nuits dans les blés. Il serait facile de constater le contraire ; il importait donc d'obtenir sinon qu'elle rétractât, au moins qu'elle changeât sa déclaration. Pascal se transporta à cet effet au couvent de Gimon, et on lui fit dire « qu'elle avait prié sa bonne de la cacher
» dans un endroit où son père ne pût la découvrir, et
» qu'en effet on l'avait tenue enfermée pendant huit jours
» dans une volière. »

Cependant Lafitte arrivait au pied du trône, et il était parvenu à faire douter au moins de la vraisemblance des crimes qu'on lui imputait. Après avoir réclamé au nom des lois, de la nature même, qu'on l'accusait d'avoir si monstrueusement outragées, il obtenait la révocation d'un ordre arraché par la calomnie. Dès le commencement d'avril, il revint à l'Ile-Jourdain et s'y montra publiquement. Ses ennemis en furent atterrés. Cet homme, poursuivi et signalé comme le plus vil scélérat, ils le laissèrent tout à coup libre et tranquille. C'est à leur propre salut qu'il fallait songer désormais. Les périls de leur situation croissaient chaque jour, un événement imprévu les accabla.

Les prestiges dont on avait fasciné l'esprit et le cœur de Justine s'étaient insensiblement dissipés. Quoique bien faible encore, sa raison s'était assez fortifiée pour lui faire apercevoir la profondeur du précipice creusé sous ses pas. Le remords était entré dans son âme et l'agitait. Des rêves sinistres interrompaient son sommeil. L'image de son père, poursuivi sur sa dénonciation, sa fuite, ses tourments, se retraçaient à sa pensée sous les couleurs les plus effrayantes. Mille fois elle avait voulu abjurer ses impostures ; mais, retenue par la honte d'une rétractation, honte fausse et souvent plus forte dans les jeunes âmes que dans les cœurs éprouvés par l'âge, elle avait sans cesse différé. La nature et la vérité l'emportèrent enfin ; elle reconnut publiquement ses erreurs dans une déclaration devant notaire ainsi conçue : « Je me repens très-sincèrement de l'accu-
» sation du crime abominable que j'ai imputé à mon
» père. Il est faux qu'il ait jamais voulu me porter au
» mal. Je me désiste de tout ce que j'ai dit contre lui,
» confessant, pour l'amour de la vérité, que c'étaient des
» calomnies atroces. Je n'ai rien à lui reprocher. Je le
» supplie de vouloir bien me pardonner mes écarts, mes
» erreurs, mes fautes, quoique je m'en trouve indigne. »

Alors se déroula une série d'atroces impostures et de

LA NAUDIN.

noires suggestions. Lafitte, ancien officier d'infanterie, privé de son épouse par une séparation volontaire, avait fait venir de Toulouse auprès de lui une personne capable d'avoir soin de ses enfants encore en bas âge, et de se mettre à la tête de sa maison. C'était une certaine fille Naudin, dans laquelle il crut reconnaître les qualités convenables. Soit penchant, soit occasion, il forma bientôt une liaison avec elle. Dans leur voisinage habitait une veuve, depuis longtemps la concubine de Lafitte. Pascal ne manqua pas d'en instruire sur-le-champ la Naudin, qui, pour se venger de son maître, se livra tout entière à son persécuteur acharné : « Il y passera ! » fut leur première menace. Des relations suivies s'établirent entre eux, et de ces deux haines associées un moment par une basse intrigue sortit le projet le plus infernal.

Un des enfants de Lafitte, Justine, étant parvenue alors à cet âge où le premier développement des facultés physiques et morales rend les jeunes personnes susceptibles, de toutes sortes d'impressions, et où elles n'en distinguent ni l'objet ni les conséquences, ce fut l'instrument que dans sa perversité choisit la Naudin. Elle s'y prit avec adresse, cherchant d'abord à semer dans le cœur de Justine la défiance contre son père ; elle en faisait un tyran jaloux de ses moindres plaisirs, un avare auquel il fallait arracher la plus légère dépense ; elle lui parlait des charmes de la liberté, et, faisant briller à ses yeux la perspective de toutes les jouissances de son âge, hâtait le réveil des passions qui sommeillaient encore chez elle.

Son empire sur Justine une fois bien établi, elle osa lui

communiquer la condition affreuse à laquelle ces illusions se réaliseraient. Il fallait se présenter devant la justice comme une victime de la lubricité de son père. Justine ne comprenait rien à ce langage, mais le frémissement involontaire de la nature révoltée lui en fit pressentir l'horreur. Elle détourna la tête, et du geste et de la voix opposait une résistance invincible. La Naudin ne se rebuta pas. Chaque jour elle revint à la charge avec des imprécations, des prières, des caresses et des menaces, ne négligeant pas la précaution perfide de pervertir l'opinion publique par des bruits adroitement semés sur l'objet de l'accusation qu'elle méditait.

Une nuit, pendant que la jeune fille reposait tranquillement dans sa chambre, elle s'approcha du lit de Justine, se saisit d'elle, et d'une main sacrilége..... elle s'efforça par un crime réel à préparer les traces d'un crime imaginaire. Justine échappa des mains de ce monstre en poussant les cris les plus douloureux, courut se réfugier dans une chambre voisine où couchait une couturière nommée Anne Verdier, et lui raconta l'affreux événement. La Naudin, hors d'elle-même, la poursuivit dans cet asile, et la menaça de la poignarder, ainsi qu'Anne Verdier, si elles ne lui gardaient pas l'une et l'autre le plus profond secret. Puis s'adressant à Justine seule : « Si tu ne déclares pas que
» c'est ton père qui t'a mise dans cet état, je t'ouvrirai le
» ventre avec mon couteau. » Et en proférant ces mots elle agitait un couteau dans sa main, avec les gestes les plus menaçants. « Je te brûlerai, lui dit-elle un autre jour, si
» tu ne déclares pas contre ton père tout ce que je t'ai or-

LA NAUDIN.

» donné. » Et pour lui faire voir à quel point elle était résolue, elle prit un fer à repasser et le lui appliqua brûlant sur la joue.

Ce n'était pas assez d'avoir subjugué cette enfant par la crainte, la Naudin voulut la lier par un serment; elle lui présenta un livre, et lui ordonna de jurer tout ce qui lui avait été enseigné contre son père : « Oui, mademoi- » selle, je dirai tout ce que vous voudrez, » répondit en tremblant la victime de tant de fureurs.

Une fois tout disposé pour l'exécution du complot, on prit un moment favorable pour l'exécuter. Lafitte s'était rendu à Toulouse, où ses affaires devaient le retenir quelque temps. Ce qu'il importait surtout, c'était d'écarter le soupçon des manœuvres projetées. Une disparition subite de la jeune fille se dérobant à de nouvelles tentatives de son père parut un excellent moyen. La Naudin, ayant caché Justine dans une volière, répandit le bruit de son évasion prétendue, affecta de paraître inquiète, et après avoir retenu sa prisonnière pendant huit jours, jugea le moment favorable pour la faire agir et de frapper le dernier coup. Toute la nuit du 21 juin elle s'enferme avec Justine, et dans ce tête-à-tête où elle attaque tour à tour et le sommeil et la raison de la faible Justine, elle lui trace son rôle, quand le jour paraît ouvre la volière, pousse son élève et lui ordonne d'aller le réciter.

L'imagination exaltée par les vapeurs inséparables d'une longue retraite, par le bonheur de recouvrer sa liberté, par l'espérance des plaisirs dont la Naudin lui offrait sans cesse le fantôme, enfin surtout par l'obsession de la dernière nuit, Justine céda à son égarement, et courut, comme on l'a raconté, chez le lieutenant du maire dénoncer son père.

Pendant qu'elle y débitait sa fable empoisonnée, que faisait la Naudin? elle redoublait d'efforts pour paraître tourmentée de l'absence de Justine. « J'ignore, disait-
» elle, ce qu'elle est devenue depuis dix jours ; je sais
» seulement qu'elle faillit se noyer hier au pont Perrin.—
» Allez, lui dit la nommée Nouguillon, sa voisine, vous
» savez où elle est ; prenez garde de ne pas vous faire une
» mauvaise affaire. »

Ce conseil est comme un trait lumineux qui éclaire aux yeux de la Naudin l'infamie de ses manœuvres. La crainte d'être découverte et du supplice trouble son âme; le remords la poursuit. Elle voudrait détruire son fatal ouvrage. « Courez, dit-elle à la nommée Marie Gouin, allez trouver
» le sieur Riscle; dites-lui que cette enfant est imbécile,
» qu'il ne faut pas ajouter foi à ce qu'elle a dit, et que je le
» prie de me la renvoyer. » La femme Gouin obéit, trouve Justine sur la porte de la chambre de la geôlière, et lui propose de la ramener à la maison. Justine y consent d'abord. « Mais, ajoute-t-elle par réflexion, allez voir quel
» est l'avis de M. Riscle. » La geôlière d'ailleurs refuse de lui ouvrir la porte, « parce que, dit-elle, les officiers
» municipaux lui ont défendu de la laisser partir sans leur
» ordre. »

La Gouin va auprès du sieur Riscle; mais il n'était pas homme à lâcher si facilement sa proie. « Ce n'est plus
» mon affaire, répondit-il; vous n'avez qu'à vous adresser
» au procureur fiscal. » Elle revint à la chambre de la

LA NAUDIN.

geôle; Justine n'y était plus, déjà on l'avait reconduite à l'auditoire, où Marie Gouin la rejoignit et voulut la rendre, s'il était possible, à elle-même. « Qui vous a donc engagée, » lui dit-elle en l'abordant, à tenir une pareille conduite? » Quel chagrin n'allez-vous pas causer à votre père et à toute » la famille ! » A ce reproche simple et sans aigreur, la nature, dont on avait étouffé la voix dans le cœur de cette enfant, semble se faire entendre, des larmes coulent de ses yeux. Encore un léger effort, et elle revient à la vérité. Au même instant entrent les sieurs Riscle et Latournelle, qui, sans lui demander si elle veut réellement retourner chez elle, lui disent : « Puisque vous ne voulez pas retourner » chez votre père, vous pouvez demeurer ici ; vous y serez » bien couchée et bien nourrie. » On connaît le reste.

A la nouvelle de la rétractation tardive, mais accablante, de Justine, les ennemis de Lafitte n'entrevirent plus de salut qu'en alléguant la captation et en trouvant des témoins qui voulussent en déposer. Ils en réunirent jusqu'à quarante-sept, firent procéder à une information dans la ville et dans le couvent de Gimon ; mais l'accusation n'en demeura pas moins dénuée de preuves et de fondement. Le terrain qu'ils perdaient d'un côté, Lafitte le gagnait de l'autre en pressant devant le sénéchal de l'Ile sa procédure en subornation. Que d'horreurs furent dévoilées ! Elles déterminèrent ce magistrat à décréter de prise de corps la Naudin, Pascal, Latournelle, Riscle, et d'ajournement personnel l'assesseur, le greffier et certains témoins. A leur tour, ils provoquèrent l'application du décret de prise de corps contre Lafitte, que la crainte avait suspendu, qu'une crainte plus grande fit exécuter. Il fut conduit dans les prisons de Toulouse, et eux, par un arrêt surpris sur appel, demeurèrent encore libres.

Restait pour dernière ressource aux accusateurs ce qu'on appelait alors un monitoire. A peine en eurent-ils obtenu la permission, que les portes des différentes églises de Toulouse et de l'Ile-Jourdain furent souillées de placards où respirait tout ce que l'obscénité a de plus révoltant ; il n'y avait pas un mot qui ne compromît la religion, les mœurs, la pudeur publique. Les ministres du Seigneur, arrêtés par le dégoût de ces abominations, ou par la crainte d'éveiller la curiosité, n'osaient les répéter au peuple, et se contentaient d'en balbutier quelques mots seulement pour avoir l'air d'obéir. Un des prêtres de l'Ile-Jourdain eut même le courage de refuser son organe. On fit venir un prêtre étranger, moins scrupuleux sur le danger de publications pareilles ; mais à peine l'écrit révoltant fut-il aperçu dans ses mains, que le peuple en fit justice par une retraite précipitée.

La procédure fut cassée devant le parlement de Toulouse, mais pour recommencer bientôt. La lutte entre Lafitte et ses implacables délateurs se prolongea jusqu'à la révolution. Pendant combien de temps encore aurait duré ce système préventif? Que lui servirent une suite d'avantages obtenus sur ses adversaires? La justice d'alors lui accordait tout, excepté la liberté. Il fallut une révolution et tout un peuple en rumeur pour ouvrir enfin les portes de sa prison.

LE FRÈRE ET LA SŒUR.

Dans le caveau de l'une des anciennes églises de Paris, on lisait gravée sur un marbre tumulaire l'épitaphe suivante :

« Cy gisent le frère et la sœur. Passant, ne t'informe point de la cause de leur mort. Passe, et prie Dieu pour leurs âmes. »

Ce frère s'appelait Gustave, la sœur Amélie de Bertin. Ils étaient les derniers enfants d'un bon gentilhomme des environs d'Amiens, qui avait épousé la fille de l'un de ses voisins de campagne. A voir leur beauté accomplie, on eût dit que la nature avait pris plaisir à les former pour montrer un de ses rares miracles. Leur ressemblance était parfaite, et au dire des auteurs du temps, jamais la Bradamante de l'Arioste ne fut si semblable à son frère Richardet. Le père prit un soin particulier de leur éducation ; il leur fit apprendre à jouer de l'épinette, à danser, à lire, à écrire, à peindre, et leurs progrès dépassèrent toujours les espérances de leurs maîtres.

CAUSES CÉLÈBRES.

Nourris et toujours ensemble, ces deux enfants s'aimaient d'une telle affection, qu'ils ne pouvaient vivre l'un sans l'autre. Satisfaits seulement lorsqu'ils se voyaient, ils se souciaient peu de se trouver avec les autres enfants de leur âge. Ils étaient inséparables, pendant la nuit même, et ils n'avaient qu'un même lit. Cette vie de préférence mutuelle et d'innocent amour se prolongea jusqu'à l'époque où la sœur ayant atteint douze ans et le frère dix, on envoya ce dernier au collége. En se séparant pour la première fois ils versèrent des larmes abondantes. Ce ne fut que sanglots et que soupirs. Leurs parents se félicitaient de ce modèle touchant d'amitié fraternelle.

Gustave, placé au collége d'Amiens, devança par ses progrès rapides tous ses jeunes concurrents. Après quatre années d'études et de succès, son père le fit venir en vacances, et fut fier en le voyant de le trouver si beau, si avancé et déjà si grand. Mais rien n'égalait la joie de sa sœur; elle ne cessait de le presser dans ses bras, de le couvrir de baisers et de caresses. Ces marques de tendresse extraordinaire ne pouvaient être suspectes aux yeux de leurs parents; loin de les modérer, ils les exhortaient à se chérir toujours ainsi l'un et l'autre. Gustave retourna bientôt au collége, et y continua ses études avec le même succès jusqu'au moment où son père le pourvut d'une abbaye.

Quant à la sœur, ses charmes et ses grâces avaient déjà formé autour d'elle une cour d'adorateurs empressés à lui plaire et à demander sa main. Leur mérite, leur âge assorti à celui d'Amélie, touchaient peu le père, homme assez avare. Il donna la préférence entre tous à un de ses voisins,

LE FRÈRE ET LA SOEUR.

fort riche et d'un âge déjà mûr, nommé Dufaucher. Vainement la jeune personne repoussait ses avances et lui faisait subir mille affronts ; il s'obstina. Les refus lui parurent de faux semblants, les larmes des simagrées ; et soutenu du père, il triompha bientôt d'une volonté rebelle.

Le mariage conclu, Gustave fut rappelé pour assister à la cérémonie et aux fêtes. Dès que sa sœur put saisir l'occasion de l'entretenir en secret quelques instants, elle lui dit : « Que je suis malheureuse, mon frère ! passerai-
» je la fleur de mon âge avec un homme que je déteste ?
» Mon père est bien cruel de me livrer ainsi. Conseillez-
» moi, ou j'en serai réduite à me donner la mort. » Gustave chercha d'abord à calmer la violence de ces plaintes en s'y montrant sensible. « Le mal de sa chère Amélie
» était le sien, il éprouvait comme elle une sorte de fu-
» reur. Il détestait la cruauté de son père ; mais sa puis-
» sance était absolue, il fallait fléchir, se résigner, et at-
» tendre dans un avenir prochain quelque dédommagement
» de la fortune. Il ne s'éloignerait plus, et dès qu'elle
» serait mariée avec M. Dufaucher, il ferait chez elle sa
» demeure ordinaire ; il lui était impossible de vivre dés-
» ormais sans la voir. » En achevant ce discours il la tenait étroitement embrassée et scellait par de brûlantes caresses le serment de ne la plus quitter.

Consolée par le témoignage d'un amour qui répondait au sien, Amélie n'hésita plus à obéir à son père. Le mariage avec celui que déjà elle appelait son vieillard lui paraissait une affaire de pure forme ; elle ne montra plus de répugnance à la remplir, et chacun interprétait au gré de ses désirs ou de sa vanité ce retour inattendu. La fête une fois finie, M. Dufaucher emmena sa jeune épouse dans un château voisin de celui de son beau-père. Gustave, déjà très-instruit et en possession d'un bon bénéfice, ne retourna plus au collége. Son unique soin désormais fut de se ménager les moyens de voir souvent sa sœur, et, comme il l'avait promis, d'établir chez elle sa demeure.

Ce dessein n'éprouva que des facilités de la part du beau-frère lui-même. Quoi de plus naturel que ce rapprochement? Sa jalousie aussi y trouvait son compte. C'était un surveillant intéressé à prévenir une faute dans laquelle il aurait sa part de déshonneur. Tout concourait à favoriser entre eux une passion déjà allumée à ce degré où l'ardeur des désirs dérobe la vue du crime et en cache l'horreur. Parfois cependant elle se présentait à l'esprit troublé d'Amélie, qui se révoltait contre elle-même et se faisait honte et pitié. Tantôt elle voulait prier son frère de la fuir ; mais en s'approchant de lui tout son corps frissonnait, la parole expirait sur ses lèvres. Tantôt elle prenait la résolution de s'éloigner en voilant la vérité à son père, et le courage l'abandonait. Souvent aussi la vertu, lui faisant entendre sa sainte voix, ordonnait le combat et semblait promettre la victoire. Était-elle la première qui avait conçu un fol amour? Nulle autre n'avait-elle bravé un impudique regard et triomphé d'une passion incestueuse? Alors sa pensée s'épurait peu à peu. Il ne lui semblait pas que cette passion maudite fût imprimée si avant; elle se flattait de l'effacer. Mais dans cette lutte inégale entre les efforts d'une âme déjà cap-

LE FRÈRE ET LA SOEUR

tive et les accès intermittents d'un repentir qui se faisait illusion, la vertu succombait toujours.

D'ailleurs, lors même que l'incomparable beauté de son frère n'eût pas renversé à chaque instant ses meilleures dispositions, il la séduisait par son esprit et lui prouvait qu'ils n'étaient pas criminels. Empruntant tour à tour ce que le raisonnement a de plus subtil et le sophisme de plus spécieux, il invoquait la loi des temps primitifs et du siècle d'or, où la nature ne connaissait pas toutes ces considérations inventées par les hommes, et citait l'exemple des patriarches et des dieux de l'antiquité. Il ne manquait à l'inceste que d'être rendu public ; tous ses avant-coureurs s'étaient montrés. On les avait surpris ensemble reposant sur le même lit, se cachant dans des lieux écartés et solitaires, mais l'amitié fraternelle servait de voile et d'explication à tout. Personne n'osait concevoir le moindre soupçon, et M. Dufaucher lui-même aurait été le premier à les détourner ; aveuglement fatal qui les fit succomber.

La sécurité dans laquelle se continuait le cours de leurs détestables plaisirs leur faisait négliger les précautions les plus simples. Un soir qu'ils avaient oublié de s'enfermer, une servante ouvrit précipitamment la porte et les surprit. Elle recula d'horreur, fit le signe de la croix et détourna les yeux ; le lendemain elle aborda timidement sa maîtresse, et se permit de lui parler à voix basse du scandale dont elle avait été témoin et du danger auquel elle s'était exposée si un autre l'avait aperçue. Au lieu de l'écouter avec douceur, Amélie joua l'indignation, la traita d'infâme et lui donna son congé. Pour se venger, la servante ne manqua pas d'instruire M. Dufaucher de la cause véritable de la colère de madame et de son renvoi, et l'engagea à se tenir sur ses gardes. Il prit cette révélation pour une calomnie inspirée par le dépit. L'amour qu'il portait à sa femme repoussait aussi l'idée d'une telle dégradation.

Cependant le soupçon avait pénétré dans son cœur; il devint plus attentif à certaines familiarités et ne leur donna plus la même interprétation qu'autrefois; par prudence il interdit à son beau-frère l'entrée de sa maison, lui faisant part des bruits étranges répandus sur son compte, et l'invitant, dans l'intérêt commun de leur honneur, à les dissiper en s'éloignant pour longtemps. Amélie ne résiste pas à cette séparation, et son ardeur insensée s'irrite encore du premier obstacle qu'on lui oppose ; mais pour le vaincre la dissimulation est son unique moyen. Elle contrefait la femme étonnée, s'informe de son mari quelle animosité l'excite contre son frère au point de le bannir du château. Ces questions, quoique adressées de l'air le plus naturel, et les regrets qu'elles exprimaient, changèrent en certitude les soupçons de M. Dufaucher. « Malheureuse, » s'écrie-t-il, votre crime m'est connu. Je devrais vous » en punir tous les deux ; mais je préfère la douceur à la » vengeance, et si vous me jurez à l'instant de vivre d'une » meilleure vie, de demander pardon à Dieu, j'oublie le » passé et je vous accorde le mien. » A ces mots, elle verse un torrent de larmes. « Oui, je suis malheureuse, dit- » elle, mais c'est de l'infamie de vos accusations. Vous » avez cru une servante qui se venge d'avoir été justement

LE FRÈRE ET LA SOEUR.

» punie. Sur la foi de son mensonge, en un moment vous
» m'avez trouvée criminelle de mon amitié pour un frère.
» En le chassant vous nous avez tous trois publiquement
» flétris. » Puis elle protesta de son innocence avec un
ton de sincérité, avec des serments qui auraient convaincu
tout autre qu'un jaloux. Mais le mari persista à ne plus
revoir Gustave, et jura, s'il le rencontrait dans sa maison,
de lui faire un mauvais parti.

Gustave, retiré chez son père, ignorant ces explications et
ces menaces, passait les jours et les nuits dans les tourments de son détestable amour. De son côté, Amélie, dévorée de déplaisir et d'ennui, soupirait après le moment
qui renouerait leur liaison, lorsqu'elle reçut de Gustave
une lettre ainsi conçue :

« Je ne puis vivre plus longtemps loin de toi. Si je ne
» parviens à te parler, à faire cesser ta captivité et mes
» tourments, je n'y résisterai pas. Trouve donc le remède
» à nos maux; mes jours et les tiens en dépendent, chère
» sœur. »

Un valet affidé de son père remit à Amélie cette lettre
de Gustave. Il s'était déguisé, avait feint de venir d'une
campagne éloignée, et, prévenant tous les soupçons, s'était
acquitté le soir même de son message. Il reçut pour toute
réponse de dire à son maître de venir le lendemain vers la
nuit à la porte du jardin, où elle l'attendrait. Gustave
monta à cheval, et le soir même courut au lieu du criminel rendez-vous. Amélie le reçut avec transport, et
après s'être donnés des marques mutuelles de tendresse, ils
délibérèrent sur le moyen de se voir désormais en toute

liberté. Ils convinrent que le jour suivant elle prendrait ses joyaux, et quand tout sommeillerait au château Gustave conduirait son cheval au même endroit, elle monterait en croupe et fuirait avec lui dans quelque province éloignée, où, sous d'autres noms, ils passeraient inconnus, mais heureux, le reste de leur vie.

L'exécution de ce dessein ne rencontra aucun obstacle, et un voyage même du mari le favorisa. Le lendemain les domestiques, étonnés de ne plus voir leur maîtresse, se livrèrent à mille conjectures et à mille recherches. M. Dufaucher, de retour quelques jours après, courut chez son beau-père et l'interrogea, mais sans succès. Nul ne lui donnait des nouvelles d'Amélie; mais quand il sut que Gustave était absent, il se douta aussitôt de la vérité. « Il » ne pouvait la dissimuler plus longtemps, dit-il à son » beau-père. Vainement il avait refusé d'y croire et par- » donné; les misérables s'étaient joués de sa confiance et » de sa générosité. Ils l'avaient rendu la fable et la risée » de tout le monde. Endurcis dans le crime et perdus sans » retour, c'était pour lui un devoir de les dénoncer à la » justice. »

A cette menace terrible le malheureux vieillard tombe dans le désespoir le plus violent, qui s'exhale tour à tour en plaintes amères, en imprécations entrecoupées de sanglots. Il s'arrache les cheveux, il gémit sur sa destinée, sur celle de ses malheureux enfants, sur leur crime, et maudit le jour qui les a vus naître. Leur mère évanouie inspire de vives alarmes, le château retentit partout de gémissements. La clameur publique, soulevée dans le pays, répand

LE FRÈRE ET LA SOEUR.

jusqu'aux provinces voisines le bruit de cette scandaleuse aventure. Chacun en parle diversement; les uns, indulgents ou incrédules, ne peuvent y ajouter foi et expliquent cette disparition par les rigueurs de M. Dufaucher, par le dévouement d'un frère qui aura voulu soustraire sa sœur aux traitements indignes d'un mari jaloux. Les autres soutiennent, au contraire, que le mystère de leur fuite les accuse, et dans l'excès même des précautions trouvent la preuve de l'infamie.

Tandis que la douleur et l'indignation se partagent les esprits, les deux fugitifs parcourent les villes et les provinces sans être connus de personne. Ils passent successivement dans l'Anjou, dans le Poitou, dans la Bretagne. La crainte d'être découverts les force de changer de lieu à chaque instant, et les tourments de cette vie errante commencent déjà leur punition. Enfin la capitale leur semble l'asile le plus sûr, et ils courent s'y réfugier. Quelque temps, en effet, confondus dans cette foule, ils échappent à tous les regards, à toutes les recherches que M. Dufaucher avait sollicité ses amis de multiplier sur tous les points de la France. Impatient de leur inutilité, il arrive lui-même à Paris, met en œuvre toutes les polices, et lorsque, désespérant du succès, il s'apprêtait à regagner sa triste demeure, un de ses amis vint l'avertir qu'il croyait avoir aperçu son beau-frère et découvert le lieu de sa retraite. Il prévient le commissaire de police et le conduit à l'endroit désigné.

Il était nuit, et la porte du logis se trouva fermée. Le commissaire se fait connaître, et après s'être informé de

CAUSES CÉLÈBRES.

la chambre où logeait un jeune gentilhomme avec une jeune demoiselle, il monte accompagné d'un certain nombre de sergents. Il frappe, et l'on fait d'abord quelque difficulté d'ouvrir, parce qu'ils étaient couchés; sur la menace d'enfoncer la porte, on obéit. Amélie était dans le lit et Gustave à demi habillé. Le commissaire les ayant déclarés prisonniers au nom du roi, la fait lever, et tous deux sont conduits au Châtelet? Le mari apporte le lendemain l'information à laquelle on avait déjà procédé sur sa plainte, et l'instruction se poursuit.

Amélie était enceinte. On lui demande de qui; car, absente depuis huit mois et enceinte de quatre seulement, elle ne pouvait dire que c'était de son mari. Elle garde d'abord le silence, veut le rompre et se trouble, balbutie quelques mots, enfin elle nomme un valet de son mari. Le valet interrogé démontre bientôt son innocence. Jamais néanmoins elle n'accuse Gustave. Après tant de preuves et d'indices manifestes, la justice n'eut pas de peine à les convaincre, et tous deux furent condamnés à perdre la tête. Mais avant d'exécuter la sentence, les juges veulent attendre qu'Amélie soit délivrée de son enfant.

Lorsque le jugement leur eut été signifié, ils en appelèrent à la cour. Les amis de la famille poursuivirent leur acquittement avec chaleur. Le père lui-même prit fait et cause, allégua la cruauté de son gendre envers sa fille, la nécessité pour son fils d'intervenir, de la protéger, et enfin le droit de pourvoir à sa sûreté en l'emmenant. De victime qu'il était, transformé tout à coup en calomniateur et en accusé, M. Dufaucher ne garda plus de

LE FRÈRE ET LA SOEUR.

mesure, accabla les coupables par de nouvelles preuves, et montra l'inceste et l'adultère plus clairs que le jour. L'arrêt d'appel confirma la sentence du Châtelet.

M. de Bertin alla se précipiter aux pieds de Henri IV et implorer sa clémence. A la vue de cette tête blanchie par les ans, abattue par la douleur, s'humiliant, se prosternant jusqu'à terre, de ce malheureux gentilhomme fondant en larmes et poussant de lamentables plaintes, le bon roi fut vivement ému. « Pauvre père, lui dit-il, levez » vous ; dites le sujet de votre deuil, j'y remédierai si je » puis. — Hélas! sire, je vous demande la vie de mes » enfants près d'être exécutés. Que votre miséricorde les » sauve! — Je leur donne la vie, reprit le roi, s'il y a la » moindre apparence qu'ils la méritent. » Puis, comme il voulait s'informer de la cause de leur condamnation, un seigneur de sa suite la lui apprit en peu de mots : « Mon père, dit alors le roi d'une voix attendrie et avec » l'accent du regret, le crime est trop grand, je ne sau- » rais le pardonner devant Dieu ni devant mon peuple ; » tous deux m'en demanderaient compte. » La justice allait avoir son cours, M. de Bertin le comprit, et il ne lui resta plus qu'à s'abandonner à toute la douleur d'être père.

L'arrêt prononcé aux coupables, on les invita à se confesser. « Courage, mon frère, dit Amélie ; puisqu'il faut » mourir, sachons le faire. Nous l'avons mérité ; avouons- » le avec repentir, Dieu nous pardonnera. » Ensuite, se retournant vers les juges : « Hélas! messieurs, votre sen- » tence est justice ; envoyez-moi au supplice le plus rigou-

» reux, mais donnez la vie à mon frère ; il est plus jeune
» que moi. J'ai fait tout le mal, j'en dois seule être pu-
» nie. » Elle voulait continuer, mais déjà remis entre les
mains du bourreau, ils allaient être conduits à la place de
Grève, où ils devaient être exécutés.

Le peuple, à son ordinaire, s'empressa de courir à un
spectacle dont une réunion de circonstances rares redoublait pour lui l'intérêt. Enormité du crime, jeunesse
et beauté des coupables, rien ne manquait pour l'attirer
en foule. Amélie parut la première sur l'échafaud avec
une résolution qui frappa tout le monde d'étonnement. Sa
figure si noble et si belle fixa les regards et émut tous les
cœurs ; les larmes coulaient autour d'elle ; mais ferme,
inébranlable, sans changer de couleur, comme si elle eût
joué un rôle étudié et non une tragédie véritable et sanglante, après avoir jeté avec une assurance calme ses yeux
de tous côtés, elle les éleva au ciel, joignit les mains et
adressa à Dieu une fervente prière. Lorsqu'elle l'eut terminée, elle détacha son agrafe sans permettre au bourreau de la toucher, ôta son fichu et se mit à genoux.
L'exécuteur lui banda les yeux, et comme elle recomman-
dait son âme à Dieu, abattit la tête d'un seul coup. En
retirant le corps, l'un des valets le découvrit à demi et
laissa voir sa gorge ; les assistants s'indignèrent, et pour
faire justice de son valet, le bourreau le poussant du
pied le précipita du haut de l'échafaud.

La pitié qui tenait encore l'assemblée sous ses puissantes émotions redoubla à la vue du frère. Il pouvait
avoir vingt ans ; une barbe naissante couvrait à peine ses

LE FRÈRE ET LA SŒUR.

joues ; sa parfaite ressemblance avec sa sœur en rappelait toute la beauté. Quand il aperçut là, devant lui, cette tête si chère séparée du corps encore palpitant et exposé sur l'échafaud, il perdit connaissance, on crut un moment que sa vie s'échapperait sans attendre le glaive du bourreau. Puis, revenu un peu à lui-même, il s'efforça de proférer d'une voix à demi éteinte quelques paroles inarticulées. Cependant, après qu'on lui eut ôté son pourpoint et préparé les cheveux, il sembla reprendre de la force et s'agenouilla. Le bourreau voulut lui bander les yeux, il ne le souffrit pas, et on l'entendit lui dire : « Frappe seulement ; tu as vu » le courage de ma sœur, je suis son frère. » Il ne put achever, la nature défaillante trahissait l'effort de son âme luttant contre les remords et les regrets. L'exécuteur fit voler la tête, et recueillis par la famille, leurs corps furent emportés et enfermés dans le même tombeau.

L'ARTISTE.

« Seigneur Matéo, vous ne me tiendrez pas rigueur.
» Ne soyez pas un intendant si sévère, et je serai un visi-
» teur reconnaissant et discret. Que servent dans votre ma-
» gnifique villa tant de riches trésors de l'antiquité, tant
» de vases, de statues, de marbres, d'objets de toute es-
» pèce, s'ils sont éternellement dérobés aux regards? Le
» cardinal Albani m'a désigné cette collection comme une
» des premières d'Italie. J'ai quitté Rome exprès pour
» jouir d'un spectacle dont je suis enthousiaste. Me
» l'interdirez-vous? serez-vous inflexible à ma prière?
» Que vous êtes heureux de vivre ainsi au milieu des
» beautés exquises de l'art!

» —Je vous l'ai déjà répété souvent, illustre voyageur,
» reprit Matéo : désobéir m'exposerait à une disgrâce.
» Nul étranger n'a jamais franchi le seuil de l'enceinte
» où s'accumulent depuis tant d'années les objets de vos
» études et de votre ardente curiosité. — Ah! reprit le
» voyageur, si vous pouviez me comprendre, vous cé-

» deriez. » Et pour corrompre l'inflexible intendant, il offrit quelques bouteilles de vin de Toscane et une douzaine de pièces d'or. « Eh bien, ce soir trouvez-vous à » l'entrée du jardin, je ferai en sorte de vous introduire. »

Ils en étaient là de leur conversation, lorsqu'un domestique vint annoncer à l'intendant l'arrivée de son jeune maître. Matéo s'éloigna, laissant l'étranger plein d'espoir et de crainte. « Il allait donc enfin compléter son » voyage, ses études, ajouter encore de belles pages » à son œuvre ! Elle serait toujours quelque chose d'in- » achevé tant qu'il n'aurait pas pénétré dans ce sanctuaire » mystérieux. Là, sans doute, il trouverait quelques-uns » de ces débris de la Grèce et de Rome dont la décou- » verte est toute une fortune pour l'artiste. Mais si Ma- » téo ne tenait pas sa parole, il faudrait quitter l'Italie » sans connaître une de ses merveilles. » Ainsi, après toutes les richesses étalées à ses regards, soumises à son génie observateur, l'imagination lui créait encore un petit monde idéal de médailles frustes, de fragments de bronze ou d'autres objets précieux, et le rendait plus malheureux de ce qu'il ignorait qu'il n'est devenu célèbre par ce qu'il a écrit.

Ce voyageur enthousiaste, cet artiste passionné était Winckelmann, le célèbre antiquaire. Au moment de quitter Rome pour retourner en Allemagne, et comme il prenait congé du cardinal Albani, le prélat lui avait fait un pompeux éloge de la villa Polastro, sans pourtant l'avoir visitée jamais, et sur la seule foi de la renommée. Il ignorait les ordres rigoureux qui en défendaient l'entrée, le mystère qui enveloppait la vie de ses possesseurs, les richesses enfouies là pendant plusieurs générations, enfin les récits ou sinistres ou bizarres qui s'attachaient à cette demeure. Dès son arrivée le savant avait tout recueilli, mais ne s'était pas découragé; après bien des essais, bien des promenades à l'aventure autour du parc, il était enfin parvenu au point où nous l'avons laissé avec Matéo. L'amour fervent de l'art allait être couronné de succès.

Comment donc tant d'obstacles arrêtaient-ils, dans un coin de l'Italie, aux environs de Mantoue, celui auquel Rome avait été fière d'ouvrir les trésors de toutes ses antiquités? Quelle cause faisait d'une précieuse galerie une retraite impénétrable?

Lorsque Doria voulut imposer sa dictature à Gênes, il trouva une vive résistance dans quelques-uns des magnifiques seigneurs de la république. Pour les vaincre il fallut les bannir. L'exil leur sembla préférable à la domination de celui qu'ils avaient vu à peine leur égal. Ils transportèrent ailleurs leurs biens et leur influence. La liberté les dédommagea quelque temps du sacrifice qu'elle leur avait inspiré. Mais lorsque Doria eut affermi son autorité, il fallut choisir entre la cour du nouveau maître avec tout son cortége de servitude, ou l'indépendance renfermée dans l'enceinte étroite de quelques palais; se résigner à des conspirations sans fruit, distraits seulement par les femmes ou par le jeu.

Parmi ces nobles familles expatriées, celle des Polastro fut inflexible; elle n'avait pas fui d'abord pour se courber plus tard sous le joug de Doria; elle aima mieux s'isoler que ramper. Bientôt le repos lui pesa. Ces natures ardentes

L'ARTISTE.

et vigoureuses, longtemps exercées à la lutte, cherchèrent dans le mouvement des passions ce que les rivalités politiques ne leur offraient plus. Cette surabondance de vitalité produisit d'autres passions. Les choses nobles et héroïques étaient défendues ; les situations véhémentes y suppléèrent. Les insouciants se tournèrent vers les femmes, les hommes forts se livrèrent au jeu ; ils y retrouvaient la crainte et l'espérance, les plus grands mobiles du cœur humain.

La famille de Polastro était donc une famille de joueurs. La passion originelle, transmise de père en fils et comme léguée avec l'héritage, en avait fait une race toujours malheureuse, souvent coupable. A l'époque du voyage de Winckelmann, cette antique souche était réduite à un vieillard plus que sexagénaire et à son petit-fils Cinelli, jeune seigneur de vingt-cinq ans. Cependant cette tradition d'erreur et de folie semblait s'être rompue, soit qu'une fortune à demi dévorée ne fournît plus assez d'aliment à la passion, soit qu'un sang affaibli par degrés lui eût donné le temps de se refroidir.

Le tourbillon avait bien d'abord emporté les premières années du marquis de Polastro, et il avait subi l'influence fatale. On l'avait vu aussi, comme ses ancêtres, penché sur les tables où roulait l'or, l'œil inquiet, la poitrine oppressée, le corps agité de convulsions, le cerveau transporté de fureur jusqu'au suicide ; mais la mort subite de son père, arrivée, dit-on alors, en pays étranger, arrêta la sienne. Une révolution s'opéra tout à coup ; la solitude succéda au monde, l'étude à la dissipation et aux sarcasmes moqueurs contre les savants, l'avarice à la prodigalité. Plus de domestiques de luxe, plus de brillants équipages ; toutes les propriétés furent vendues, à l'exception de celle dont l'entrée excitait les désirs de Winckelmann. Une vieille gouvernante et son mari, à la fois intendant et concierge, composèrent désormais sa maison.

Les censeurs autrefois avaient tonné contre ses folles dépenses ; ils crièrent après sa sordide parcimonie, et ne lui pardonnèrent pas d'avoir en un jour franchi l'intervalle qui sépare les deux extrêmes. Aussi, que de contes sur son trésor, sur ses sequins entassés ! « Jadis, se di-
» saient les Mantouans, il passait les nuits dans les mai-
» sons de jeu; maintenant il rôde autour de sa villa, prêt à
» tuer le téméraire qui osera s'en approcher. Au-dessous
» du pavillon superbe où sont rassemblés les tableaux et
» les statues, est une cave, il s'y rend tous les soirs
» pour retourner son or et fondre en lingots son argent.
» Le vieux Matéo l'a épié plus d'une fois, et en prêtant
» une oreille attentive, il a entendu le bruit de cet or remué
» chaque soir. Il en doit posséder une quantité immense.
» C'est là son unique pensée. Voyez, ajoutaient-ils,
» comme il est devenu maigre depuis sa conversion ; pâle,
» mal vêtu, les cheveux en désordre, il ressemble à un
» spectre. Voilà où l'ont réduit les terreurs du vol. Est-ce
» bien l'aïeul de ce jeune Cinelli, la fleur des seigneurs
» de Mantoue, si spirituel, si instruit, si brillant, qui
» donne le ton à Vérone et à toute l'Italie par son bon goût,
» son élégance exquise, qui fait le tourment de bien des
» jeunes filles, en attendant qu'il consente à faire le
» bonheur d'une seule ? »

L'ARTISTE.

Ce dernier portrait était celui du jeune cavalier dont le domestique était venu annoncer l'arrivée à Matéo au moment même où, séduit par le vin et par l'or, il réitérait à Winckelmann la promesse si désirée. Le soir venu, le savant ne manqua pas au rendez-vous, et par une petite porte laissée à dessein entr'ouverte pénétra dans le parc. Il s'achemina vers le pavillon, espérant y rencontrer son guide. Toutefois, incertain de sa route sous l'ombre épaisse du bois, il aima mieux s'arrêter un moment. Au moindre frémissement des feuilles agitées par le vent, il s'imaginait entendre les pas de Matéo. Un quart d'heure s'était écoulé, il ne paraissait pas; Winckelmann tressaillait d'impatience. Enfin un bruit vint frapper son oreille; c'était bien le retentissement de quelques pas. Il regarde et redouble d'attention; le rayon d'une lumière douteuse sillonne l'obscurité et se perd aussitôt. Appellera-t-il? révélera-t-il sa présence par quelque signal? Pendant ces rapides hésitations, la lumière se montre encore, et éclaire à demi une sorte de fantôme couvert de longues draperies; il frémit, ne peut en croire ses regards, s'imagine qu'ils sont troublés de quelque illusion fantastique.

Cependant le fantôme chemine, semble marcher vers lui, change bientôt de direction et s'évanouit. Tout ce que l'illustre voyageur avait recueilli de bruits populaires se représente à son esprit. N'est-ce pas le vieillard qui fait sa ronde autour du pavillon et s'assure qu'il est seul avant de s'y renfermer? Y a-t-il sécurité à demeurer? Mais où fuir?... L'apparition subite de l'ombre, qui semble revenir sur ses pas, le jeta dans un nouveau trouble. Cette fois ce n'était plus une erreur ; il distingua clairement un vieillard, des cheveux en désordre, une barbe blanche et longue, un manteau rouge couvrant à peine sa nudité, des yeux fixés vers la terre. Mais ses mains n'étaient point armées ; il portait seulement une lanterne sourde, et sans donner la moindre attention à ce qui l'entourait, s'avançait lentement comme accablé sous le poids d'une sombre pensée. Que redouter de ce spectre impuissant ? Winckelmann se rassure ; la curiosité l'excite, il n'hésite pas à le suivre de loin avec précaution.

Bientôt il arriva au bout de l'allée ; un espace vide et de quelques pas la séparait d'un bâtiment dont les formes se dessinaient à peine dans l'ombre. La lumière apparaît tout à coup plus élevée ; le vieillard avait monté des marches ; il ouvre une porte qu'il ne referme même pas, entre et allume une lampe suspendue au milieu de la salle. Dans le fond, une antique armure, un tableau mal éclairé se montraient vaguement à l'œil attentif du savant. Il allait approcher, lorsque tout à coup s'élance dans cet appartement une personne qu'à sa vivacité et bientôt à ses traits il reconnaît pour un jeune homme. « Grands dieux ! s'écrie
» le vieillard d'une voix émue dont tous les accents retentissent au dehors, vous ici, mon fils ? mais je vous avais
» enfermé dans votre chambre ; j'en avais emporté la
» clef... la voici... qui vous a ouvert ?... — Personne,
» répondit le petit-fils. — A moins de vous précipiter par la
» fenêtre... — Je m'y suis précipité. — Malheureux ! de
» trente pieds ! à quoi vous exposiez-vous ? — A périr ;

L'ARTISTE.

» et plût au ciel qu'en retournant au palais vous eussiez
» heurté expirante à vos pieds la victime de vos cruels
» refus! Y persistez-vous toujours? — Mais, Cinelli, la
» fureur vous aveugle; croyez-en votre père, le seul argent
» que j'ai, je le partage avec vous, je n'en possède pas
» d'autre. — Vous me trompez, vos richesses sont ici, on
» me l'a dit... vous les entassez dans ce pavillon. Allons,
» ne dissimulez plus; il me faut de l'argent, ou je suis
» déshonoré. Vous ne l'ignorez pas, je vous l'ai répété
» mille fois ce matin, les dettes du jeu sont sacrées; mon
» existence, mon mariage, tout est compromis, tout est
» perdu, ô mon père! Eh bien, oubliez mes emporte-
» ments, écoutez ma prière; j'embrasse vos genoux...»
Et Winckelmann l'aperçut qui se jetait aux pieds du vieillard; il distingua comme des gémissements et des sanglots: un silence de quelques moments succéda à cette agitation.

« Cinelli, reprit Polastro tout ému et cherchant à
» le relever, j'en atteste Dieu, notre unique témoin,
» je le jure devant lui, on vous a trompé, je n'ai
» point de trésor. — Mensonge, mille fois mensonge!
» s'écria le fils en se redressant avec fureur. Votre or est
» là quelque part; désignez-moi l'endroit, ou vous me
» forcerez...» Il avait saisi le bras du vieillard. « Enfant,
» que prétends-tu?...» Cinelli porte la main à sa poitrine et en tire un poignard; le père se rejette en arrière, et du bras laissé libre saisit un vieux glaive rouillé. L'un ou l'autre allait frapper; immobile de surprise et d'effroi, Winckelmann respirait à peine.

CAUSES CÉLÈBRES.

« Eh bien, dit le père en lançant au loin l'arme qu'il
» tenait, Cinelli, je vais te satisfaire; aide-moi seu-
» lement... » Ils soulevèrent, au milieu du salon, une
table oblongue fermée de tous côtés et semblable à un
couvercle en bois; au-dessous était une boîte en forme de
cercueil. « C'est donc là vos trésors? s'écria Cinelli; pour-
» quoi, mon père, me l'avoir caché si longtemps?—Écoute,
» dit le vieillard, calme ton impatience pendant quelques mi-
» nutes encore, laisse-moi t'apprendre un événement...—
» A quoi bon? c'est un subterfuge, il n'est plus temps de
» reculer... je pars dans la nuit, demain de bonne heure
» il faut payer... point de discours... Et il trépignait
» d'impatience. — Deux mots seulement; je t'en supplie
» à mon tour, lui dit le père, ne me refuse pas. — Eh
» bien, parlez donc.

» — Moi aussi, j'ai été joueur; moi aussi, j'ai eu un
» père et un créancier inexorable; moi aussi, je lui ai
» demandé de l'argent et il m'en a refusé. Nous étions
» sur le chemin de Rome; je l'ai tué, j'ai été parricide;
» deviens-le à ton tour, Cinelli! — Quelle horreur! vous
» m'en imposez, mon père; le vôtre est mort à l'étranger.
» — Eh bien donc, prends mon trésor, je te l'abandonne;
» lève ce couvercle... » D'un mouvement précipité, d'un
regard avide, le fils le soulève... Que voit-il?... un cadavre. Il jette un cri, Winckelmann le répète involon-
tairement. « On nous a entendus, » dit le vieillard. Cinelli
sort tout égaré du salon et en descend les marches; le
bruissement des feuilles indique l'endroit où l'artiste cherchait en vain à se cacher. Il est déjà sous une main vigou-

L'ARTISTE.

reuse qui l'étreint; mille questions le pressent : « Qui
» es-tu? d'où viens-tu? qui t'a placé là? qu'as-tu vu?
» qu'as-tu entendu?

» — Le hasard m'a fait entrer dans le parc; je m'y
» suis égaré; je n'ai rien vu, rien entendu; je suis un
» artiste qui voyage, je me nomme Winckelmann. Ai-
» dez-moi à retrouver ma route.—Vous Winckelmann? »
A ce nom Cinelli s'arrêta respectueusement et parut réfléchir. « N'importe, reprit-il bientôt avec vivacité; d'ici
» on aperçoit tout dans le salon; vous avez vu. D'ici l'on
» doit tout entendre; vous avez entendu. Silence éternel,
» ou vous périrez. Jurez-moi de vous taire, j'en croirai la
» parole d'un grand artiste. » Winckelmann la donna; alors
Cinelli le conduisit rapidement à la petite porte par laquelle il était entré, et le lendemain il reprenait la route
de Rome.

Quelque temps avant son excursion à Polastro, Winckelmann avait arrêté le jour de son départ définitif pour l'Allemagne; car il avait adressé à un de ses amis de Bâle la
lettre suivante :

« Je n'ai le temps, mon cher Meckel, que de vous
» écrire deux mots. Je vous annonce mon voyage en Al-
» lemagne; je compte partir de Rome le 8 avril, en com-
» pagnie de M. Cavaceppi, et j'espère par conséquent être
» chez vous l'automne prochain, *avec toute ma gaieté.* »

Le 10 avril, il quitta Rome avec le sculpteur Cavaceppi,
traversa rapidement Lorette, Bologne et Venise. Autrefois il avait montré partout une joie d'enfant, soit qu'il
explorât plusieurs bibliothèques curieuses ou de riches

galeries, soit qu'il admirât les belles campagnes de la Lombardie vénitienne... Maintenant sa course était sérieuse et triste ; le bonheur de revoir sa patrie ne l'entraînait plus vers l'Allemagne, comme il l'avait écrit à son ami Meckel ; une pensée terrible et dominante semblait le chasser de l'Italie. Mais une visite indispensable devait le retenir quelques jours à Vérone ; la reconnaissance l'exigeait.

Bien des années auparavant, et quand Winckelmann était fort jeune encore, il s'était passé sur les bords du Rhin, près de Francfort, une scène qui expliquera l'obligation presque sacrée pour l'artiste de s'arrêter à Vérone. Vers la fin d'une journée d'été, deux dames en voiture ordonnaient à leur cocher d'arriver le plus vite possible jusqu'à un homme qu'elles avaient aperçu sur la rive du fleuve le cou nu et le rasoir à la main. Une fois près de lui, elles descendent et s'écrient : « Malheureux ! qu'allez-» vous faire? — Me raser... » répond en se retournant froidement cet homme. C'était un jeune et pauvre voyageur, un étudiant aventurier comme il s'en rencontre assez souvent sur les routes de l'Allemagne ; il avait été chef de chœur d'étudiants, maître d'école et recteur de village. Il raconta avec une grâce naïve à ces dames comment, ennuyé d'enseigner le latin et le grec, poussé par un instinct secret et irrésistible, il avait formé la résolution de se rendre à Paris. Dénué de ressources, mais soutenu par un grand courage, il avait entrepris le voyage à pied, sans autres provisions que celles renfermées dans un vieil havre-sac de toile qui déjà deux ou trois fois avait fait le tour de l'Europe avec ses ancêtres. Bien-

L'ARTISTE.

tôt des obstacles de toute nature l'avaient arrêté : la guerre, le défaut d'argent, l'incertitude du lendemain. Il revenait sur ses pas, et avant de se présenter dans la ville et d'y solliciter quelque place nouvelle, il voulait paraître dans un équipage décent, avec un air de propreté et une barbe fraîche. Ces dames l'avaient surpris à sa toilette. Les rires recommencèrent de nouveau ; la plus âgée offrit de l'argent, la plus jolie griffonna au crayon une recommandation pressante pour un ami ; et elles s'éloignèrent en lui souhaitant prospérité.

Winckelmann, car c'était lui, était alors, comme on le voit, au début de sa vie d'artiste ; fils d'un cordonnier de Stendalh, ce rejeton sauvage, ainsi qu'il s'appelait lui-même, avait une âme sensible et noble. Le souvenir de ce trait généreux, qui décida peut-être de sa destinée et nous a donné l'historien le plus éloquent de l'art, resta profondément gravé dans son cœur. Le sort de la jeune femme l'intéressait, l'inquiétait toujours, lorsqu'il apprit qu'elle avait épousé le sénateur Ambroise Speroni, et habitait Vérone. Il se serait accusé d'ingratitude si, avant de quitter l'Italie, il n'avait pas visité sa bienfaitrice. Il la vit donc, non plus avec ce plaisir qu'il s'était promis, mais avec un air de préoccupation et de tristesse dont rien ne semblait le distraire. Vainement madame Speroni et sa fille furent-elles prodigues de soins et d'attentions, le front de l'artiste portait toujours la soucieuse empreinte d'un ennui extraordinaire. Elles ne pouvaient en pénétrer la cause. Tantôt elles imaginaient quelque fête, tantôt elles l'initiaient à la confidence de leurs joies intimes, de leurs projets, de leurs espérances. Il était question alors d'un mariage ; la jeune fille exaltait les qualités de celui auquel elle avait juré de s'unir, de celui sans lequel elle ne saurait vivre. « Oui, monsieur Winckelmann, s'écriait-elle avec » l'accent de la résolution, oui, je mourrai si mon père » s'obstine dans ses refus et ajoute foi à toutes les inven- » tions de la calomnie. »

Le savant souriait : « Mourir ! lui dit-il ; et pour pro- » noncer ce mot, vous choisissez le moment où l'amour » vous anime de tout ce que la vie a de plus énergique. » Vous vivrez, vous serez heureuse ; vous le méritez... » Mais quels jaloux, quels méchants ont jeté la défiance » dans l'âme du seigneur Speroni ? Quel gentilhomme » eût attiré vos regards et fait battre votre cœur s'il n'en » eût été digne ? Sa naissance, ses qualités, je n'en doute » pas, égalent ses agréments. — Oh ! oui, répondit avec » une douce émotion la jeune comtesse, qui tenait un » crayon à la main et semblait, à travers les carreaux de » la fenêtre, copier quelque chose qui avait fixé son at- » tention, mon père n'a jamais voulu croire que la beauté » des traits annonçait une belle âme. En partant pour » Dussau, il nous a défendu de le recevoir. Mais, par bon- » heur, il est permis de regarder dans la rue ; il y passe » quelquefois... Tenez, il y est maintenant ; c'est lui que » je dessine ; regardez et jugez vous-même. » Winckelmann se lève, se tourne vers la rue : « Ah ! » s'écrie-t-il aussitôt avec un mouvement d'effroi. Il s'approche de la fenêtre ; un beau jeune homme faisait piaffer son cheval ; il le fixe et quitte précipitamment ces dames.

L'ARTISTE.

Arrivé sur la place, Winckelmann s'approcha du cavalier, suivit quelques instants le pas du cheval, et à la vue même de la comtesse et de sa fille, échangea quelques paroles, après lesquelles ils disparurent tous les deux. Le soir parut long à venir à ces dames; elles attendaient avec impatience l'explication d'un entretien auquel elles avaient trouvé un air mystérieux : leur ancien ami ne reparut pas. Surprises et inquiètes, elles envoyèrent à son hôtellerie. Winckelmann avait déjà repris sa route avec M. Cavaceppi sans dire adieu à celles qui lui montraient tant d'amitié et auxquelles il avait voué tant de reconnaissance.

D'où venait cette disparition subite? Pourquoi, au moment du départ, comme ces dames l'apprirent à l'hôtellerie, laissa-t-il éclater les symptômes d'une bizarrerie qui annonçait déjà un grand désordre d'esprit? de la colère, de la joie, des ordres sans suite; d'abord le Tyrol, puis Rome, enfin Berlin pour but de son voyage; en un mot, mille choses contradictoires. Chacun à sa manière voulut interpréter ces signes d'une aberration apparente. Était-ce le génie troublé par la contemplation, par l'enivrement de ses propres œuvres et tout à coup arrêté dans sa marche? Était-ce l'impression toujours croissante de la terrible scène dont il avait été le témoin et de la menace qui l'avait suivie? Le cavalier dont l'aspect imprévu lui avait arraché un cri n'aurait-il pas été Cinelli lui-même, et dans cet échange de quelques paroles, ne s'en serait-il pas rencontré d'effrayantes et qui auraient fait succéder à la rêverie sombre une inquiétude voisine de la folie? Son compagnon de voyage pouvait seul pendant une route prolongée et à travers des entretiens intimes, surprendre la vérité qui échappait à tout le monde.

Les annales italiennes ont conservé le journal de ce compagnon de Winckelmann; il prouve le soin affectueux avec lequel il étudiait l'inexplicable voyageur et s'efforçait de détourner un mal dont le progrès l'alarmait.

JOURNAL DU VOYAGE DE M. CAVACEPPI,
Sculpteur romain.

« Nous partîmes de Rome, l'abbé Winckelmann et
» moi, le 10 avril 1768, dans l'intention de faire un tour
» en Allemagne; lui, avec le projet de veiller de plus près
» à la traduction de son principal ouvrage dans une lan-
» gue plus universelle; et moi, uniquement pour voir de
» nouveaux pays et de nouvelles choses.
» Nous prîmes notre route par Lorette et Bologne,
» Venise et Vérone; nous fîmes chacun nos observations
» suivant la diversité de nos goûts et de nos professions.
» De là nous gagnâmes le Tyrol par les Alpes. Pendant
» que nous avancions dans le golfe des montagnes, je re-
» marquai tout d'un coup que Winckelmann changeait
» de visage; il me dit alors d'un ton pathétique : « Voyez,
» mon ami, quel horrible aspect! quelles terribles hau-
» teurs ! » Peu de temps après, lorsque nous étions déjà
» sur le territoire allemand, il s'écria encore en m'adres-
» sant la parole : « Quelle pauvre architecture ! voyez ces
» toits comme ils sont terminés en pointe ! » Et il dit cela

» avec tant de véhémence, que ses paroles en exprimaient
» le dégoût.

» D'abord je croyais qu'il plaisantait ; mais voyant qu'il
» parlait sérieusement, je lui expliquai que la hauteur des
» montagnes avait quelque chose de grand qui me char-
» mait ; que quant à la façon pyramidale de bâtir, elle
» aurait dû plutôt me choquer, moi, qui suis Italien, que
» lui, qui est Allemand. Au surplus, ajoutai-je, il faut ju-
» ger de ces choses avec plus de circonspection, attendu
» que, dans un climat où il tombe beaucoup de neige, ces
» sortes de toits sont indispensablement nécessaires. Je
» pris aussi la liberté de lui faire observer qu'il ne seyait
» pas bien à un philosophe comme lui de montrer tant de
» délicatesse. Pour tâcher de l'égayer, je lui citai quelques
» épigrammes de Catulle contre ses mouvements bizarres
» d'humeur, mais le tout en vain. Il me dit qu'il n'y avait
» plus de repos pour lui s'il continuait à voyager, et il
» chercha à me persuader de retourner en Italie.

» Au milieu de ces discours désordonnés, nous arrivâ-
» mes à Augsbourg, d'où, sans y faire un long séjour,
» nous partîmes pour Munich. Pendant toute la route,
» mon compagnon de voyage n'avait pas discontinué de
» me tourmenter par sa *mélancolie indéchiffrable*, si bien
» que je croyais quelquefois qu'il était devenu fou. Cepen-
» dant j'employai tout au monde pour lui relever le cou-
» rage. Je le priais, je me fâchais, le tout inutilement : le
» refrain à chacune de mes remontrances était toujours :
» *Tormiano a Roma*, retournons à Rome.

» A Munich, Winckelmann reçut des honneurs propor-

» tionnés à son mérite ; on lui fit présent d'une belle pierre
» antique, gravée en creux, qui lui fut très-agréable ; mais
» ces distinctions ne dissipèrent point les vapeurs noires
» qui offusquaient son esprit ; toujours plongé dans un
» morne chagrin, il m'accompagnait comme un criminel. »

Un tête-à-tête aussi triste ne pouvait plus guère se prolonger, on le conçoit ; tous les efforts pour ramener à la raison un esprit qu'il croyait frappé d'égarement avaient échoué. La tâche du sculpteur lui paraissant consciencieusement accomplie, à Vienne il se sépara de Winckelmann, ne voulant pas rétrograder jusqu'à Rome, où celui-ci persistait à revenir, comme dans le seul asile qui lui restât. Dominé d'ailleurs par l'ascendant d'une terreur continuelle, il reprit enfin le coche pour se rendre seul à Trieste. Il est vrai de le dire aussi, l'image de cette jeune fille qui allait épouser un joueur et un assassin le poursuivait. Pensait-il à lui révéler la vérité ? en aurait-il le courage ? N'eût-il pas mieux valu pousser jusqu'à Dussau, où se trouvait le comte Speroni, et là, en excitant la sollicitude paternelle, lui donner le moyen de désabuser sa fille, de l'enlever au péril dont sa passion la menaçait ?

Comme il approchait de Trieste, un de ses compagnons de voyage entra en conversation avec lui, et instruit sans doute à l'avance du caractère, des goûts de Winckelmann, hasarda quelques paroles sur les beaux-arts. Ce début suffit pour le séduire, et bientôt il accorda toute sa confiance et toute son amitié à l'étranger, au point de lui montrer ses médailles d'or, magnifique présent de la cour de Vienne, et de lui laisser même pénétrer ses secrets. Archangeli, c'était le nom du voyageur, redoublait d'empressement. Une fois à Trieste, ils furent obligés d'attendre un vaisseau pour Ancone. Winckelman resta seul dans l'hôtellerie; l'ami s'occupa du soin de trouver un bâtiment prêt à partir.

Le 8 juin 1768, entre une heure et deux heures de l'après-midi, Winckelmann, assis à sa table, écrivait ses avis à l'éditeur futur de la nouvelle histoire de l'art, et jusque sous la funeste préoccupation de son esprit, s'occupait minutieusement de détails typographiques, lorsque Archangeli parut. « Seigneur, dit-il d'un air triste, quel » malheur pour moi de ne pouvoir profiter plus longtemps » du charme de votre société, et vous entendre discourir » de cet art dont vous avez fait une histoire immortelle » et dont vous vouliez bien me donner parfois de précieu- » ses notions! Grâce à vos entretiens, cette courte tra- » versée a mieux valu pour moi qu'un voyage en Italie. » Winckelmann l'écoutait avec plaisir et avec surprise : « Quel contre-temps fâcheux, lui dit-il en l'interrompant, » vous sépare tout à coup de moi? — Une affaire pres- » sante, imprévue, que je ne puis différer. Mais s'il ne » m'est plus donné désormais de vous entendre, vous me » permettrez, j'espère, de voir encore une fois, pour la » dernière sans doute, d'imprimer dans mon esprit vos » belles médailles. » Et il prononçait ces paroles avec un ton d'enthousiasme qui gagnait déjà le savant; enchanté d'avoir rencontré un appréciateur si passionné, il s'empresse de le satisfaire, court à sa malle et se met à genoux pour en ouvrir le cadenas.

CAUSES CÉLÈBRES.

Archangeli s'était glissé derrière, et tirant de sa poche une corde avec un nœud coulant, il la lui jette autour du cou pour l'étrangler. La corde s'arrête au menton, Winckelmann la saisit avec force de la main droite, se relève, et de l'autre se défend; mais la lutte à peine engagée, l'assassin le frappe d'un grand couteau sur les mains. A la vue de cette arme, anéanti comme d'une stupeur subite, Winckelmann résiste à peine et tombe terrassé. Le scélérat lui plonge cinq fois son couteau dans le bas-ventre. Aux cris que sa victime pousse, on accourt et on l'arrête.

Le hasard avait-il conduit Archangeli à la rencontre de Winckelmann? la cupidité seule avait-elle armé son bras? n'était-il pas de la profession de ceux qui vendent leur poignard et trafiquent de l'assassinat? Sa fuite précipitée de Vérone après l'entretien de quelques instants avec Cinelli le fait supposer. Le jeune comte, alarmé sans doute de retrouver l'unique dépositaire de son secret dans la maison précisément de celle dont on lui refusait la main, s'était repenti de n'avoir pas puni la dangereuse curiosité de l'antiquaire. Connaissant à peu près sa route, il avait confié à un *bravo* le soin de porter le coup que lui-même n'avait pas osé frapper.

Appliqué à la torture, Archangeli s'obstina à paraître seul coupable et à expliquer la cause de l'assassinat par le désir exclusif de s'approprier les médailles. Était-ce la vérité? était-ce le faux point d'honneur des *bravi*, fidèles au serment de ne jamais nommer celui qui les paye, et ainsi de conserver le poignard sans tache, suivant l'expression

L'ARTISTE.

de ces sicaires? Qu'importe après tout? un crime affreux n'en ravit pas moins avant le temps l'écrivain qui, donnant une forme aux règles éparses du vrai, du beau et du sublime, n'a pu perfectionner le code des beaux-arts, mais en est encore le premier législateur.

L'INFANTICIDE.

Les atteintes de la goutte privaient depuis deux ans le vieux Schoning, ouvrier de Nuremberg, de l'usage de ses membres; de modiques ressources, épuisées par cette longue maladie, ne lui permettaient pas de garder sa servante. Il fallut confier à sa fille, âgée seulement de treize ans, tous les soins du ménage, et celui de sa santé, plus pénible, plus difficile encore. Les jambes du pauvre goutteux, gonflées et roidies par la souffrance, avaient besoin d'être humectées nuit et jour; pour se replacer sur son lit la force lui manquait; Éléonore-Maria Schoning en trouvait dans sa tendresse; de ses faibles bras elle étreignait son père, et après mille efforts parvenait à le soulever un peu, à aider sa marche chancelante jusqu'au lit de douleur. Elle avait un courage au-dessus de son sexe et de son âge, et malgré la délicatesse d'une faible complexion, ne se rebuta pas un seul moment.

Aussi, chaque fois que Schonning considérait ce dévouement inaltérable, de grosses larmes roulaient dans ses

L'INFANTICIDE.

yeux; il se reprochait presque de vivre, et il frémissait à la pensée du jour fatal qui la livrerait à l'isolement et à la misère. Il la rapprochait de lui, la serrait avec émotion, lui plaçait religieusement sa main sur la tête, et lui répétait souvent : « Bonne fille, tu as aimé ton père, Dieu te » bénira. » Et il levait les yeux au ciel, invoquant sa protection pour celle qu'un triste sort rendait orpheline avant le temps. Voilà comme s'écoulaient les premières années de Maria, consacrée sans repos aux veilles, aux travaux les plus pénibles, étrangère à tout ce qui distrait la jeunesse, ou du moins à ce qui adoucit l'entrée de cette vie si rude pour quelques-uns, l'illusion et l'espérance.

Une scène déchirante vint bientôt briser son âme. Le vieillard s'affaiblissait, il ne quittait plus le lit, ne prenait plus de nourriture. « Va chercher le prêtre, » lui dit-il un soir. A ces mots elle tombe sur son père, suffoquant de sanglots et presque évanouie. « Courage, mon enfant, » lui répéta-t-il ; va vite, ne me laisse pas mourir sans les » secours de la religion, que je puisse au moins te recom- » mander à quelqu'un. » Elle se leva, et autant que la douleur le permettait, se hâta d'obéir. Bientôt de retour et à genoux à côté du lit, elle put entendre les dernières paroles adressées à l'ecclésiastique, ce témoignage d'admiration, cet hommage paternel à sa vertu et à son dévouement. « C'est un ange, dit le vieillard d'une voix émue » et presque éteinte ; elle m'a fait vivre jusqu'à ce jour. » Jamais de fatigue ou de répugnance ; je la laisse seule » et dans la misère; elle est victime de sa tendresse : que » Dieu la récompense enfin ; aidez-la, je vous supplie ;

» écoutez la prière de son père mourant. » Et il expira.

Le lendemain un cercueil porté par deux hommes traversait les rues de Nuremberg; une fille de dix-sept ans le suivait seule, pâle, dans un recueillement profond, les yeux fixés vers la terre. Elle le vit jeter dans la fosse commune, se prosterna, demeura quelques minutes immobile et reprit lentement le chemin de sa demeure déserte. Deux officiers du revenu public l'attendaient sur la porte; ils demandèrent à visiter les papiers du défunt pour s'assurer s'il avait payé les taxes en proportion de sa propriété. Ils ne manquèrent pas de trouver qu'il n'avait pas payé toute sa part d'impôt, et le constituant débiteur du fisc, apposèrent les scellés. Elle eut beau réclamer, montrer partout la misère autour d'elle, ils renfermèrent impitoyablement sous clef quelques effets échappés jusque-là aux dures exigences de la maladie et de la pauvreté.

Cependant, par un reste de commisération, on l'autorisa à demeurer dans une chambre dégarnie de meubles, jusqu'à la décision des directeurs du trésor public sur l'affaire. Docile, résignée, impuissante à défendre ses droits si elle en avait eu, la fille de Schonning obéit en pleurant et se confina dans sa solitude. C'était pour bien peu de temps. Munis d'un ordre de leur chef, les officiers du fisc revinrent bientôt enjoindre à Maria de sortir sans délai de la maison; elle était confisquée au profit du trésor. Quelques jours encore, et peut-être remise de sa douleur, excitée par la nécessité, souvent le bon génie des malheureux, elle aurait trouvé un emploi, un service quelconque. Le sort ne mit pas assez d'intervalle entre ses coups. La

L'INFANTICIDE.

mort aujourd'hui, le fisc le lendemain ; père et asile, tout lui fut ravi à la fois. C'était trop pour l'orpheline timide, isolée, sans expérience et sans ressource.

Maria franchit donc ce seuil ravi à ses besoins, jetant un douloureux et dernier regard sur la petite maisonnette qui l'avait vue naître et où venait de mourir son unique ami. Elle s'informa du bureau du fisc, y courut, s'imaginant que des supplications feraient révoquer l'arrêt cruel. Introduite devant les juges, elle ne sut que pleurer ; ils ne comprenaient pas ce langage, on la renvoya. La rue lui restait pour asile ; pendant le jour il lui offrait un peu de sécurité, et elle erra dans Nuremberg, interrogeant le regard de chaque personne qu'elle croyait la remarquer ; peu la devinaient, nul ne songeait à lui offrir des secours ; elle ne rencontra que des curieux ou des indifférents.

La nuit arrivait ; l'image de son père, toujours présente à son esprit, attira ses pas vers le cimetière de l'église de Saint-Nicolas, où il reposait. Là, éperdue, désespérée, elle se jeta sur la terre encore mouvante qui recouvrait le cercueil. « Mon père ! mon père ! » répétait-elle en gémissant. Elle aurait voulu le rejoindre, s'endormir pour toujours près de lui. La nuit se passa à pleurer, à prier, à invoquer celui qui ne pouvait l'entendre, et la mort qui ne devait venir qu'un peu plus tard. Le soleil allait paraître, l'innocente Maria s'enfuit avec la précipitation d'un coupable qui en redoute la lumière ; quelques passants se montraient déjà dans la ville et le mouvement commençait à l'animer. Elle gagna une des grandes portes, suivit les rues du faubourg, et se cacha derrière une haie d'épines, plantée autour d'un jar-

CAUSES CELÈBRES.

din. Toujours aux prises avec le désespoir, sans force pour le vaincre, sans expérience pour entrevoir le plus faible moyen de salut, elle était anéantie. Le soir la surprit au même lieu, et la faim vint mêler ses tourments aux angoisses de cette âme désolée.

La jeune fille rentra dans les rues de Nuremberg. Trop timide pour tendre la main, trop pure pour concevoir une pensée coupable, elle se traîna une seconde fois vers le lieu qui déjà lui avait servi de refuge. Là elle retrouve sa place et ses douleurs de la veille ; elle ne se lamente plus, elle n'appelle plus son père ; frappée d'une morne stupidité, elle attend en silence l'instant qu'elle souhaite, qu'elle croit prochain, d'aller le retrouver. Tout à coup quelqu'un la touche, une voix se fait entendre à demi. « Mon père ! s'écrie-t-elle avec effroi, est-ce vous ? » Elle se lève, recule, veut s'éloigner; une main la retient. « Qui êtes-vous ? — Un être qui vous veut du bien, qui » est envoyé pour vous en faire, répond un inconnu du » ton le plus doux et le plus engageant. Ne vous éloignez » pas. Taisez-vous. » Puis il attire Maria, la fait asseoir, la presse dans ses bras, lui prodigue des caresses. Il avait aperçu la jeune fille lorsqu'elle entrait dans le cimetière, et l'avait suivie d'assez loin. C'était un de ces chercheurs d'aventures nocturnes qui poursuivent le plaisir jusqu'au sein des tombeaux.

Dans la plupart des petites villes d'Allemagne, à cette époque, la religion de ces lieux sacrés avait fui avec la crainte qu'ils inspiraient jadis. L'esprit superstitieux des anciens les peuplait de revenants, de fantômes, d'habi-

L'INFANTICIDE.

tants fantastiques qui ajoutaient encore à la vénération ; mais alors le désordre y conduisait des êtres dissolus à qui cette solitude silencieuse semblait une sauvegarde, et la profanation peut-être un attrait de plus. Épuisée par les larmes, les veilles, le froid et la faim, Maria n'opposait aucune résistance à une brutalité sacrilége ; le misérable la consomma, et en quittant sa victime lui glissa une demi-couronne dans la main, qu'elle serrait par un mouvement convulsif.

Seulement après l'avoir commis, Maria comprit le mal ; elle était dans une consternation muette, dans l'immobilité de la stupeur ; elle en sortit par un torrent de larmes ; l'instinct de la pudeur violée lui révéla le sentiment du déshonneur ignoré jusque-là ; la réflexion acheva de l'éclairer. Elle rejeta avec horreur la pièce de monnaie, comme si elle eût été le prix d'une prostitution volontaire ; elle se trouva coupable, cette idée exalta son jeune cerveau jusqu'au délire ; la fièvre l'enflamma. Elle crut entendre la voix indignée de son père qui lui commandait de fuir loin de sa présence, et sortit avec précipitation du cimetière, comme si elle eût été poursuivie par une ombre menaçante.

Après dix heures du soir, il n'était permis à aucune femme de circuler seule dans les rues de Nuremberg. La police accordait une demi-couronne de gratification aux gardes de nuit pour chacune de celles qu'ils arrêtaient quand minuit avait sonné. Dans sa course précipitée et incertaine, Maria tomba au milieu d'une escouade qui s'empressa de la conduire au corps de garde. Là, d'abord

CAUSES CÉLÈBRES.

longtemps exposée aux plaisanteries grossières des soldats, elle commença à subir sa peine. Le matin, conduite devant un magistrat, qui croyait faire de la dignité en injuriant, il fallut baisser les yeux et s'humilier sous l'insulte de ses interpellations, comme si elle les eût méritées. « Petite coquine, pourquoi as-tu prolongé ton métier si » avant dans la nuit? quelle pâleur! quels yeux creux! » quel air de fatigue et d'épuisement! si jeune et déjà si » dégradée! » A ces cruelles apostrophes la rougeur monta un moment au visage de Maria, c'était de colère et d'indignation; sa vertu d'autrefois, révoltée de flétrissants reproches, se souleva; elle allait parler, la faute de la nuit dernière l'accabla de son souvenir poignant, le remords étouffa sa voix; cette tête, un moment relevée avec quelque fierté, retomba sur sa poitrine. « Tes parents? pour- » suivit le magistrat avec un ton de sévérité croissante, » ta mère? petite misérable! ton père? » A ce nom, comme si le froid de la mort eût glacé son cœur, elle tomba sans mouvement, et de la dureté le magistrat passa bientôt à l'inquiétude.

L'évanouissement de Maria se prolongeait depuis plus d'une heure, mais des soins la rappelèrent à la vie, et le juge la rendit à la liberté. Elle ne se retira pas moins avec la menace d'être enfermée dans une maison de correction si elle était reprise. Où porter ses pas? même l'asile des morts lui était interdit; elle y avait trouvé le déshonneur, et en le quittant la réprobation, presque un châtiment. Elle ne prit plus conseil que du désespoir; il lui montra sur-le-champ la route facile et sûre pour aller

L'INFANTICIDE.

rejoindre son père. La Peignitz coulait non loin de là ; Maria se dirigea de ce côté avec le dessein d'y terminer tous ses maux, lorsqu'une voix connue depuis longtemps retentit à son oreille.

Maria se retourne et reconnaît cette ancienne servante de son père à laquelle elle avait succédé, Anne Harlin, femme d'un vieux militaire invalide. « Que vous êtes » changée, mademoiselle Maria ! êtes-vous donc malade ? » où courez-vous ? — A la Peignitz, répondit la jeune » fille. — Grands dieux ! que dites-vous ? êtes-vous folle ? » c'est un crime ! » Et avec l'accent de la plus tendre commisération, elle la presse de s'expliquer. Maria se jette dans ses bras comme dans ceux d'une mère, se cache la tête sur son sein, et parvient à peine, à travers les sanglots et les gémissements qui l'oppressaient, à faire comprendre la cause de sa résolution désespérée. C'était le seul être qui lui eût témoigné quelque intérêt depuis la mort de son père ; le curé avait oublié la recommandation solennelle et ne s'était plus inquiété de la jeune fille. Mais Anne avait été malheureuse et elle savait compatir ; ses larmes se mêlèrent à celles de l'orpheline, elle la pressa contre son cœur, la consola, l'encouragea par d'affectueuses paroles, avec l'accent de l'amitié la conjura de renoncer à son affreux projet, puis elle l'entraîna doucement vers sa demeure. « Le ciel m'a envoyée vers vous, » lui dit-elle, pour vous sauver, pour vous recueillir, il ne » vous veut pas encore. J'ai vécu chez votre père, venez » vivre chez moi, nous partagerons. » Et elle la supplia comme si elle eût redouté un refus.

CAUSES CÉLÈBRES.

Anne avait un cœur excellent, mais aucun moyen de seconder ses généreuses inspirations; la misère était aussi dans sa maisonnette; elle offrait tout ce qu'elle pouvait donner, l'hospitalité, un abri contre les injures de l'air. Avant de l'accepter, Maria hésita longtemps; elle n'avait pas de refuge, et quand il lui fallut pénétrer dans le seul qui s'offrît à elle, elle s'arrêta. « Non, bonne madame » Harlin; laissez-moi finir ma destinée; je vous serai à » charge. Que ferons-nous de nos pauvretés? » L'amie redoublait d'instances. Ce débat devant la porte fut entendu de l'invalide, qui s'y traîna pour le terminer. Sans dire une parole, sans savoir de quoi il s'agissait en réalité, prenant brusquement le bras de la jeune fille, il la força d'entrer, de s'asseoir, de s'expliquer, et bientôt il devient plus pressant encore que sa compagne; Maria, vaincue, consentit enfin à faire partie du ménage.

Il se rencontre ici-bas de ces êtres purs, vertueux, irréprochables, que la Providence soumet à toute la rigueur de ses impénétrables décrets. Ils luttent avec constance, elle les terrasse; ils se relèvent un moment, elle les abat de nouveau. Il y a des privilégiés de la fortune, ceux-là sont les privilégiés du malheur. Anne Harlin était de ce nombre. Elle avait associé son sort à celui d'un soldat blessé, infirme, sans ressource, plutôt pour lui que pour elle; le prix de ses faibles travaux les aidait à languir dans un état si voisin du dénûment, que le moindre contre-temps les y précipiterait; deux enfants, fruits de cette triste union, étaient venus encore en aggraver le malheur. Maria la seconda de tous ses efforts. Le courage et la jeunesse en

L'INFANTICIDE.

firent pendant une année un précieux appui ; loin de peser sur l'infortune de ces braves gens, elle l'allégea. Tout à coup elle leur fut indispensable ; Anne tomba malade, l'ouvrage manqua, et à l'entrée de l'hiver le prix des denrées augmenta ; comment travailler au dehors, veiller au dedans, et pourtant se procurer du pain ? Partagée entre tant de soins impérieux, la faible Maria ne pouvait y suffire ; les meubles furent vendus pièce à pièce, tout, excepté le mauvais grabat de l'invalide, qui n'y reposa pas longtemps. Il mourut aux derniers jours de l'hiver.

La santé d'Anne s'était un peu rétablie, elle touchait à la convalescence, grâce à un médecin pauvre, mais généreux comme elle ; il lui avait procuré un peu de vin et quelques-unes de ces douceurs qui, sans hâter beaucoup la guérison, suspendent au moins le retour du mal. Plusieurs semaines s'écoulèrent donc avant que son état lui permît de reprendre le travail ; d'ailleurs il devenait plus rare chaque jour, et la maladie lui avait laissé avec de la faiblesse dans tous les membres, une altération sensible des facultés morales : la tristesse, le silence, une morne et stupide apathie. Plus de ressources désormais pour chasser la faim qui chaque jour se présentait avec ses terribles exigences.

Vers le commencement du mois de mars, pendant une soirée froide, Maria était assise dans un coin de la chambre, essayant de réchauffer le plus jeune des enfants contre son sein et d'apaiser l'autre, auquel le besoin arrachait des cris. Le dernier morceau de pain avait été partagé pour leur déjeuner. La mère, assise à l'autre extrémité de la chambre, pâle, silencieuse, immobile, tantôt cachait sa figure dans ses mains, tantôt jetait sur ce groupe de malheureux des regards attendris et sombres à la fois. Elle frissonnait de tous ses membres. Maria crut remarquer que la pauvre mère arrivait à ce degré où la raison ne résiste plus et où la folie va succéder au désespoir; égarée elle-même : « Courage, chère madame Harlin, s'écrie-t-elle; il me vient une idée; j'ai un moyen de trouver de » l'argent; j'y cours. » Et déposant les enfants par terre, elle s'élança hors de la maison. Quelle était cette inspiration subite? songeait-elle au demi-dollar rejeté il y avait plus d'une année avec un mouvement d'horreur? la facilité de se procurer le dégradant salaire lui revenait-elle à la pensée? voulait-elle se déshonorer pour sauver son amie? Rejetons bien loin une aussi triste interprétation de cet inexplicable mouvement.

Toutefois, chassée de la maison Harlin par le désespoir, comme elle l'avait été de la maison paternelle par le fisc, Maria hors d'elle-même errait çà et là dans les rues de Nuremberg, à travers l'obscurité d'une nuit que les vents et une pluie de neige rendaient affreuse. La patrouille du guet ne pouvait manquer de la surprendre; on l'arrêta. Le caporal était précisément celui de l'année dernière. « Ah! » ah! lui dit-il d'un air de menace, tu ne t'es donc pas corrigée? Cette fois tu n'échapperas pas; nous verrons comment tu le supporteras. » Personne n'ignore le châtiment réservé, à la honte de la pudeur, aux femmes vagabondes, dans les états protestants d'Allemagne. « Que » voulez-vous dire? reprit-elle avec vivacité; est-ce que

L'INFANTICIDE.

» je suis une vagabonde? J'ai tué un enfant; conduisez-
» moi chez le magistrat. »

Frappé d'une révélation si grave, si inattendue, le caporal la surveille de plus près et s'empresse de la conduire chez le magistrat, qui l'interroge; aussitôt elle répond avec l'assurance de la vérité : « Je me nomme Maria Schoning;
» je demeure chez la femme Harlin. Il y a six jours je suis
» accouchée d'un enfant; ni elle ni moi n'avons de quoi sub-
» sister; nous avons mieux aimé le faire périr que le con-
» damner à notre misérable vie. Nous l'avons laissé mourir
» de faim, et ensuite porté dans un bois voisin de Nurem-
» berg; là, au pied d'un grand arbre que je ne veux pas
» désigner, nous avons creusé une petite fosse et nous
» l'avons enseveli. » A l'instant le magistrat donne l'ordre d'arrêter la complice de Maria. Conduite en prison, interrogée dès le lendemain, la femme Harlin se déclare étrangère au crime dont elle est accusée. On ordonne la confrontation.

Maria répéta ce qu'elle avait dit : « Avouez, chère ma-
» dame Harlin, ajouta-t-elle en terminant. — Comment!
» s'écrie celle-ci en rompant tout à coup un silence de
» quelques minutes; comment, Maria, vous êtes accou-
» chée d'un enfant! nous l'avons laissé périr! je l'ai en-
» terré avec vous! Vous avez pu inventer une pareille ac-
» cusation! » Et reprenant son sang-froid, elle se retourna vers le juge : « Monsieur, je ne sais absolument rien de
» ce qu'a raconté cette jeune fille. » Ce furent là ses seules paroles; elle s'obstina à un invincible silence. Le juge, après mille efforts pour en triompher, y vit l'aveu tacite

du crime, et il pensa que la torture l'arracherait bientôt.

Les instruments sont apportés. A la vue de ces apprêts plus cruels que le supplice même, Maria s'épouvante du sort cruel qu'elle venait de faire à son amie. Toutefois, loin d'avouer son imposture, elle y persiste et pousse encore vers la mort sa complice imaginaire; elle s'approche, saisit ses mains déjà liées, les serre dans les siennes avec force, et lui dit d'un accent déchirant : « Anne, fais » donc l'aveu qu'on te demande ! Anne ! ma bonne Anne ! » alors tout sera fini pour nous. Tout sera fini, et Frank » et la petite Nancy seront mis dans la maison des or- » phelins. — Oui, oui, reprit vivement la veuve, comme » éclairée d'une soudaine lumière, elle dit la vérité, » monsieur le juge; elle vous a seulement trompé sur le » lieu ; l'enfant n'a pas été enseveli dans le bois, mais » jeté dans la Peignitz. » Puis elle parut calme et satisfaite comme si, en acceptant le terrible stratagème de Maria, elle se fût délivrée d'un mensonge importun.

Le premier soin des deux femmes à leur retour dans la prison fut de s'informer du sort des enfants, et comme celui qu'avait promis Maria était déjà assuré, leur visage prit de ce moment une sérénité inaltérable et leur âme une assurance calme et à toute épreuve. Elles persistèrent dans les mêmes aveux. L'instruction fut rapide, et la condamnation à mort prononcée sans autre sursis à l'exécution qu'un délai de vingt-quatre heures. Dans la chapelle où on les réunit quelque temps avant le supplice, elles s'agenouillèrent et adressèrent au ciel une prière commune; Maria jetait par intervalle sur la veuve des

L'INFANTICIDE.

regards où se peignait l'attendrissement ; ceux de la veuve, en se reportant sur Maria, exprimaient une douloureuse reconnaissance. L'une semblait avoir eu besoin d'une compagne pour sortir plus courageusement de la vie ; l'autre, s'immolant avec une sublime abnégation à ses deux enfants, la suivait sans se plaindre dans la route qu'elle avait indiquée.

Lorsqu'elles montèrent sur la fatale charrette, leur contenance fut bien différente. Harlin, paisible, résignée, intrépide, ne montra pas la plus légère altération ; Maria, à l'approche du moment suprême, sentit sa conscience se soulever contre elle ; le reproche secret de causer la perte de sa bienfaitrice porta jusqu'au fond de son âme un trouble qu'elle n'avait pas redouté ; ses forces l'abandonnèrent, elle était presque inanimée ; il fallut la porter sur l'échafaud. Harlin, au contraire, en franchit l'une après l'autre les marches d'un pas ferme. Là, pendant que l'exécuteur prenait ses dernières dispositions, elle tourna la tête vers la pauvre immobile : « Courage, chère Maria, » lui dit-elle ; courage, mon enfant ; Franck et Frédéric » sont heureux maintenant ; dans quelques minutes nous » le serons aussi. » Et élevant ses yeux vers le ciel, elle ajouta : « Regarde là-haut, Dieu nous y réunira bientôt. » Puis elle se mit à genoux et plaça sa tête sur le billot.

La hache se levait, quand Maria s'écria : « Ne la tuez » point ; moi seule suis coupable, elle est innocente. J'ai » menti, je suis un faux témoin, je n'ai jamais eu d'en- » fant. » Et elle se traînait aux pieds de l'exécuteur, le retenait, le conjurait, puis s'adressant aux ecclésiastiques,

invoquait leur secours. « Au nom du ciel, sauvez-la ; je
» dois seule périr. Ah ! croyez-moi maintenant, je l'assas-
» sine par un mensonge. » Et elle se roulait sur l'échafaud.
La populace intervenait déjà par ses clameurs et demandait un sursis ; les ecclésiastiques faisaient un signe de consentement, l'exécuteur n'osait plus frapper. Etonné lui-même de l'air, de l'accent de conviction de Maria, un prêtre se permit de demander à la veuve Harlin si Maria était folle ou si elle disait la vérité. « Assurément, répondit
» celle-ci, je ne suis coupable que de vouloir mourir, elle
» m'en a inspiré l'idée pour me délivrer des souffrances
» de ce monde et donner du pain à mes enfants. Ils en
» auront. Eh bien, je l'en remercie ; achevez donc, ou
» bien laissez-moi recommencer mes malheurs pour la
» sauver des siens si je puis. »

L'émotion du peuple redoublait ; il s'apprêtait à franchir l'enceinte, malgré les efforts des soldats, et à accorder en maître le sursis sur lequel on hésitait. Enfin quelques promesses calmèrent son impatience, et on expédia un rapport aux magistrats, qui s'assemblèrent pour délibérer. Dans l'intervalle, l'un des ecclésiastiques recueillait de la bouche des deux condamnées tous les détails de leur infortune, de leur mutuel dévouement, et surtout le récit de Maria, passionnée par les deux sentiments les plus nobles : le souvenir du bien qu'elle avait reçu de son amie, l'espoir de le lui rendre à ce moment solennel.

La délibération se prolongea pendant une heure. Le messager revint : l'ordre portait de procéder à l'exécution. Un frémissement parcourut tous les rangs de cette mul-

L'INFANTICIDE.

titude, le silence succéda bientôt aux discours inquiets et aux murmures. La veuve Harlin, qui déjà était allée si avant dans la mort, replaça sa tête sur le billot avec un air de satisfaction, comme si en échappant elle eût craint de compromettre l'avenir de ses deux enfants. Sa tête fut séparée du tronc au milieu des exclamations d'horreur parties de toutes parts. L'exécuteur, déjà troublé par les incidents divers de cette scène inattendue, s'évanouit après avoir porté le coup mortel d'un bras assez mal assuré; on ordonna à l'aide de prendre sa place; mais la mort avait fait l'office du bourreau, Maria ne respirait plus.

—

MADAME TIQUET.

Un jour madame Tiquet entra toute émue dans le salon de la comtesse d'Aulnoy, où se réunissait fort bonne compagnie. « Qu'avez-vous? lui demanda celle-ci. — Je viens, » dit-elle, de passer deux heures avec le diable. — Vous » aviez là une vilaine compagnie, répondit la comtesse. — » Quand je dis le diable, répliqua madame Tiquet, je » veux dire une devineresse fameuse qui prédit l'avenir. » — Que vous a-t-elle prédit? demanda encore la com- » tesse d'Aulnoy. — Rien que de flatteur; elle m'a as- » suré que dans deux mois j'aurais triomphé de mes en- » nemis et que je serais parfaitement heureuse. Vous » voyez bien que je ne puis trop compter là-dessus; tant » que M. Tiquet vivra, puis-je être tranquille? et il vivra » longtemps, car il se porte fort bien. »

Elle quitta quelques instants après la société et retourna chez elle, où l'attendait madame de Senonville, une de ses amies. Remise de l'émotion qu'elle avait montrée dans sa visite à madame d'Aulnoy, son visage était calme et riant,

MADAME TIQUET.

sa parole assurée et tranquille. Madame de Senonville avait dessein de demeurer fort avant dans la nuit, afin de jouer à M. Tiquet la petite niche de le faire lever pour ouvrir la grande porte quand elle sortirait; mais elle renonça à son idée.

M. Tiquet, qui était chez madame de Villemur, sa voisine, se retira fort tard. On entendit tirer plusieurs coups de pistolet; les domestiques accoururent, et trouvèrent qu'on avait assassiné leur maître. M. Tiquet ne voulut point rentrer chez lui et se fit reporter chez madame de Villemur. Madame Tiquet, à laquelle les domestiques s'étaient empressés d'apprendre ce malheur, accourut; mais son mari défendit de la laisser entrer dans la chambre où il était. Elle fut obligée de s'en retourner.

M. Tiquet avait reçu trois blessures qui n'étaient pas mortelles; la plus dangereuse se trouvait auprès du cœur, qui aurait été frappé, suivant l'observation du chirurgien, si cette partie avait eu alors son étendue naturelle; la frayeur la resserra à l'approche des assassins, et un instant elle n'occupa plus le même espace. Ainsi la peur lui sauva la vie.

Le commissaire du quartier s'étant transporté auprès de M. Tiquet pour recevoir sa plainte, lui demanda quels ennemis il avait. « Pas d'autres que ma femme, » répondit-il sur-le-champ. Ce peu de mots confirmaient les soupçons qui déjà planaient sur madame Tiquet; mais elle ne leur donna aucune prise par des dehors de trouble et d'inquiétude. Le lendemain elle alla voir la comtesse d'Aulnoy, et au milieu de la compagnie, qui l'observait avec attention

CAUSES CÉLÈBRES.

et étudiait sa contenance, elle se posséda parfaitement, ne se trahit par aucune émotion. La comtesse lui demanda si M. Tiquet ne connaissait point ceux qui l'avaient assassiné : « Ah ! madame, s'écria-t-elle, quand il les connaî-
» trait, il ne les nommerait pas ; c'est moi qu'on assassine
» aujourd'hui. » La comtesse lui dit qu'on devait s'assurer du portier, chassé précédemment ; qu'il était l'objet des plus graves incriminations.

Madame Tiquet, qui lisait dans les yeux de toute la compagnie le dessein de la charger d'opprobre par des soupçons accablants, ne se déconcerta point et présenta le front calme et serein de l'innocence. De retour à sa maison, elle reçut plusieurs avis de prendre la fuite. Ils redoublèrent tous les jours, et au huitième, un théatin vint lui dire qu'il n'y avait pas une minute à perdre, qu'elle allait être arrêtée. Il lui avait apporté une robe de son ordre et la pressait de s'en revêtir, puis d'entrer dans une chaise à porteurs laissée dans sa cour et qui la conduirait à une chaise de poste ; elle fuirait à Calais et de là en Angleterre. « Les accusés criminels prennent seuls la fuite, les
» innocents demeurent ; c'est une ruse de mon mari, qui
» me tend un piége ; il veut, par une fausse alarme, m'en-
» gager à la fuite et à l'abandon de mon bien. Je vous re-
» mercie ; la justice sera ma seule ressource. » Le théatin la laissa pleine d'assurance et de calme.

Le lendemain, madame de Sénonville va la voir, et comme elle voulait se retirer, elle lui dit : « Madame, res-
» tez, je vous prie ; on doit venir m'arrêter dans un mo-
» ment ; je voudrais bien ne pas me trouver seule à pareille

MADAME TIQUET.

» scène. » A peine avait-elle cessé de parler, que le sieur Defita, lieutenant criminel, entra avec une escorte d'archers. Sans être émue, elle lui dit : « Vous pouviez, mon-
» sieur, vous dispenser d'être si bien accompagné; je vous
» attendais avec le calme de l'innocence; j'aurais pu fuir,
» je ne l'ai pas voulu; eussiez-vous été seul, je vous aurais
» suivi. » Elle le supplia ensuite de mettre les scellés pour la sûreté de ses effets, rassura son fils, âgé de huit ou neuf ans, et tout saisi d'effroi, lui donna de l'argent pour se divertir, et le tranquillisa plus encore par la sérénité de son visage que par la douceur de ses paroles. Elle dit un adieu affectueux à madame de Senonville, et monta en carrosse avec le lieutenant criminel. En passant devant le marché, elle reconnut une dame de ses amies, qu'elle salua gracieusement. Au milieu des archers qui l'escortaient, elle conservait le même maintien que dans les actions ordinaires de sa vie; elle semblait aller à une visite. Seulement, en approchant du petit Châtelet, elle changea de couleur; mais en un instant elle reprit sur elle tout son empire.

Quelles étaient les causes des soupçons qui l'avaient conduite là, et de cette tranquillité apparente qui l'avait empêchée de s'y soustraire? Reprenons les choses de plus loin.

Mademoiselle Carlier naquit à Metz en 1657; elle était fille d'un libraire fort riche. Sa beauté était remarquable, sa démarche noble, sa taille élevée, son air tout à fait imposant et majestueux; elle semblait née pour commander. A ces avantages extérieurs elle joignait beaucoup d'esprit et un caractère dont l'inébranlable fermeté l'aidait sans cesse à régner sur elle-même, à refouler toutes ses agitations au fond de l'âme, et, suivant une expression sacrée, à *la tenir entre ses mains*. Elle fut orpheline à quinze ans, et partagea avec son frère la fortune de ses parents, s'élevant à un million. Belle, spirituelle et riche, que lui manquait-il pour former autour d'elle une cour d'adorateurs nombreux? M. Tiquet, conseiller au parlement, était des plus ardents et des plus assidus; mais il n'aurait jamais obtenu la préférence s'il n'avait su profiter de l'ascendant d'une tante de mademoiselle Carlier sur sa nièce. Il l'avait gagnée à ses intérêts par un présent de 4,000 francs. Soit que sa complexion ardente n'eût pas encore trahi son penchant pour le plaisir, soit qu'elle sût user habilement d'une réserve affectée, elle repoussa les avances de M. Tiquet et déconcerta un moment les projets de sa tante. Lui, qui voulait, non une intrigue, mais le mariage, fit le magnifique, et, le jour de sa fête, lui offrit un bouquet de fleurs mêlées avec des diamants estimés quinze mille livres. Cette générosité, soutenue des conseils pressants de sa tante, la décida à donner sa main à un homme qu'elle croyait riche et qui avait eu le secret de montrer seulement ses bonnes qualités.

Cette union semblait contractée sous d'heureux auspices; les commencements en furent riants. Un fils et une fille devinrent les gages de leur tendresse. Madame Tiquet, élevée dans les habitudes fastueuses d'une maison riche, aimait la dépense. M. Tiquet, qui avait tant fait pour le paraître, mais qui ne l'était pas réellement, s'efforçait de le paraître, lorsqu'un M. Mongeorge, capitaine aux gardes, beau, galant et aux manières sédui-

MADAME TIQUET.

santes, se présenta et offrit aux regards de madame Tiquet un parallèle dangereux pour son mari. Bientôt celui-ci se montra jaloux, et elle le prit en aversion. Entre un époux que tout faisait haïr et un soupirant que tout faisait paraître aimable, le choix ne saurait être longtemps douteux. Mais ce qu'on n'apprendra pas sans une surprise mêlée de dégoût, c'est que madame Tiquet, occupée tout entière de deux passions qui devaient remplir son cœur et le maîtriser, éprouvait des désirs qu'elle satisfaisait avec les hommes les plus vils. Ce cœur était un mélange affreux de grandeur et de bassesse, de sentiments nobles et vils ; elle avait un art merveilleux de faire croire à sa pudeur par ses paroles, et à la régularité de ses mœurs par ses démarches calculées.

M. Tiquet, chargé de dettes avant le mariage, les augmenta encore par ses dépenses pour y parvenir. Ses créanciers le poursuivirent, et sa femme obtint une séparation de biens au Châtelet. Elle avait contre son mari deux griefs irrémissibles : le premier, de l'avoir trompée sur sa fortune ; le second, de la contraindre dans ses plaisirs et de l'obséder par une jalousie qui épiait toutes ses démarches. Cette gêne exalta sa haine jusqu'à la fureur, et elle forma le dessein de faire assassiner son mari.

Ni l'atrocité d'une pareille action, ni la crainte de l'infamie, ni le supplice auquel elle courait, rien ne put arrêter sa vengeance. Elle parvint à connaître un nommé Auguste Catelain, qui servait les voyageurs étrangers, âme de boue, un scélérat tel qu'il le lui fallait. Elle lui donna de l'argent, et lui en promit encore s'il voulait la servir aveuglément. Le portier de l'hôtel fut gagné par les mêmes moyens et associé à Catelain. Les assassins prirent mal leurs mesures, et quoiqu'ils eussent aposté plusieurs personnes sur le passage de M. Tiquet, un soir qu'il se retirait, ils manquèrent leur coup. Madame Tiquet parut changer de dessein, leur donna encore de l'argent, en leur recommandant d'ensevelir ce projet dans un secret impénétrable, et leur dit que la moindre indiscrétion leur coûterait la vie.

M. Tiquet, qui soupçonnait son portier de favoriser M. de Mongeorge, le chassa. Il tenait sa porte fermée dès qu'il était nuit et gardait lui-même sa clef. Quand il sortait le soir avec l'intention de rentrer tard, il l'emportait, et quand il se couchait, la mettait sous son chevet. Les deux époux avaient chacun leur appartement et ne se voyaient qu'à table. Ils vécurent trois ans dans cette froideur, sans éclater, et en présence l'un de l'autre gardaient un morne silence. Ces scènes muettes en disaient plus quelquefois que des scènes d'éclat. Il arrivait bien à M. Tiquet de surprendre dans les gestes, dans les yeux de sa femme, un regard qui semblait le menacer; mais il l'attribuait à la passion, à l'emportement, et n'allait pas jusqu'à y lire de sinistres projets, et surtout il était loin d'y deviner le crime. Cependant elle le méditait de nouveau. « Il n'échapperait pas la seconde fois; le moyen lui sem- » blait simple et facile. » Elle saisit le moment où l'on préparait dans la cuisine un bouillon pour son mari, et y mit du poison à la dérobée. Le domestique observait ses mouvements suspects; il remarqua sa main lorsqu'elle

MADAME TIQUET.

s'avançait sur le fourneau, soupçonna le crime, mais aima mieux l'empêcher que le révéler. En portant le bouillon, il affecta de faire un faux pas et le laissa tomber. Le lendemain, sous un prétexte qu'il saisit, il demanda son congé. Il ne manqua pas d'en parler, d'expliquer par son horreur du crime le motif de sa sortie; mais ces propos, débités çà et là parmi les gens de sa classe, ne parvinrent pas jusqu'à M. Tiquet.

La vengeance de madame Tiquet s'irritait de ces retards et de cette sorte de déception dont le hasard semblait se plaire à la rendre le jouet à l'heure même du succès. Elle revint à son premier projet et à l'homme de ses premières confidences, le portier, qui se chargea de lui trouver des gens d'exécution. Ils s'apostèrent, et cette fois encore le coup manqua, comme on l'a vu d'abord.

On la transféra au grand Châtelet, où Auguste Catelain vint déclarer de lui-même que trois ans auparavant elle lui avait donné de l'argent pour assassiner son mari, et que le portier était du complot. Ces deux hommes furent arrêtés avec dix autres personnes, au nombre desquelles M. Mongeorge, son amant; mais à leur égard l'instruction fut suspendue jusque après le jugement des deux premiers. Il n'y eut pas assez de preuves pour convaincre madame Tiquet du dernier assassinat; mais il s'en trouva assez pour la déclarer coupable de la machination du premier. Le 3 juin 1699, les juges du Châtelet la condamnèrent à avoir la tête tranchée et le portier à être pendu. Le 17, la cour confirma la sentence. Le reste des accusés fut mis hors de procès.

CAUSES CÉLÈBRES.

M. Tiquet, guéri de ses blessures, alla à Versailles, accompagné de ses deux enfants, se jeter aux pieds du roi : « Sire, lui dit-il, j'implore votre clémence pour madame » Tiquet; ne soyez pas plus sévère que Dieu même, qui » est disposé à lui pardonner. Votre justice est-elle plus » offensée que je ne le suis? Je lui pardonne. Mes enfants » lèvent pour leur mère leurs mains pures et suppliantes » vers vous. Sire, le crime est expié par les transes et les » horreurs que madame Tiquet, comme une victime prête » à être sacrifiée à la justice, a déjà éprouvées. En voulant » punir le crime, ne punissez pas l'innocence. » Le roi fut inflexible. M. Tiquet se borna alors à demander la confiscation du bien de sa femme et l'obtint. Était-ce à son profit ou à celui de ses enfants? Il y eut doute. C'était assez pour ôter tout mérite à la première requête. On l'avait cru généreux, il ne fut plus regardé que comme un homme cupide, et l'intérêt public qu'il avait mérité sembla en partie se reporter sur sa femme; elle ne parut plus si criminelle depuis qu'on pouvait le traiter d'avare. Telle est la mobilité des jugements humains.

Le frère de madame Tiquet, capitaine aux gardes, réunit tous ses efforts à ceux de Mongeorge et mit tout en usage pour la sauver. Des personnes du premier rang sollicitèrent la grâce de sa sœur, et le roi ne semblait pas éloigné de céder à tant de prières, lorsque M. de Noailles, archevêque de Paris, représenta « que ce crime était déjà » trop fréquent; que le grand pénitencier recevait journel- » lement des confessions de femmes s'accusant d'avoir at- » tenté à la vie de leurs maris; que l'impunité serait un

MADAME TIQUET.

» encouragement; que leur sûreté dépendait du sup-
» plice de madame Tiquet. » L'énergie de la remon-
trance détermina la justice du roi à un grand exemple.

Madame Tiquet n'ignorait aucune des sollicitations tentées en sa faveur; mais elle se défendait à elle-même d'en attendre quelque heureux effet; elle se fortifiait contre les illusions. Elle craignait de concevoir des espérances qui ne pouvaient se réaliser. Toute son application tendait à maintenir la force de son âme et sa liberté d'esprit, au point qu'on lui attribue une pièce de vers dans laquelle, en parlant du coup fatal qui va trancher ses jours, elle dit :

> Je le verrai partir sans en être étonnée.
> Il terminera mes douleurs.
> Viens, favorable coup, viens finir mes malheurs
> En finissant ma destinée.
> Mon âme, prête à s'envoler
> Au séjour dont elle est partie,
> Aspire à se voir affranchie
> D'un faible corps qu'il est temps d'immoler.

La condamnation eut lieu un mercredi; l'exécution aurait dû se faire le lendemain; mais c'était la Fête-Dieu, et les rues étaient ornées de reposoirs. On la renvoya au vendredi. Ce jour-là, pendant qu'on la conduisait à la chambre de la question, elle demanda si son supplice ne finirait point. « Bientôt, » répondit-on. Son arrêt lui était inconnu encore. Pour la préparer à l'entendre, le curé de Saint-Sulpice était venu la voir, et avait tâché de lui inspirer les sentiments de religion les plus propres à l'extrémité où elle touchait. Elle lui sembla peu touchée; la piété n'était que dans sa poésie et son âme était toute païenne.

CAUSES CÉLÈBRES.

Conduite devant le lieutenant criminel, elle écouta la lecture de l'arrêt sans sourciller, sans changer de couleur. Dans son allocution, M. le lieutenant criminel lui dit : « Vous voilà par cet arrêt dans un état bien différent de » celui où vous avez été. Votre rang était honorable, vous » êtes au sein de l'ignominie ; votre vie était délicieuse, » vous allez subir le dernier supplice. Quelle différence » entre ces jours si beaux, si riants, et ce jour horrible ! » Rappelez, madame votre fermeté pour avaler ce calice » humiliant.

» — Sans doute, répondit-elle au lieutenant crimi- » nel, le sieur Defita, qui avait été autrefois un de ses » adorateurs, sans doute il y a de la différence ; je suis » devant vous comme suppliante ; vous l'étiez autre- » fois devant moi. Quant à de la fermeté, je n'en man- » querai pas. Le supplice ne m'effraye point ; sans braver » la mort, je la recevrai avec courage. J'ai répondu sur » la sellette sans me troubler ; j'ai entendu mon arrêt » sans frémir ; je monterai sur l'échafaud sans être émue. »

Le lieutenant criminel l'exhorta à avouer son crime, qu'elle avait nié jusqu'alors, et à révéler ses complices, pour s'épargner le supplice de la question. Elle se refusa à tout aveu ; mais quand on lui eut versé le premier pot d'eau, elle réfléchit que ce serait de la constance déplacée, qu'il fallait réserver pour l'instant solennel. On lui demanda si le sieur Mongeorge avait eu part à son crime. « Ah ! répondit-elle en se récriant, je n'ai eu garde » de lui en faire confidence ; je tenais à son estime. »

Le curé de Saint-Sulpice se rapprocha d'elle et recom-

MADAME TIQUET.

mença à la disposer. Il la trouva toute prête à mourir, sinon en chrétienne, au moins stoïquement. Elle lui fit des objections auxquelles il répondit, et alors, dit-on, la grâce opéra. Elle le pria avec instance de solliciter son pardon de M. Tiquet, de l'assurer qu'elle mourait avec ce retour de tendresse des premières années de leur mariage.

Jamais peut-être une plus grande affluence de peuple n'avait rempli les rues par où madame Tiquet devait passer en se rendant à la Grève. Plusieurs personnes y payèrent cher leur curiosité, elles furent étouffées. La condamnée était vêtue de blanc ; cette couleur relevait l'éclat de sa beauté ; elle était dans une charrette, accompagnée du curé de Saint-Sulpice. Le portier y était aussi avec le confesseur. Quand elle vit cette foule prodigieuse, ces innombrables regards attachés sur elle comme pour pénétrer jusqu'au fond de son âme, l'ignominie se révéla à elle tout entière ; elle se considéra comme chargée d'opprobre dans la pensée de chacun de ceux qui la fixaient. Cet amas de honte l'accabla. Elle prit un air d'abattement ; pour la soutenir, le curé lui dit d'un accent inspiré et d'un ton solennel : « Jésus-Christ était aussi
» innocent que vous êtes criminelle. Regardez le ciel ; ce
» que vous voyez par les yeux de la foi vous dérobera ce
» que vous voyez par les yeux du corps. Courage ! il n'y
» a plus qu'un moment à souffrir. » Il lui revint en effet. Elle avait abaissé son voile pour se couvrir le visage ; elle le leva et regarda les spectateurs d'un œil modeste mais assuré, et supporta son ignominie avec résignation.

Dans le trajet elle eut une conversation touchante avec

son complice, qui lui demanda pardon d'avoir, par ses aveux contribué à sa condamnation. Elle répondit qu'elle était la première coupable, qu'elle l'avait poussé au crime, qu'elle lui avait procuré une triste récompense de ses services, que c'était à elle seule d'obtenir son pardon. Ils s'exhortèrent mutuellement à la mort, madame Tiquet avec les ressources de son âme forte et de son esprit cultivé, le portier avec les traits d'une vigueur d'esprit naturelle et non moins éloquente.

A leur arrivée à la place de Grève, il survint une si grande pluie, que pour l'exécution il fallut attendre la fin de l'orage. Durant ce temps elle eut devant les yeux l'appareil de son supplice et un carrosse noir qui attendait son corps; ces lugubres objets ne l'ébranlèrent point. Elle vit exécuter le portier, dont elle parut plaindre la destinée, mais sans retour humain sur la sienne. Prête à monter sur l'échafaud, elle porta sa main à sa bouche, mouvement qu'elle accompagna d'une inclination de tête gracieuse, et regarda le bourreau pour lui faire comprendre qu'il n'était pas un objet d'horreur à ses yeux; ensuite elle lui tendit la main afin qu'il l'aidât à monter. Quand elle fut là, elle fit toutes choses avec calme et mesure, comme si elle avait pu étudier son rôle. Elle baisa le billot, accommoda sa coiffure, et posa son cou comme il fallait. Le bourreau était si troublé, qu'il eut besoin de s'y prendre à trois fois. Quand la tête tomba enfin séparée du corps, il s'éleva un cri universel. Elle demeura quelque temps sur l'échafaud, pour l'exemple des femmes, dit un auteur, et pour la sécurité des maris. Cette tête était

MADAME TIQUET.

tournée vers l'hôtel de ville, et une dame qui nous a conservé la relation de cette fin tragique assura qu'elle n'avait rien vu de plus beau.

Ainsi périt madame Tiquet, qui semblait avoir résumé dans sa vie l'histoire des mauvaises passions. Elle s'était livrée à toutes : à l'orgueil : elle était belle et idolâtre de sa beauté ; au luxe : elle était magnifique et capricieuse dans sa magnificence ; au plaisir : elle descendait jusque dans la rue pour assouvir son libertinage ; à la haine : il lui fallut du sang pour la satisfaire. Rare et hideux mélange chez une femme de tout ce qui attire et de tout ce qui repousse à la fois.

LES VOEUX FORCÉS.

Un élève de philosophie, pendant les vacances qu'il était venu passer à Angers en 1754, joua et perdit l'argent destiné à payer sa pension de l'année suivante. Chagrin et embarrassé, il pria ses frères et ses autres parents de lui remplacer cette somme. Ils refusèrent. « Eh bien, s'écria-t-il, » je me ferai chanoine régulier. » Celui qui menaçait sa famille d'un parti qu'il croyait décisif s'appelait Réné Lelièvre, fils d'honnêtes habitants de Laval. On l'avait renvoyé à Angers, chez les prêtres de l'Oratoire, pour y faire ses études. Ayant perdu son père et sa mère à l'âge de seize ans, il fut émancipé. Le curateur qu'on lui avait donné mourut peu de temps après. Il se trouva ainsi abandonné à lui-même.

Les paroles que le jeune étudiant s'imaginait inquiétantes pour sa famille y firent naître tout à coup un espoir imprévu, celui d'une succession assurée. Plus tôt il se ferait

LES VOEUX FORCÉS.

religieux, plus tôt elle serait ouverte. Loin de l'en détourner, on l'encouragea. Le parti dont l'idée lui était venue lui fut présenté comme son unique ressource pour suppléer à une mince fortune et à de médiocres talents. D'un autre côté, on exagéra les douceurs de la vie monastique, où l'année du noviciat est seule rigoureuse à passer. Enfin on termina par la déclaration positive qu'il était impossible de lui fournir de l'argent pour terminer ses études.

Né avec un caractère simple et un esprit étroit, il céda facilement à la séduction. Le prieur de la maison de Laval se chargea de le faire agréer par le général de Sainte-Geneviève. La famille s'assembla ensuite pour lui faire signer une renonciation à tout son bien, et s'engager aux dépenses de la profession et au payement d'une rente de vingt écus. Elle le trouva d'une docilité parfaite.

Au mois de décembre 1754, il part seul et arrive à l'abbaye de Sainte-Geneviève. A peine entré, il trouve toute autre chose que ce qu'il attendait : une vie sérieuse et partagée entre l'étude et la prière, et des exercices continuels de piété. Il en éprouva du dégoût, voulut quitter, et fit part de son dessein au maître des novices, qui s'était aperçu déjà de la faible vocation du nouveau venu. L'abbé en fut instruit par lui ; mais ce dernier, moins indulgent, accusa le néophyte d'inconstance, lui cita plusieurs personnes distinguées comme s'intéressant à sa carrière, et lui proposa la maison de Sainte-Catherine, dont le régime lui semblerait plus doux. Il s'y rendit, acheva son temps de postulant, et prit l'habit de chanoine régulier le 7 juin 1755.

Le jeune Lelièvre eut le malheur de trouver dans cette

maison un maître des novices moins sévère, mais aussi moins attentif à ses devoirs. Il le dispensait des exercices qui ne lui plaisaient pas, fermant les yeux sur ses négligences répétées. Le religieux chargé du soin des études envoyait-il dans sa chambre pour examiner son travail, on le trouvait sans cesse ou désœuvré, ou livré à des soins étrangers à ses exercices. Les autres novices lui répétaient souvent que ce serait un miracle s'il était admis à la profession. On se lassa enfin de veiller sur sa conduite et on le livra à lui-même.

Cependant le général venait assez souvent à Sainte-Catherine, et ne manquait jamais de voir le novice « recom- » mandé par tant de personnes distinguées. » Il lui parlait avec bonté, et croyait l'affermir dans sa prétendue vocation. Ainsi s'écoula son année de noviciat. Lorsque le temps de la profession approcha, Lelièvre dit au père maître qu'il voulait s'assurer la pension de soixante livres promise par sa famille. « La congrégation pourvoira à tous vos » besoins, répondit le religieux, et dès que vous serez pro- » fès, je vous donnerai de l'argent. » Il prit la singulière précaution de lui faire brûler toutes les lettres reçues de ses parents depuis son entrée au monastère.

Le moment fatal arrivé, il prononça ses vœux, ne voyant dans cet engagement solennel et terrible que l'argent annoncé par le père maître et la liberté dont ses parents avaient eu l'adresse de le flatter, le noviciat une fois fini. Lelièvre n'avait et ne pouvait même avoir aucune idée de la vie qu'il embrassait; il prononça la formule de profession sans la comprendre. Dès le soir du même jour, on le

LES VOEUX FORCÉS.

sortit du couvent et il partit le lendemain pour Saint-Lô, afin d'y suivre un cours d'études.

Il arriva au couvent de cette ville à dix heures du soir, et dès le lendemain matin porta, avec la plus grande confiance, au prieur de la maison, un long mémoire d'objets qu'il prétendait lui être nécessaires. Le prieur sourit de sa simplicité ; mais, comme il le vit insister sérieusement, il tâcha de le ramener en lui montrant que, meublé comme tous ses confrères, il n'avait besoin de rien. L'écolier se retira fort mécontent de cette réponse. Le même jour, il revient trouver le prieur et lui demande de l'argent. On croit sa tête perdue, et, après avoir cherché à lui faire entendre raison, on veut le renvoyer. « Je veux de l'argent, s'écrie le profès » en fureur ; je veux de l'argent, on m'en a promis ; mon » père maître, mes parents, tout le monde m'a trompé. »

A cet instant Lelièvre parut se réveiller comme d'un long sommeil, et ses yeux commencèrent à s'ouvrir à la lumière. Victime à la fois de sa propre faiblesse, de la violence des autres et de leur séduction, il s'était laissé conduire à l'autel sans réfléchir. Alors son engagement se présente dans sa grandeur et dans sa perpétuité. Le remords, le désespoir s'emparent de cette âme faible. Il écrit à ses parents, leur peint son désespoir et leur demande de l'argent. Ils ne répondent point. Son trouble augmente, tout ce qui l'environne devient un objet d'horreur. Chacun de ses frères est un perfide qui l'a entraîné dans l'abîme. Il rompt imaginairement tous ses liens et prend la résolution de ne plus se regarder comme chanoine régulier. Il renonce aux études et aux exercices de la communauté. Revêtu

CAUSES CÉLÈBRES.

d'un habit qu'il déteste, il voudrait se fuir soi-même; mais partout il porte avec lui l'ennemi qui le dévore et la robe qui fait son désespoir.

Au lieu de ménager sa faiblesse, les autres étudiants en faisaient leur jouet. Il devint plus furieux. Durant un de ses accès, il tomba sans connaissance, et demeura dans une espèce de léthargie qui fut suivie d'une maladie grave et d'un dépôt à la cuisse. *Aut mors, aut libertas!* ou la mort, ou la liberté! criait-il sans cesse. Il écrivit aux supérieurs de Sainte-Geneviève pour se pourvoir contre ses vœux. Ce n'était pas la forme dont il aurait dû se servir. Il l'ignorait, et l'on se garda bien de l'en instruire. Au contraire, on le rappela au mois d'août à Sainte-Geneviève.

Là Lelièvre fut soumis à un traitement qui commença par la saignée, au moyen de laquelle on espérait adoucir son sang agité. Mais l'idée de la liberté, ce sentiment si doux et si fort, reprenait bientôt le dessus. Deux fois il comparut devant la diète assemblée, sans s'effrayer de la vue de tous les supérieurs majeurs. Aux premières questions, il répondit par ces mots, les seuls gravés désormais dans sa triste imagination : *Aut mors, aut libertas!* Il les articula avec un accent de conviction et de fierté, et quand on voulut le faire expliquer : « Messieurs, dit-il, je me » suis trompé et on m'a trompé pour une pension. Je ne » demande rien que de vivre librement ou qu'on me fasse » mourir; *aut mors, aut libertas!* » Ces paroles simples et nobles lui valurent un jugement qui le condamna, vu sa réclamation, à être enfermé dans la tour de Sainte-Geneviève; il y passa deux mois.

LES VOEUX FORCÉS.

Lorsqu'il en sortit, au mois d'octobre 1756, on le confia à la conduite d'un ancien maître des novices de Sainte-Catherine. On se flattait, par la douceur et les talents de ce religieux, de guérir son âme blessée ; elle sembla bientôt en effet en proie à moins d'agitations. Pour lui rendre entièrement le calme s'il était possible, on l'envoya au val des Ecoliers, dans le pays de Liége. Il y était à peine, que ses accès le reprirent. Il demanda de l'argent à l'abbé et au procureur, qui ne voulurent pas lui en donner. Outré de ce refus, il songea à une protestation authentique qui le relèverait de ses vœux. Depuis sa sortie de prison, il en avait appris les formes, et voulut appeler un notaire pour dresser l'acte. Cette demande si juste, autorisée par toutes les lois ecclésiastiques et civiles, il ne put l'obtenir. « Je » vous donne la maison pour prison, » fut toute la réponse de l'abbé.

Isolé sur une terre étrangère et dans un pays ennemi, le religieux s'abandonna sans réserve à la plus noire mélancolie. La douleur dont son âme était uniquement absorbée le rendait incapable d'aucun soin sérieux. Il cessa une seconde fois ses études et ses exercices, hors d'état de songer à la peine réservée à cette prétendue révolte.

Le visiteur et le général écrivirent en effet à l'abbé de Liége, et lui donnèrent leurs pouvoirs pour procéder contre Lelièvre. Ce magistrat domestique, tout à la fois juge et partie, fait assembler le chapitre. On procède, et la pauvre victime est dépouillée de ses habits religieux. On le revêt d'un mauvais habit noir, comme pour faire contraste avec la blancheur de celui qu'il portait. On le traîne en prison, et il y demeure enfermé pendant trois mois. Toute affreuse qu'elle était, elle paraissait trop douce au gré de ceux qui avaient entrepris de vaincre son obstination. Il en sortit en vertu d'une délibération du chapitre général; mais ce fut pour être jeté dans un de ces lieux d'horreur destinés à ensevelir le crime ou à cacher la folie.

Il y avait à Saint-Jean-aux-Bois (c'est le nom de cet affreux séjour) des cachots préparés pour ceux qui, dans la congrégation, avaient eu le malheur de malfaire ou de déplaire au régime. Quatre chanoines réguliers se trouvaient déjà renfermés chacun dans un de ces cachots ténébreux. Le cinquième fut destiné à Lelièvre. L'entrée du terrible séjour était une porte haute de trois pieds. On faisait courber le condamné et on l'enterrait dans cette espèce de tombeau que les chanoines, par une dénomination dérisoirement adoucie, appelaient des loges. Loge ou cachot, qu'importait le nom, si la justice la plus rigoureuse n'en a pas de semblables pour les grands scélérats?

C'est là pourtant que l'infortuné Lelièvre a gémi pendant deux ans et demi, privé de tout secours temporel et spirituel, livré à une infection pestilentielle, dévoré par les rats, ne recevant sa nourriture qu'à travers un guichet, sans feu, sans lumière. En vain demanda-t-il un confesseur et supplia-t-il le prieur lui-même d'exercer ce ministère de charité; ce qu'on accorde aux scélérats traînés à la potence ou sur la roue, on le lui refusa.

Cependant les parents du prisonnier n'en recevaient aucune nouvelle. Inquiets d'un silence prolongé depuis plu-

LES VOEUX FORCÉS.

sieurs années, ils se livrèrent à des recherches actives, et découvrirent enfin qu'on le tenait enfermé à Saint-Jean-aux-Bois. Leur tendresse se réveilla. Ils adressèrent la lettre la plus forte à l'abbé de Sainte-Geneviève et le menacèrent d'un coup d'état. Les suites en étaient redoutables, et l'amour du corps, cette idole de la plupart des religieux, opéra ce que ni l'humanité, ni la compassion, ni la charité n'avaient pu faire. L'abbé ordonna de traiter moins rigoureusement le prisonnier, et par quelque apparence d'adoucissement de donner satisfaction à la famille.

Voici l'expédient qu'ils imaginèrent. On fit sortir Lelièvre du cachot, mais on lui donna la maison pour prison, lui interdisant même le jardin. Dans l'excès de sa simplicité et de sa douceur, il promit tout ce qu'on voulut et donna sa parole de ne pas s'échapper. Il la tint scrupuleusement; mais on se jouait de sa droiture et de sa candeur. Au bout de quelque temps, le prieur l'engagea à écrire à ses parents, étonnés, disait-il, de ne recevoir aucune de ses lettres. Il fallait bien se garder de leur parler de la prison, et au contraire leur témoigner du contentement et leur annoncer un changement prochain de maison. Incapable de se défier et de résister, Lelièvre obéit à tout.

La lettre partie, l'honneur du corps une fois à couvert, la famille rassurée, le prieur, qui le croirait? le cruel et perfide prieur remit au cachot celui qu'il en avait tiré seulement pour se jouer de sa crédulité. Le bruit de sa nouvelle persécution pouvait désormais éclater jusqu'à Laval, la lettre le démentirait; personne n'y ajouterait plus foi: on crierait à la calomnie. Le captif, replongé dans son désespoir, comprit, mais trop tard, qu'il ne devait plus compter sur les promesses de ses supérieurs, encore moins sur leurs sentiments, et que l'évasion était son unique ressource. Déjà d'ailleurs il avait vu périr de misère deux de ses compagnons d'infortune.

Le premier, malade au mois de février 1758, fut abandonné sans aucune espèce de secours, ni temporel, ni spirituel. Personne ne le visita; on se bornait à lui apporter toutes les vingt-quatre heures de la soupe, du pain noir et de l'eau. Un jour on le trouva mort.

Le second, dans un état aussi affligeant, sortit, il est vrai, de son cachot; mais il ne mourait pas assez vite, et on l'y replongea sous prétexte qu'il contrefaisait le malade. Au bout de quelques jours, il expira comme le premier.

Un troisième demeura trois jours sans prendre la nourriture déposée sur le guichet. On entra pour s'assurer de sa situation; on le trouva prêt à rendre le dernier soupir, et on referma la loge.

Voilà les exemples lugubres que Lelièvre avait sans cesse sous les yeux. Il luttait ainsi le jour contre le désespoir et la misère, la nuit contre des rats qui, attirés par l'infection du lieu, contribuaient à l'augmenter encore. On lui refusa tous moyens propres à le délivrer de ces animaux incommodes. Et le patient était un innocent, un homme d'une douceur, d'une droiture et d'une candeur irréprochables! Il était réduit à cette déplorable extrémité pour avoir voulu réclamer contre ses vœux! La tentative d'une protestation était tout son crime. L'avenir était plus accablant encore que le présent. Au péril de sa vie, il résolut de s'échapper.

LES VOEUX FORCÉS.

Lelièvre commença avec ses mains à reconnaître tout autour de lui, sous ses pieds et au-dessus de sa tête; il examina les moindres recoins de son cachot. Les murs étaient épais et impénétrables. La terre formait le plancher; il se mit à la gratter. Parvenu à quelque profondeur, il remarqua qu'au-dessous de lui était une voûte, et que le seul moyen de s'évader serait de la percer. Par bonheur, en remuant la terre avec ses ongles, il rencontra un caillou; il en frappa les pierres de la voûte, et à chaque coup quelques légères parcelles se détachèrent. Ce premier succès l'encouragea. Il continua sans interruption et remarqua avec joie le trou s'agrandir peu à peu. Enfin, à force de patience, à force de réduire les pierres en poussière avec le faible instrument que lui avait offert la Providence, il vint à bout d'ouvrir un trou et vit le jour. La première ouverture pratiquée, il ne fallait qu'un peu de persévérance pour avancer plus rapidement. Lorsque l'ouverture fut assez large, il attacha ses draps aux pieds de son lit et se laissa tomber dans un caveau.

Il était minuit, et il ignorait s'il lui serait possible de s'échapper de ce nouveau cachot. Il va tâtonnant et rencontre une porte; il vient à bout de l'ouvrir et s'enfuit. Mais il restait un mur à escalader; il s'élance dessus et en ébranle une pierre qui, lorsqu'il voulut sauter de l'autre côté, lui retombe sur le dos et le renverse dans un fossé creusé le long de ce mur en dehors. Peu à peu il reprend ses sens et le courage que ce coup inattendu lui a fait perdre. L'amour de la liberté ranime ses forces épuisées, et, sans souliers, sans bas, avec de mauvaises guêtres et des pantoufles, il parcourt les bois dont la maison est entourée, et se trouve en pleine campagne à la pointe du jour. Son dessein était de retourner dans sa patrie, car il ne chercha jamais à se cacher.

Quel moyen de faire une route aussi longue sans argent? Il avait emporté six mouchoirs fournis par la congrégation; il en vendit quatre pour quarante-huit sous et arriva après mille peines à Paris. Sa longue captivité lui avait presque enlevé l'usage de ses jambes. Au bout de quelques lieues, ses pieds furent entièrement écorchés. Il prit la précaution d'entrer le soir dans la capitale, et de loger dans une mauvaise auberge du faubourg Saint-Marceau.

L'air timide et embarrassé de Lelièvre, ses yeux hagards, son visage flétri par la douleur, les haillons de la misère, tout rendait un pareil hôte suspect et à redouter. Il expliqua une partie de son infortune, et dans son triste récit il lui échappa de dire qu'il était originaire de Laval. L'aubergiste saisit ce mot, et soit pour éprouver sa bonne foi, soit en vue de lui procurer quelque soulagement, il lui parla d'un garçon tanneur de son pays qui habitait dans le voisinage. On le fit venir. Ils se reconnurent, et ce généreux compatriote exerça envers l'infortuné Lelièvre tous les devoirs de l'hospitalité. Il le fit coucher dans sa chambre, l'y tint caché, lui fournit des bas et des souliers, et paya sa place à la messagerie de Laval.

Au mois d'avril 1760, Lelièvre revit le lieu de sa naissance. Il commençait à respirer au sein de sa famille; ses fers lui semblaient brisés à jamais. Le calme rentra dans son âme, et sa conduite fut exemplaire : heureux si cette

LES VOEUX FORCÉS

trêve à ses maux eût duré; mais ses persécuteurs ne l'avaient pas perdu de vue, et au fond du cloître se préparaient pour lui de nouveaux fers.

Trois mois étaient à peine écoulés, lorsque les supérieurs de Sainte-Geneviève le firent sommer par huissier de se rendre à la maison de Saint-Jean-aux-Bois. Il n'eut garde d'obéir. On lui fit trois sommations, au bout desquelles il se vit un matin arraché de son lit, séparé de sa famille, livré à toutes les menaces du terrible avenir auquel il avait échappé un instant. Victime obéissante, il se laissa conduire, et quoiqu'il ne résistât pas, on lui mit les fers aux pieds. Le procureur des chanoines réguliers de Laval présidait à cette expédition cruelle et faite avec si peu de ménagement, que longtemps il en eut la jambe blessée.

Cette scène se passait le 18 août 1760. Le 24, il arriva à Paris; on le conduisit à Sainte-Geneviève. Les chaînes qui le garrottaient avaient été scellées avec tant de rigueur, que le serrurier, en les enlevant, lui fit éprouver les douleurs les plus vives. Il fut renfermé dans la tour de Sainte-Geneviève; c'était, l'on s'en souvient, sa quatrième prison; et il y aurait terminé ses jours sans une espèce de miracle. Il aperçut à la petite fenêtre par laquelle il recevait un peu de jour une targette de fer qu'on pouvait arracher. Cette fenêtre était fort élevée; il s'élance et saisit la targette. Avec cet instrument, il gratte tant dans les jointures de deux pierres, qu'enfin il se fit un jour. Alors il regarde et voit au-dessous de lui un toit sur lequel il peut se laisser tomber. Il redouble de travail autour de la pierre qu'il s'efforce de détacher. Elle s'ébranla à la fin; mais il fallait la pousser en dehors : elle était lourde et n'offrait aucune prise à ses mains.

Le hasard lui fournit un autre instrument. On avait laissé dans sa prison une grosse pierre ; il médite de s'en servir à pousser l'autre pierre, et comme sa chute devait être bruyante, il attend un dimanche pour exécuter son opération. Tout le monde était à vêpres ; il embrasse la pierre, rassemble toutes ses forces, frappe sur l'autre avec une telle violence, qu'une veine de ses jambes s'ouvre et que le sang en jaillit avec vivacité. Cet accident ne le décourage pas ; il parvient à chasser la pierre, dont la chute lui laisse bientôt une ouverture. Sans hésiter, il se précipite sur le toit placé au-dessous de lui et tombe dans une gouttière. Si sa chute eût été plus rapide, il roulait de plus de cinquante pieds de haut. Au bout de la gouttière se trouvait une petite lucarne donnant sur une galerie par laquelle il put se sauver.

Cette évasion merveilleuse fit du bruit dans Paris. Plus de deux mille personnes vinrent voir le trou par lequel il s'était échappé. On ne se lassait pas d'admirer et son adresse et son bonheur. On se rappelait que, trois années auparavant, un religieux enfermé dans la même prison n'avait pas été aussi heureux. Il s'était brisé la tête en tombant sur le pavé.

Ce qui suit n'est pas moins prodigieux. Le fugitif forme le projet de s'engager dans les gardes françaises et se présente au sergent d'affaires de ce régiment, qui le reçoit, le 1er septembre 1760, pour la compagnie du marquis de Dallot, alors en campagne. Conduit chez M. de Senne-

LES VOEUX FORCÉS.

ville, commissaire des guerres, pour se faire enregistrer, Lelièvre « déclara et répéta encore devant les officiers à » l'ordre qu'il avait porté l'habit de chanoine régulier en » vertu de vœux suggérés et contre lesquels il avait pro- » testé depuis quatre ans. » Il n'en fut pas moins agréé unanimement.

Le marquis de Dallot fit plus encore; il envoya vers messieurs de Sainte-Geneviève savoir s'il pouvait, sans crainte de réclamation de leur part, le prendre dans sa compagnie. Ils répondirent qu'il le pouvait en toute assurance, Lelièvre n'ayant ni vices ni vertus. Le marquis, avec son congé, lui délivra d'ailleurs un certificat de bonne conduite à Paris et à l'armée; il se terminait ainsi : « Le » procureur général de Sainte-Geneviève m'a demandé de » lui faire faire la campagne, et de le mettre au cachot » s'il s'avisait d'écrire, comme il le faisait à tous les gens » qu'il croyait pouvoir lui être utiles pour le relever de ses » vœux. » Recommandation qui demeura sans effet, malgré les correspondances par lesquelles Lelièvre s'efforçait d'intéresser à son sort les âmes sensibles et bien nées.

Lelièvre écrivait en effet mille lettres différentes, au pape, au grand pénitencier de Rome, à messieurs les archevêques de Paris et de Tours, à tous les ministres, à toutes les personnes enfin qui, par leur rang et leur dignité, pouvaient lui rendre quelque service. Il fit plus, il éleva sa plainte jusqu'au trône et osa écrire au roi. Partout il trouva des protecteurs qui lui donnèrent des marques de bonté et d'intérêt. Le roi lui-même abaissa ses regards jusqu'à sa misère, ordonna qu'une information eût lieu, qu'on l'entendît et qu'il fût défendu.

Dociles à une volonté si formelle et partie de si haut, les supérieurs de Sainte-Geneviève se montrèrent moins rigoureux, et au mois de décembre 1761 ils l'envoyèrent à soixante lieues de Paris, dans leur maison de Gatines, près de Tours, pour y vivre « comme un pensionnaire séculier. » Il y jouit abondamment de toutes les choses nécessaires à la vie et d'une honnête liberté. Plus de prison, plus de mauvais traitements. O bizarre et inexplicable contradiction! on le traitait avec la charité et les égards dus à un confrère dans le temps précisément où l'on ne le regardait plus comme tel.

Le sort de Lelièvre était adouci, mais ses liens n'étaient pas rompus; pour être plus légers, ils n'en existaient pas moins; il voulait les rompre tout entiers et faire déclarer sa profession nulle. Que de lettres! que de démarches ne fit-il pas pour obliger l'abbé de Sainte-Geneviève de le mettre à portée de suivre sa demande en résiliation de vœux! Il en avait reçu une lettre dure et menaçante qui se terminait par ces phrases : « Le prieur vous donnera » douze livres pour venir jusqu'ici. Vous avez appris à » marcher à pied dans les gardes françaises. Je vous dé- » fends de passer par aucune de nos maisons, vous y seriez » regardé comme un apostat. »

La lutte s'engagea enfin; elle fut vive, et se termina étrangement. Un arrêt en la grand'chambre du parlement de Paris, du 16 avril 1764, le débouta de toutes ses demandes, avec injonction à Lelièvre de se retirer dans l'in-

LES VOEUX FORCÉS.

térieur de la maison de Sainte-Geneviève, pour y vivre selon la règle et sous l'autorité des supérieurs, à la charge par eux de le traiter charitablement et fraternellement, etc.

Ainsi un malheureux a prononcé au pied des autels un engagement que son cœur désavouait et dont la faiblesse de son esprit lui dérobait les suites terribles. Des parents avides en ont profité pour contraindre sa volonté. Des religieux ont employé la séduction et la violence pour enchaîner cette victime. Ils l'ont traînée de prison en prison, ensevelie au fond d'un cachot ténébreux; et le seul dédommagement de tant de maux est un ordre de revenir au milieu même de ses persécuteurs et de se soumettre à leur volonté.

L'ENFANT.

Le 30 juin 1767 trois pêcheurs trouvèrent dans le Rhône, près de Condrieu, petite ville éloignée de Lyon de huit lieues, un cadavre de femme flottant sur les eaux. Ils le mirent sur le rivage et le dépouillèrent. Ce cadavre avait le ventre très-gros et rendait beaucoup de sang par la bouche. Au bout d'une heure il devint extrêmement noir. Un chirurgien passe; sans descendre de cheval et sans examen, il se hasarde de dire : C'est quelque fille qu'on aura étranglée et jetée dans le fleuve.

Le devoir des officiers du lieu était de dresser procès-verbal de l'état du cadavre, d'y apposer leur sceau, de faire apporter ses vêtements en leur greffe, de différer son inhumation autant que les secours de l'art laisseraient espérer son retour à la vie, enfin d'épuiser les moyens de connaître la noyée. Le devoir du curé, averti par les pêcheurs, était de prévenir lui-même les officiers. Que de scandales et de crimes ces précautions auraient épargnés! Voici, au contraire, ce qui fut fait :

L'ENFANT.

Le curé s'informe si l'on avait trouvé sur cette femme des marques de catholicité, comme s'il en eût fallu pour qu'il remplît envers elle l'obligation sacrée de la sépulture! On lui répond n'en avoir trouvé aucune, et il s'abstient d'un enterrement qui lui répugnait. Sur la fin du jour, les pêcheurs l'enfouissent dans la terre, auprès de quelques saules, et se partagent ses vêtements. Or voici ce qu'était la malheureuse qu'on venait d'inhumer.

Cinq jours avant cette découverte, le 25 juin, Claudine Rouge, âgée de dix-huit ans, l'une des trois filles d'un ouvrier en soie de la ville de Lyon, était sortie en déshabillé de la maison de ses père et mère, à neuf heures du soir. Ils habitaient la rue de la Grande-Côte, extrêmement peuplée d'artisans, et dont chaque maison renferme plusieurs familles au rez-de-chaussée comme aux différents étages.

Les uns disaient qu'elle était allée chercher un chat, objet de ses soins et de sa prédilection, qui s'était échappé dans le voisinage, et qu'une voisine avait détourné pour l'attirer chez elle; d'autres prétendaient avoir vu cette jeune personne entre neuf et dix heures du soir sur le pont Saint-Vincent, à plus d'un quart de lieue de la demeure paternelle. Un autre enfin assurait l'avoir rencontrée sur les escaliers après neuf heures, et l'avoir saluée. Comme la maison était habitée par toute sa famille, on la crut montée chez quelqu'un de ses parents et d'abord l'on ne s'en mit nullement en peine. Cependant elle tardait trop à revenir, sa mère s'inquiète et l'appelle. Elle ne répond pas, on s'alarme, on la cherche inutilement.

CAUSES CÉLÈBRES.

Quelle pouvait être la cause de cette subite et étrange disparition? Sans être belle, Claudine Rouge pouvait plaire; sans doute aussi elle était sensible. La séduction, un rapt, ou son propre penchant, ne l'auraient-ils pas enlevée à ses parents? Peut-être avait-elle des peines domestiques et voulait-on l'engager dans un mariage contraire à son goût ou lui faire embrasser la profession religieuse. La fuite lui aurait paru le seul remède à ses maux. Elle avait eu le malheur d'avoir deux frères enfermés pour folie, l'un à l'hôpital de Valence, où il était mort, l'autre à l'hôpital de Lyon, où il était encore. Qui sait si, la même naissance produisant les mêmes effets, cette malheureuse n'aurait pas attenté à ses jours? si la crainte de la honte, plus forte que l'amour de la vie, ne l'aurait pas portée à prévenir par la mort les marques de quelque faiblesse prête à éclater? Cette année même Lyon avait vu jusqu'à huit suicides pour un pareil motif!

Enfin, dans une allée contiguë à celle du père on travaillait à une fosse d'aisance de cinq pieds en carré à fleur de terre, cette nuit même. En cherchant avec trop d'empressement son animal favori, n'y serait-elle pas tombée? et, pour cacher à la famille et au magistrat une négligence punissable, les ouvriers, la voyant morte, n'auraient-ils pas pris le parti de la jeter dans le Rhône? Chacun se livrait à des conjectures, toutes semblaient autorisées et dans l'ordre de la vraisemblance.

La mère, après d'inutiles recherches dans les différents ménages de la maison, sortit à dix heures afin de parcourir le voisinage. En face précisément était le domicile d'un

L'ENFANT.

marchand chandelier nommé Forobert, ayant une femme âgée de vingt-trois ans. Il habitait dans une salle basse sur la rue, un petit endroit à côté d'une cour servant à mettre du charbon et à fondre du suif, et un grenier de même grandeur au-dessus. Une portion de la salle basse servait de boutique, l'autre de chambre à coucher, garnie d'un lit pour les père et mère, et d'un berceau pour leur enfant. Cette description sommaire n'est pas sans un très-grand intérêt, ainsi qu'on le verra ci-après.

La nommée Fay, belle-sœur de la dame Rouge, s'occupa comme elle de perquisitions. La femme Forobert la voyant de sa porte annoncer par sa marche un air d'inquiétude, lui demanda ce qu'elle cherchait. « Une de nos » filles, répondit-elle ; ne l'auriez-vous pas vue ? — Oui, » reprit la première ; elle est entrée dans une de ces » allées, où elle a dit qu'elle allait se cacher. » Et elle se mit à rire de tout son cœur d'avoir donné ce qu'on appelait à Lyon une attrape. D'ailleurs elle avait une intrigue à cacher, et croyait par ces mots en l'air se débarrasser d'une importune.

Depuis quatre années en effet la femme Forobert paraissait avoir de l'attachement pour un jeune homme nommé Antoine Perra, chez la mère duquel son mari avait fait son apprentissage. Cédant à sa famille, qui le pressait de s'établir, Perra venait d'accepter un rendez-vous pour dernière explication avec celle dont il était vivement regretté. Il s'acheminait vers elle et elle l'avait reconnu, lorsque la dame Rouge cherchant sa fille les troubla tous les deux. Cependant sur l'invitation renouvelée d'une voix pleine d'émotion, elle négligea l'amant pour secourir la mère, et visita avec elle, mais vainement, l'allée en face; elles se quittèrent.

Revenue chez elle, la Forobert y trouva la fille Prunier, sa messagère, et Perra. Aussitôt entrent sur ses pas trois femmes avec la dame Rouge, qui lui dit : « Madame » Forobert, nous ne trouvons point notre fille; elle sera » peut-être entrée chez vous sans que vous vous en soyez » aperçue. » La remarque était désobligeante, mais la douleur d'une mère excuse tout. Elle laissa faire à la voisine et à ses assistants toutes leurs recherches; elle ne furent pas longues, si l'on se souvient de la description du local. Perra, confus d'avoir été surpris, se mit à prendre un livre et eut l'air de le parcourir. Il était onze heures lorsqu'elles ressortirent.

A minuit on frappe de nouveau à la porte de la Forobert. La croyant ouverte, elle crie de pousser, et neuf personnes envahissent sa chambre. Elle s'offense, leur adresse quelques reproches; mais on n'en tient aucun compte. Munis d'un ordre du capitaine du quartier, le père avec sa troupe explore boutique, chambre, cour, grenier, jusqu'au berceau de l'enfant, âgé de cinq ans et demi, et qui dormait. Rien n'autorisa le plus léger soupçon contre la Forobert. Perra cette fois exprima fortement son indignation sur le scandale d'une pareille scène et sur la violence qui l'avait accompagnée.

Toute la famille Rouge et les cinq ménages du même corps de logis passèrent la nuit dans une cruelle agitation. Point de sommeil pour aucun d'eux et mille supposi-

L'ENFANT.

tions. La dernière à laquelle ils s'arrêtèrent leur offrit le plus de probabilités. Entre l'allée de la maison et celle du sieur Tholot attenante se trouvait un puits. On pensa à la fin que Claudine Rouge s'y était jetée, soit en avançant le corps pour prendre son chat, soit en s'y précipitant dans quelque accès de folie. Le charpentier Merin en sonda pendant plus de trois quarts d'heure toute la capacité avec des crochets, mais ne rencontra rien.

Le soupçon le plus grave, l'outrage le plus sensible n'en avaient pas moins été jetés à la face de la femme Forobert. On aima mieux l'aggraver que d'avoir à le réparer; on se livra ou l'on feignit de se livrer à l'idée la plus infâme. « La conduite de cette voisine n'était pas » un mystère. Pendant l'absence de son mari, à des » heures indues, avec la connivence de la fille Prunier » elle recevait Perra. Sans doute elle avait aussi reçu et » soustrait la jeune fille pour des vues criminelles. » Ainsi on semait çà et là les premiers éléments d'une accusation terrible. Ils circulaient, grossissaient à chaque instant, prenaient une consistance sérieuse, lorsque la nouvelle du cadavre découvert dans le Rhône parvint à Lyon.

Le sieur Reverdi, oncle de Claudine, et Dumontant, ami de la famille, après avoir perdu plus de quatre jours en vains pourparlers et en délibérations, se décidèrent enfin à partir pour Condrieu. Comment espéraient-ils reconnaître le cadavre? C'était l'époque des grandes chaleurs. Une heure après l'exposition à l'air il avait pris une teinte noire; il avait été cinq jours dans l'eau et six en terre. Pour l'exhumation ils auraient dû appeler les officiers de justice. Toute précaution fut négligée cette fois encore. Sans doute à leur retour ils voulaient être crus sur parole. Un mendiant, sur leur réquisition, avait exhumé un cadavre absolument méconnaissable. Ils se firent remettre le morceau d'une prétendue chemise marquée selon eux de deux lettres initiales, celle du linge de Claudine, et avec ces renseignements aussi légers que furtifs, ils soutinrent la constatation de l'identité.

Leur premier prosélyte fut le curé de Saint-Michel. Ils l'allèrent trouver, lui payèrent son droit d'enterrement, et pour de l'argent obtinrent ce que la charité seule aurait dû d'abord accorder. Ils firent plus : sur leur assertion controuvée, l'acte mortuaire qualifia ce cadavre « celui de Claudine Rouge, que des malheureux avaient » jeté dans le Rhône, le 25 juin, après l'avoir saisie sur » sa porte, vers neuf heures du soir. »

Voilà le second degré de cette accusation qui s'avance pas à pas et s'aggrave avec quelques mots ajoutés vaguement les uns aux autres. Il y a déjà une désignation obscure. Elle devint plus précise dès leur retour à Lyon. Ils répètent à leurs amis, à leurs connaissances, à la populace qui habite ces quartiers, et sur laquelle ils s'attendent à produire un grand effet : « Nous l'avons reconnue à ses » traits, elle avait seulement la bouche un peu agrandie. » C'étaient bien ses habillements. Elle est morte assassinée; » elle avait la corde au col et les mains attachées derrière » le dos. Sa langue sortait de sa bouche ; n'en doutons pas, » elle a été la triste victime de quelques scélérats; peut- » être a-t-elle été tout à la fois l'objet de leur brutalité. »

L'ENFANT.

Ce récit calomnieux met deux grands crimes à la charge de la société; quels seront les coupables? Ne serait-ce pas cette femme dont on avait par deux fois visité le logement d'environ vingt pieds en carré, dont la boutique et la fenêtre livraient toute la demeure aux regards des passants, dont la porte a été exposée jusqu'au matin aux regards continuels de la famille Rouge et des ouvriers qui travaillaient en face dans la maison voisine? Ainsi, plus d'équivoque, la prétendue coupable était signalée, nommée ; quelle marche rapide !

Il existait alors à Lyon un scélérat accrédité, terreur de la populace, patron des uns, fléau des autres, objet de la crainte et du respect de tous. On se vantait d'avoir pour soi M. Constant, premier huissier de la cour des monnaies : on se menaçait au plus léger démêlé de M. Constant, beaucoup plus que des magistrats eux-mêmes, faits pour maintenir l'ordre et punir les délits. Les marchés, les places publiques, les prisons et tout ce hideux cortége de guichetiers et de bourreaux, étaient dans sa dépendance; il emprisonnait par voie de police et élargissait à son gré.

Cet homme redoutable avait voulu plaire à la femme Forobert, qui, soit mépris pour lui, soit amour du devoir, soit un autre engagement cher à son cœur, avait rejeté avec une sorte d'indignation ses soins et ses services. La famille Rouge, prévenue par les propos de Reverdi et de Dumontant, avait déjà choisi la Forobert pour objet de sa dénonciation, et dans sa pensée lui avait associé certaines personnes qu'elle supposait avoir des relations avec elle.

Constant, rebuté de nouveau par la Forobert, humilié du dédain qui avait accueilli ses offres de protection, se présenta à la famille Rouge, dont la passion aveugle et forcenée les accepta. Il abandonna donc le rôle de protecteur pour celui de persécuteur. Il se constitua vengeur de leur cause et de la sienne.

La femme Forobert avait un fils de cinq ans et demi. On l'attira à jouer avec des enfants un peu plus âgés que lui, tantôt dans une cour appelée la cour du Soleil, tantôt dans le jardin des dames de la Déserte. D'abord le petit Rouge, frère de Claudine, âgé de neuf ans et demi, et le petit Gayet, enfant de treize ans, dressés avec soin et perfidie, commencèrent par lui dire : « Ta mère a tué la demoiselle Rouge. » Et quelque temps après l'enfant répétait à sa mère par forme de question : « Est-il vrai que tu as » tué la dodon Rouge? » Ensuite on le menaçait pour lui-même d'un sort pareil de la part de sa mère, à laquelle ses faibles organes retraçaient aussitôt l'idée qu'on s'efforçait de lui donner : « On m'a dit que tu avais tué la » dodon Rouge et que tu m'en ferais bien autant. »

De là, par degrés, on lui récitait d'abord un incident, puis un autre de la scène imaginaire; on y joignait la pensée d'assassinat, on la lui inspirait, on la lui rendait propre, et à son tour il racontait comme s'il avait vu. Une tante de Claudine lui donna six sols une fois, vingt-quatre une autre, pour le récompenser de sa facilité à saisir et à redire ; des bonbons et des caresses le touchaient encore plus que l'argent. L'enfant avait un oncle propriétaire d'un bateau sur le Rhône, où son père le menait

L'ENFANT.

quelquefois promener et dont il savait le chemin. Afin de ne pas fatiguer sa mémoire, on lui en traça les contours, on les lui faisait répéter, pour voir comment il les placerait dans ses détails, et en le récompensant avec des bonbons ou de l'argent, on ne manquait pas de lui recommander : « Dis toujours de même. »

Les séducteurs de cet innocent ne s'en tinrent pas là. Quelque chose manquait encore à une déposition qu'ils voulaient rendre dramatique. Les gestes, les attitudes, capables de leur concilier quelque foi, rien ne fut négligé pour compléter ce rôle de petit parricide auquel les infâmes le dressaient; sa raison fut pervertie et la nature outragée.

En même temps on entretenait, on fortifiait parmi le peuple les rumeurs déjà semées. On en répandait de nouvelles avec le soin perfide de les faire parvenir à la femme Forobert. On l'engageait mystérieusement à la fuite, cherchant à se ménager par là quelque charge contre elle; elle évita le piége. On se tourna vers la fille Prunier; les mêmes conseils lui furent donnés. Son évasion soulèverait de violents soupçons contre celle qui avait passé la soirée et la nuit avec elle. L'huissier Constant, à l'aide de ses émissaires, traçait un tableau effrayant à la populace, en rembrunissait chaque jour les couleurs, la préparait à l'idée d'une horreur qui demandait des supplices; l'habile artisan de crimes se signalait dans la composition de celui-là.

Six jours de préparatifs odieux et de sinistres détails disposèrent les esprits à une dénonciation. Le 7 juillet le sieur Rouge père la porte au procureur du roi : il y dit : « Ma fille est entrée chez la femme Forobert et » n'a plus reparu. » Le même jour, en vertu des pouvoirs qu'il s'était arrogés dans Lyon d'emprisonner et d'élargir de son autorité, Constant vint avec appareil arrêter la femme Forobert, et sans aucune formalité la traîna en prison au milieu d'un peuple nombreux, animé contre elle. Les cris d'assassine, de prostituée, retentissent de toutes parts à ses oreilles ; la voilà celle qui a enlevé la jeune fille et qui l'a noyée. On la chargeait d'outrages et d'imprécations.

Le fils avait été enlevé au même instant et tenu en chartre privée pendant sept heures chez un marchand d'étoffes de soie. Après une leçon plusieurs fois répétée, Constant livre son élève au juge, qui l'interroge. Il dépose avec aplomb, sans s'interrompre ni se troubler un moment, d'une voix enfantine, mais ferme, avec divers gestes habilement ménagés qui soutenaient l'expression voulue : « Le » jour de l'octave de la Fête-Dieu, Claudine Rouge entra » chez ma mère pour y demander un chat qu'elle avait perdu. » M. Perra l'aîné lui fit beaucoup de vilaines choses ; il » la viola; elle cria de toutes ses forces en disant : J'en » avertirai mon père. Ensuite Perra le cadet, Mettra, la » fille Prunier et ma mère la prirent par le cou et l'étran- » glèrent. J'étais dans mon berceau, où je faisais semblant » de dormir, mais je voyais et j'entendais tout. On prit » le corps de Claudine et on le porta dans l'allée de la » maison où demeure madame Fay sa tante, et on le jeta » dans le puits ; en tombant il fit patatras. » Après ce mot,

L'ENFANT.

accompagné d'un mouvement significatif, il fit une légère pause.

Le juge frémissait, et cependant cette netteté de récit, cette précision, ce choix de termes propres, élevaient déjà dans son esprit quelques soupçons ; ils se fortifièrent lorsque, avant l'invitation même de continuer, il reprit : « Pendant la nuit du 27 juin au dimanche 28, l'un des » Mettra descendit dans le puits avec la corde dont ma » mère se servait pour puiser ; on l'attacha à une poulie » attachée au haut du puits, et on retira le cadavre de » Claudine, dont le visage était noir et meurtri ; mais on » ne retrouva pas la coiffe qui était sur sa tête lorsqu'elle » y fut jetée. Ensuite ils transportèrent le cadavre dans » la boutique de ma mère. On l'enveloppa d'un mauvais » drap ; Antoine Perra prit le cadavre sur ses épaules, » cinq personnes l'accompagnèrent, j'étais avec elles. » Nous traversâmes la place Neuve-des-Carmes, la rue » Sainte-Marie, la place des Terreaux, la rue Lafond, la » rue du Garet ou des Missionnaires, la rue Basseville, et » de là ils arrivèrent sur le quai du Rhône, et descen- » dirent par un petit chemin dans un bateau à lessive » nommé *Plato*, d'où ils jetèrent le cadavre dans la » rivière. »

Ici il faut s'incliner avec reconnaissance devant cette puissance de raison qui sait faire ressortir des charges mêmes les plus accablantes les preuves de l'innocence. Si cet enfant n'eût pas été mis sur la scène, sa mère, moins chargée sans doute, mais aussi livrée par ses calomniateurs au vague des soupçons multipliés, avait mille fois moins de moyens pour les détruire. Au contraire, la fausseté de cette déposition démontrée sur quelques points essentiels qui démentaient les autres, l'atrocité du plan, l'assassinat de la mère par le fils, n'étaient-ils pas évidents? D'un autre côté, à quoi tiendrait donc notre vie si les bégayements d'un petit misérable suborné par des méchants avaient la puissance de mettre en rumeur toute une populace et de faire jeter six personnes dans les fers, en suscitant contre elles la plus terrible des accusations?

La première des épreuves à laquelle on soumit les dires de l'enfant était bien simple. Il avait parlé d'une corde avec laquelle le cadavre avait été descendu dans le puits : examinée, la corde parut saine, entière, sans la moindre altération. Mesurée ainsi que le puits, l'un avait trente-six pieds neuf pouces de sec, huit pieds dix pouces d'eau, ce qui fait quarante-cinq pieds sept pouces; l'autre n'avait que trente-six pieds et demi, sans compter ce qu'il fallait pour l'entourage du corps, pour atteindre des bords du puits à la poulie, pour redescendre de la poulie dans les mains de ceux qui auraient tenu la corde. Le tout exigeait une longueur de soixante pieds. L'imposture était flagrante.

De plus, Forobert, le mari, qu'on n'avait pas osé envelopper dans la complicité, pouvait avoir couché chez lui pendant ces trois nuits. Comment son sommeil eût-il été assez profond, assez continu, pour n'être pas, une fois au moins, troublé par le bruit? Il sollicitait instamment une entrevue avec son fils, et on la lui refusait, tandis que tous les jours on les permettait à l'infâme Constant. Fo-

L'ENFANT.

robert vit enfin son fils. De vains ornements affaibliraient cette scène touchante; il faut laisser à la nature son libre cours et emprunter de la bouche d'un père la simplicité de ses expressions.

« Le jour marqué pour cette entrevue, dit-il aux ju-
» ges, je me rendis dans les prisons de Saint-Joseph; elle
» commença par l'attendrissement; les larmes de mon en-
» fant et les miennes coulèrent d'abord avec abondance.
» J'atteste ici le magistrat qui y présida et en dressa pro-
» cès-verbal; je n'employai point de menaces, je ne cher-
» chai point à l'intimider, je l'interrogeai d'un ton affec-
» tueux; je tremblais même à chaque question, dans la
» crainte de l'entendre confirmer ce qu'il avait dit. Heu-
» reusement la vérité reprit ses droits sur son cœur. Il
» avoua plusieurs fois n'avoir parlé que sur l'invitation
» de deux enfants. Sa réponse à plusieurs de mes ques-
» tions fut celle-ci : Non, mon père, c'est le petit Gayet
» et le petit Rouge qui me l'ont dit..... qui m'ont dit de
» le dire. Elle est consignée dans le procès-verbal. Il y
» persévéra malgré les menaces du juge de lui faire donner
» le fouet comme à un menteur. »

Cependant le glaive restait toujours suspendu sur la tête des accusés; la populace, qui l'avait mis d'abord aux mains des magistrats, osait l'y retenir malgré eux. Un suppôt de la justice se glissa dans la prison de la dame Forobert, lui fit servir un souper préparé, le partagea avec elle, exalta sa tête par des liqueurs échauffantes, et au milieu des vapeurs qui la troublaient s'efforça de lui arracher l'aveu de son crime prétendu. Un parchemin lui fut montré. C'étaient, disait-on, des lettres de grâce si elle voulait convenir des faits. Son bon esprit lui fit éviter le piége, et grâce au zèle des défenseurs, la vérité devait enfin triompher.

Cet enfant, que tout un peuple, dans sa prévention aveugle et dans les mouvements emportés de sa passion, regardait comme suscité par la Providence contre le crime, devint en un jour l'instrument de salut de six innocents. Ses rétractations, l'invraisemblance des détails proclamés véritables, tout se réunit à la fois pour faire ressortir cet abominable plan d'assassiner une mère par les mensonges suggérés à son jeune enfant. Claudine Rouge, en la supposant violée et mise à mort, ne l'avait pas été par les accusés.

« Arrêt qui déclare innocents la femme Forobert et » ses prétendus complices. » Alors, avec la même fureur qu'il les avait poursuivis et voués au supplice, le peuple se précipite vers la prison pour les en arracher et les porter en triomphe; extrême dans ses haines irréfléchies comme dans ses prédilections subites. Ils purent à peine traverser la foule qui se pressait autour d'eux et proférait des vociférations contre les Rouge et Constant. « A la prison! à la potence! dans le Rhône! » telles étaient les formules énergiques de sa justice expéditive, proclamées à grands cris. L'exécution allait suivre de près. Inspirée seulement par son instinct passionné, la foule courut vers la demeure de Constant. Là, ce redoutable dominateur des basses classes fut converti tout à coup en criminel qu'il avait suffi d'un moment pour juger, condamner, et qu'on

L'ENFANT.

voulait exécuter sans autre intervention des formes de justice.

La maison de l'huissier soutint un siége en règle. Malgré la résistance opiniâtre de la maréchaussée, il fut au moment d'être saisi par deux de ces hommes qu'il avait autrefois arbitrairement emprisonnés. Ils étaient parvenus à escalader le mur jusqu'au premier étage, et le plus résolu, après avoir brisé une partie de la fenêtre, s'apprêtait à pénétrer dans l'intérieur, lorsqu'une servante effrayée apparut en criant : « Il vient de s'échapper par la rue » basse. » On la crut, et sans réflexion chacun tourna ses pas de ce côté. Lui, tremblant et consterné de terreur, ne savait où se cacher. Le lendemain, les magistrats ayant donné l'ordre de l'arrêter, on le trouva tapi et presque sans connaissance dans un coin de sa cave.

La tendresse maternelle, la douleur, la parenté, servirent d'excuse aux Rouge et à leurs amis. L'huissier devait payer pour tous; l'infernal précepteur du fils Forobert avait mille autres méfaits à expier. Comment la justice avait-elle pu l'épargner aussi longtemps? par quel privilége avait-il joui d'une impunité si scandaleuse? L'arrêt qui le condamne à être pendu contient deux pages in-quarto de chefs d'infamie et d'atrocités. Prévarications, abus de confiance, connivence avec les voleurs, encouragements à certaines personnes pour le devenir, arrestations arbitraires d'étrangers après les avoir dépouillés de leur argent et de leurs bijoux, emploi de faux noms, de fausses signatures; enfin une accumulation de méfaits que la plume se refuse à transcrire.

CAUSES CÉLÈBRES.

Cette partie de la cité, sur laquelle surtout Constant régnait en despote, se livra à une joie immodérée. La veille du jour où il devait être pendu, des feux de joie furent allumés dans un grand nombre de carrefours ; de grands et de petits mannequins, représentant l'huissier dans son costume, furent jetés dans les flammes, comme si chacun eût voulu pour sa part le faire brûler en effigie. C'était une véritable fête, et toute l'exaltation de sujets infortunés délivrés tout à coup de leur tyran. Les habitants de la campagne, théâtre aussi de ses exactions, ne manquèrent pas d'accourir et d'y prendre part.

La place sur laquelle on avait dressé la potence se trouva, le jour de l'exécution, encombrée d'une si grande multitude de curieux, qu'il fallut plus de six heures au bourreau pour achever son office. Deux fois les flots de ce peuple avide de pareils spectacles, et ivre d'une sorte de vengeance personnelle, furent poussés avec tant de violence vers l'échafaud, qu'il fut impossible de les refouler. Les gardes, emportés, enveloppés de toutes parts, cédèrent au torrent; le gibet fut renversé, le bourreau et ses aides roulés pêle-mêle, et le criminel, déjà plus mort que vif, presque soustrait au dernier supplice par l'avidité même de le contempler.

Ce désordre extraordinaire cessa enfin; le gibet, redressé pour la troisième fois, permit l'exécution, et il étala aux regards satisfaits de la populace le corps inanimé de celui qu'elle s'étonnait d'avoir si longtemps souffert pour son maître. Toutefois en se retirant chacun se demandait : « Mais Claudine Rouge, qu'est-elle devenue? com-

L'ENFANT.

ment a-t-elle disparu? Le cadavre découvert par les jeunes pêcheurs n'est donc pas le sien? S'il est le sien, il y a des coupables; on les trouvera; ils seront punis. » Ainsi, à peine sorti du spectacle, le peuple songeait à une pièce nouvelle. Et cependant Claudine Rouge n'a jamais reparu; si elle a péri par un crime, les criminels sont encore ignorés. Ils ont échappé à la justice humaine : la justice divine aura su leur infliger les châtiments qu'ils méritaient.

LA JALOUSIE.

« A MISS MARGUERITE REAY.

» Huntingdon, 4 décembre 1774.

» Le caporal Trimm se charge encore de vous remettre
» ce billet. Merci de celui qui m'est parvenu hier au théâ-
» tre. Je ne veux prendre aucun avantage de l'aveu échappé
» à votre candeur, ma chère Marguerite. Que le bonheur
» me fuye à jamais s'il faut l'acheter d'une minute du vô-
» tre ! Permettez-moi un seul raisonnement. Il vous a
» élevée... soit... Tout ce que votre esprit a de grâces,
» votre caractère de douceur, vos qualités aimables de per-
» fection, vous le lui devez, j'en conviens. Est-ce un titre
» à l'empire absolu sur votre cœur?... une dette qui ne
» s'acquitte jamais? Votre attachement, vos soins depuis
» votre enfance ne comptent-ils pour rien?... et les années !
» Marguerite, les années !... il en a cinquante-cinq et vous
» vingt-quatre, quelle disproportion ! Ainsi, sous le nom
» usurpé de reconnaissance, il vous imposera une servi-

LA JALOUSIE.

» tude éternelle. Avez-vous si vite oublié nos lectures, ma
» belle amie? Le jasmin dans la fraîcheur du printemps
» n'embrasse pas de ses caressantes guirlandes le tronc à
» demi pourri du vieil orme, s'il est libre de projeter ail-
» leurs sa verdure et ses fleurs.

» Réfléchissez, je ne prétends point vous surprendre ;
» dormez sur cette proposition avant de me répondre.
» Je serai moins heureux, et vous dormirez seule. »

Telle est la lettre sur laquelle méditait miss Marguerite Reay, dans le château de lord Sandwich, non loin de Huntingdon, chef-lieu de l'Huntingdonshire. Orpheline dès sa plus tendre enfance, elle avait, par sa jolie figure, son esprit naturel, la gentillesse de ses manières, et surtout, il faut le dire à l'honneur du lord, par sa pauvreté, excité tout son intérêt. Rien ne fut épargné pour son éducation, et parvenue à l'âge d'en apprécier le bienfait, elle le paya beaucoup trop. La générosité de mylord ne s'éleva pas jusqu'au désintéressement ; la reconnaissance de miss alla jusqu'à fa faiblesse. Trois enfants furent le fruit de leur liaison prolongée.

Les opérations du recrutement avaient appelé à Huntingdon un officier de l'armée anglaise nommé James Hackman, jeune, brillant, d'un esprit très-cultivé, d'une imagination ardente. Accueilli chez mylord avec la distinction accordée à tous les officiers en Angleterre, il eut l'occasion de voir Marguerite Reay. L'amour fit bien vite entendre à son cœur un autre langage que la reconnaissance, et entre eux s'établirent des relations intimes longtemps ignorées de lord Sandwich, que, dans leurs conversations ou dans leurs lettres, ils désignaient toujours par les noms de *Robin Gray, Lui*, etc. Les vues d'Hackmann étaient légitimes; il voulait par le mariage mettre fin à une double intrigue, et pour s'assurer des revenus plus considérables, quitter l'état militaire et entrer dans les ordres.

Marguerite pesait donc les titres du vieil et du nouvel amant. Son secret n'était pas découvert encore; nul n'avait pénétré les pensées de son âme. La raison et mylord étaient d'un côté, son cœur et James de l'autre. Après une longue délibération, elle décida que le serment de foi et hommage prêté à sa seigneurie à une époque où elle ne connaissait pas l'amour cessait d'être obligatoire, qu'elle restait entièrement libre de se dévouer corps et âme à un autre. A l'instant elle lui donna connaissance de l'arrêt définitif avec un rendez-vous pour le lendemain. Elle terminait en disant : « Venez donc; je n'écrirai pas un mot
» de plus, de peur que la conscience, qui dans ce moment
» regarde par-dessus mon épaule gauche, ne m'arrache la
» plume et n'efface ces mots : *A demain*. »

Ce billet rendit Hackmann moins heureux qu'irrésolu. Il l'attendait comme une sentence suprême; mais l'honneur avec ses scrupules tardifs vint le troubler et lui dicter des conditions. Il répondit à Marguerite :

« L'amour dont vous m'annoncez le triomphe exige
» impérieusement le sacrifice de mon rival ; c'est-à-dire,
» si je dois être heureux, ce sera sous un autre toit. Il est
» à la fois votre bienfaiteur et mon hôte, je ne l'insulterai
» pas jusqu'au sein de ses foyers. Quel accueil affectueux il
» a fait, en octobre dernier, à Hirechin-Brooke-House, à

LA JALOUSIE.

» moi simple officier de recrutement, inconnu, sans nom,
» sans fortune! Que de soins affectueux! quelle politesse
» exquise ! quelle hospitalité sincère ! je ne puis les oublier.
» Loin de voir son humiliation d'un regard satisfait, j'é-
» prouve de la pitié... Sans doute vous avez été victime, et
» le diable a sur une femme un avantage incalculable ; il a
» triomphé des hommes, qui sont les vainqueurs des fem-
» mes ; il a fait tomber les anges. Je devrais me réjouir de
» la revanche prise sur lui, eh bien! je n'accuse que vos
» parents ; l'excès de leur rigueur vous fit succomber.

» O parents aveugles! soyez moins inflexibles ; votre ri-
» gueur concourt trop souvent à la séduction ; n'achevez
» pas de pousser vos enfants dans le fond du précipice,
» parce qu'un infâme les aura entraînés sur ses bords.
» Savez-vous si, retenus un moment dans la chute, leurs
» mains n'eussent pas saisi pour soutien une de ces vertus
» qui, comme les plantes solitaires du rocher, croissent
» égarées sur la pente de l'abîme? La descente d'un crime
» à un autre crime est rapide, perpendiculaire, entraînante,
» et presque toujours ils viennent ajouter au danger.

» Pardon, Marguerite, pour toutes ces réflexions; elles
» m'emportent malgré moi. A demain donc, à onze heures
» je serai auprès de vous; trouvez-vous en habit de voyage
» et que votre jument soit prête. J'ai conçu un plan au-
» quel l'honneur et la délicatesse, toujours consultés
» quand il s'agit de vous, ne trouveront rien à oppo-
» ser. Fiez-vous à moi, je vous expliquerai tout. Mais, je
» vous en conjure, soyez en habit de voyage. Ai-je besoin
» de vous dire lequel? mettez celui qui vous sied si bien,

CAUSES CÉLÈBRES.

» celui que j'aime tant à vous voir ; l'amour vous l'a déjà
» indiqué.

» L'amour !... il sera de la partie... il ne souffrira pas
» que le froid pénètre jusqu'à vous, il étendra ses ailes
» sur votre sein... il se reposera entre vos bras... il...
» Quand se lèvera le jour de demain ? Quelles agitations
» m'attendent dans cette longue nuit ! »

Le lendemain, vers deux heures, il arriva dans le cabinet de toilette de Marguerite. Elle avait l'air soucieux et grave. « Vous formez, lui dit-elle, deux projets que je ne
» puis approuver, celui de vendre votre commission et
» celui de m'épouser. L'un est trop étrange : il suppose-
» rait de ma part un besoin de dépense extraordinaire et
» de la vôtre une inconstance toujours mal interprétée.
» L'autre choque mes sentiments. L'homme que j'estime
» ne sera jamais montré au doigt pour avoir épousé la
» maîtresse d'un lord qui aurait payé sa complaisance par
» la gratification d'un emploi quelconque. Mon âme est
» au-dessus d'une pareille situation. D'ailleurs, pardon-
» nez-moi ce doute, votre amour n'est peut-être qu'une
» passion de jeunesse ; voudrais-je en profiter ? Ecoutez les
» vers que je me suis toujours abstenue de chanter devant
» vous, quoiqu'ils fassent partie de ma romance favorite.
» Je me les applique sans cesse ; ils peignent avec trop de
» vérité ma triste situation. Je pleurais comme un enfant
» en les répétant ce matin. » Et elle chanta :

J'erre comme l'ombre mobile et ne songe plus à filer ;
Je voudrais bien penser à Jannie, mais ce penser serait un péché, etc.

Que se passa-t-il entre eux après ces premières expli-

LA JALOUSIE.

cations, où régna d'abord la froideur et où respira bientôt une tendre mélancolie? La lettre de Hackman du 16 décembre le révèle assez : « Hier ! toutes les expressions sont
» glacées pour l'exprimer... O Marguerite ! l'ivresse, la
» volupté, les délices, les ravissements, tout est sans éner-
» gie, sans vérité; toi, qui m'as enivré d'un bonheur dont
» les songes les plus enchanteurs ne m'avaient jamais
» présenté l'apparence ! quels charmes ! quels transports !
» Vois comme ces mots sont pauvres pour peindre les
» joies de l'âme! Quand me les feras-tu éprouver de nou-
» veau ces joies, ces joies célestes? Fortune, je te défie
» maintenant, Marguerite m'aime ! »

Ce style désordonné par lequel il avait laissé égarer sa plume déplut à Marguerite. Elle lui en adressa des reproches et livra la lettre aux flammes. Son amant parut soumis et repentant; il déclara l'âme de sa maîtresse aussi pure, aussi blanche que la neige dont les flocons s'amoncelaient sur les rebords de sa fenêtre. Mais il prit une résolution qu'elle ne pouvait pas approuver, celle de ne plus visiter lord Sandwich. Sans doute elle honorait la délicatesse de ses motifs ; mais en se prolongeant, ne ferait-elle pas naître quelques soupçons? N'avait-il pas des qualités et des talents trop brillants pour que son absence passât inaperçue? Elle le rappelait près d'elle, et tout à coup elle aurait voulu le voir bien éloigné. Elle s'accusait de jouer un rôle difficile, pénible, déshonorant, le matin, à midi, durant la nuit, la nuit surtout ! La pensée de compromettre le sort de ses enfants la jetait aussi dans un trouble inexprimable.

Mais la satisfaction donnée aux convenances et à l'honneur devint bientôt pour lui la cause d'un tourment inconnu jusque-là. Dans les sociétés étrangères où il rencontrait Marguerite, le regard même le plus distrait jeté par mégarde sur un autre lui donnait des accès de dépit poussé jusqu'à la frénésie. « Je vous l'ai dit souvent, lui écrivait-
» il, mes passions sont impétueuses comme la poudre qui
» éclate, quoique, Dieu merci, je ne sois pas un Othello.
» La jalousie s'allume difficilement dans mon cœur ; mais
» la première étincelle y produit un feu qui me dévore. Je
» serais jaloux de ce papier si vous le baisiez avec trop de
» plaisir. Quelle folie ! dites plutôt quel amour ! » Comme c'était le 31 décembre, il ajoutait : « Demain le nouvel
» an ; je n'aime pas ce mot. Qu'y a-t-il donc de changé
» dans la nature ?... y a-t-il de nouvelles amours ?... Non,
» Marguerite, il n'y a rien de changé pour nous le nouvel
» an 1776. Où serons-nous en 1777 ? où serons-nous en
» 1778 ?... en 1779 ?... dans la misère ou au comble du
» bonheur, sur la terre ou dans la tombe, dans le ciel
» ou dans l'enfer ? Partout où vous serez, Hackman y
» veut être avec vous. »

Tant d'exaltation ne permettait plus à Marguerite de goûter le repos. Si par quelque obstacle imprévu il manquait au rendez-vous, son imagination lui créait mille chimères et pendant toute la durée de la nuit épouvantait son âme de rêves sinistres. « Je ne puis chasser ces noires
» illusions, disait-elle dans une lettre du 23 février ; ces
» vains fantômes me poursuivent... N'avez-vous pas été
» provoqué en duel par un homme... par un homme que

LA JALOUSIE.

» nous sommes convenus de ne jamais nommer?... Vous
» vous êtes entr'égorgés l'un et l'autre ; j'ai vu son épée,
» je l'ai sentie passer à travers votre corps ; je vous ai
» vus expirer tous deux, et avec vous tous mes sentiments
» à la fois ont été frappés de mort... Qui me reste pour
» pleurer avec Marguerite? me disais-je... Personne. »

Lord Sandwich était appelé à Londres pour une affaire et Marguerite obligée de le suivre. Elle s'attristait de quitter une demeure si chère à tant de titres et le berceau de ses premières amours. Elle donnait rendez-vous à Hackman dans chaque auberge de la route ; elle faisait appel à son génie inventif pour toute espèce de déguisements, lui en indiquait plusieurs, et elle lui envoyait l'itinéraire avec le nom de chaque lieu où les chevaux de mylord devaient s'arrêter. De son côté, il prenait ses dispositions, se reprochant bien une conduite qui exigeait tant de silence, de ménagements et de duplicité ; mais retombant sous le charme, il s'écriait avec l'accent d'un enthousiaste amoureux : « Les poëtes prétendent que l'homme
» est fait d'argile, que les potiers célestes en jettent cinq
» ou six par jour dans le même moule ; ne vous étonnez
» donc pas de l'amour que nous avons l'un pour l'autre,
» ou que mon âme soit liée à la vôtre comme si elle était
» sa sœur. Nous fûmes créés ensemble dans une même
» pensée de Dieu ; nous naquîmes presque le même jour ;
» à un intervalle de dix jours, nous sortîmes presque de
» la même argile. Je n'ai point été jeté dans un aussi
» beau moule que vous ; mais nos cœurs ont été animés
» du même souffle et doués des mêmes sentiments. » En-

suite il expédiait le fidèle caporal avec les instructions minutieuses que lui suggérait la prudence.

Tous ces plans furent déconcertés. Lord Sandwich changea d'idée et préféra voyager en poste. Hackman ne tarda pas à les rejoindre à Londres, et revit pour la première fois Marguerite à Covent-Garden, le jour de la représentation de l'opéra de Jephté. Vainement lui accorda-t-elle des rendez-vous et en assez grand nombre; plus il obtenait de faveurs, plus la pensée de les partager devenait un tourment. Il était résolu à la posséder seul, à en faire son épouse, et il jura de ne plus la revoir tant qu'elle ne consentirait pas à s'unir à lui. « Quoi! lui écrivait-il, ne
» souhaitez-vous pas que nous renoncions tous deux au
» rôle odieux qui nous dégrade? Mon âme n'était pas faite
» pour de telles bassesses. S'introduire par des portes
» secrètes, profiter des ombres de la nuit, tromper, com-
» ploter, mentir... perdition éternelle! La pensée seule
» de ces indignes manœuvres couvre mon front de confu-
» sion et de honte. L'amour, qui ne se plaît que dans les
» sentiments généreux, s'indigne de notre conduite. »

A son tour, Marguerite lui répondait : « Croyez-vous
» donc mon abaissement volontaire? Est-ce que tant d'ar-
» tifices ne m'ont pas rendue misérable? N'importe,
» Hackman, le destin élève une barrière insurmontable
» entre vous et moi. La torture ne me forcerait pas à vous
» épouser. Notre liaison, je l'ai prévu dès son origine, se
» terminera par une catastrophe épouvantable. Dieu nous
» aide! un présage de mort plane sur nos têtes! ma voix
» ne trouve que des accents tristes et plaintifs! Si ce n'é-

LA JALOUSIE.

» tait point un crime de quitter la vie, nous serions heu-
» reux comme Faldoni et Thérèse... heureux dans un
» autre monde où les préjugés de celui-ci sont inconnus!
» Je mourrais avec plaisir de votre main, Hackman, avec
» plaisir!

» Vous m'épouser! une femme endettée, ruinée! mon
» époux passerait de mes bras dans les prisons du banc
» du roi!... le beau lendemain de noces! Je le jure donc
» par un serment non moins solennel que le vôtre, *je ne*
» *serai jamais votre épouse!*... Le vœu de Jephté vient
» d'être prononcé. Rendez-vous en Irlande, rejoignez-y
» votre régiment, consentez à vous laisser diriger par
» moi. Le ciel n'abandonnera pas deux êtres unis par un
» amour tendre et généreux. Je ne survivrai pas à cette
» séparation; mais, je vous en conjure, partez. N'est-ce
» donc rien que de remplir un devoir? Je vous écrirai tous
» les jours, deux fois par jour. Je penserai à vous, je bai-
» serai votre portrait, j'essuierai mes yeux, je le baiserai
» de nouveau et je pleurerai encore. Il y aura donc un
» peu de bonheur pour moi!

» Encore une fois, soyez homme, partez. Eh bien, dès
» que je le pourrai, je vous rappellerai de votre exil.
» Grands dieux! je détruis d'une main et je relève de l'au-
» tre; je vous épouserai dès que l'honneur le permettra. »

Le soir même James lui répondit :

« Moi partir! respecter le vœu de Jephté, partir sans
» délai, sans réflexion! Demain, vous en connaîtrez le
» résultat, je vous attendrai dans le parc. Aujourd'hui
» eût été mieux; mais je n'étais pas assez calme. Vous-

» même l'étiez-vous? Ce billet parlera bien assez. Des
» dettes!... un serment!... Les dettes m'embarrassaient
» peu ; n'ai-je pas ma propriété de Gosport, ma commis-
» sion? Vous détournez les yeux, vous repoussez mes
» projets!... Ah! mes deux billets de loterie! Pourquoi,
» en me permettant de les jeter dans son urne, la fortune
» ne leur a-t-elle pas permis d'en sortir? Je les avais
» achetés pour vous, pour vous seule, le ciel m'en est té-
» moin. Sur le revers de l'un j'avais écrit : *Ce billet est
» la propriété de miss Reay*. C'était de la prévoyance ;
» si la fortune n'est pas venue, la mort pouvait arriver
» subitement. Sur l'autre revers était le nom de votre
» fille. »

Comme miss Reay avait formé désormais l'inébranlable résolution de n'accepter aucun rendez-vous, il l'accablait de lettres, reconnaissant la sagesse de ses avis, et par une inconséquence si naturelle aux amants, luttant contre le penchant à les suivre.

« Mes prières, je le vois, sont donc inutiles? Quoi! je
» vous supplie au nom de l'amour, cher Hackman, et
» vous refusez de lui obéir. Il vous faut un ordre, vous
» me l'écrivez. Eh bien, il va vous le dicter ; il fera un
» nouvel effort sur lui-même pour prendre le ton de l'au-
» torité et du commandement. Partez. Est-ce clair? est-
» ce assez impérieux? Partez, je vous l'ordonne. Plus
» d'entrevue, plus de séparation. La dernière m'a dé-
» chiré l'âme ; voulez-vous me voir succomber à la vio-
» lence de mes émotions? je n'en suis pas encore réta-
» blie, épargnez-moi... Que vous êtes cruel, et toutefois

LA JALOUSIE.

» que vous êtes bon! Mon petit garçon m'a fait fondre
» en larmes ce matin lorsqu'il m'a parlé du monsieur,
» et qu'ensuite il m'a montré votre présent.

» En finissant je tombe à vos genoux. Partez... ou
» bien restez, si vous voulez qu'enfin se découvre le secret
» de notre amour; mais non, généreux Hackman, cher
» Hackman, partez. »

Cette lettre était du 19 mars au matin; la journée s'écoula sans aucune réponse; le lendemain, même silence. L'imagination de miss Reay était troublée de mille conjectures. Avait-il obéi à la raison? ne devait-elle pas redouter quelque acte de désespoir? Jusqu'au 26 mars, ses craintes redoublèrent; mais ce jour enfin elle vit paraître la personne attendue avec une anxiété mortelle. Elle lui arracha la lettre des mains, et sans lui adresser une parole, se précipita dans un autre appartement.

« Irlande, 26 mars 1778.

» Irlande!... Angleterre!... Marguerite habite une
» partie du monde et Hackman en habite une autre. Mar-
» guerite et Hackman ne respirent plus le même air... le
» ciel ne le permet pas... Non, vous l'avez ordonné... la
» mort seule mettra un terme à mon malheur!

» Au moins, suis-je approuvé? Quel mot! Ai-je votre
» approbation?... Que tout cela est glacial! N'importe,
» j'ai obéi, j'obéirai encore... je suis parti! S'il le faut,
» je n'écrirai pas; ou bien, en écrivant, il est des expres-
» sions que ma plume refusera de tracer, qu'elle effacera
» si elles lui sont échappées... je suis capable de cet ef-

» fort... Vous m'avez appris le courage, la froide résolu-
» tion, la prudence... Je serai calme aussi... je traiterai
» des sujets indifférents.

» La traversée a été fatigante sans être dangereuse.
» Mistriss F*** a été charmante; elle m'a fourni une
» foule d'anecdotes. Ma santé n'a pas souffert... Mon
» âme... Ah! Marguerite, puis-je donc mentir? le dois-je
» pour vous plaire?... Mon cœur est suffoqué. Je croyais
» avoir vingt feuilles à vous écrire, je ne trouve plus rien.
» Si j'étais en ce moment auprès de vous, je ne pourrais
» qu'appuyer ma joue sur votre épaule et tremper votre
» mouchoir de mes larmes.

» Pouvais-je, en ouvrant la cassette envoyée quelques
» heures avant mon départ, supposer qu'elle contenait des
» objets qui m'étaient destinés? Si je l'avais imaginé, je
» l'aurais refusée. J'ai eu la tentation de vous la ren-
» voyer... N'aurait-ce pas été un outrage? J'ai imposé
» silence à ma vanité révoltée... je ne suis plus que re-
» connaissant.

» Que le Dieu des miséricordes vous bénisse dans ce
» monde, c'est-à-dire qu'il vous unisse à moi et qu'il vous
» accorde un passage tranquille aux bénédictions éter-
» nelles dans un monde meilleur ! »

Plus forte, à ce qu'il paraît, plus maîtresse d'elle-même, Marguerite dans sa réponse montra de l'esprit et de la gaieté. Elle voulait, elle croyait le distraire, peut-être se tromper elle-même.

« Je ne suis pas votre dupe, lui écrivait-il; dans la si-
» tuation d'esprit où vous êtes, ce ton enjoué est un effort

LA JALOUSIE.

» sur vous, et pour moi j'en apprécie le motif. La fin
» vous trahit, il est vrai; les dernières lignes ont une
» teinte de mélancolie qui me prouve que le cœur a parlé
» à son tour. Quelquefois une catastrophe douloureuse a
» fait d'une actrice le principal personnage d'une tragédie
» réelle, et le même soir la pauvre femme est obligée de
» monter sur le théâtre et de remplir un rôle de comédie.
» Eh bien, vous êtes cette actrice; vous lui ressembliez
» dans vos derniers récits. La mort était au fond de l'âme,
» la joie sur le front.

» Pourquoi fermer vos lettres avec si peu de précau-
» tion? la cire m'en dérobe toujours cinq ou six mots,
» sans doute ceux qui m'expriment le mieux votre amour.
» Je n'en trouve plus ailleurs, je m'inquiète. De grâce,
» laissez un espace pour l'empreinte du cachet.

» Que de fois j'ai maudit ce pays parce qu'il n'est pas
» le vôtre et que dès lors il est pour moi un lieu d'exil!
» Je ne veux plus être ingrat. J'ai reçu partout ici l'ac-
» cueil le plus cordial; le vieux renom de l'hospitalité
» irlandaise ne s'est pas démenti. Voici la malédiction
» énergique lancée contre ceux qui n'exercent pas cette
» vertu : *Que l'herbe croisse devant ta porte!*

» Les femmes me paraîtraient jolies et sensibles si je
» n'étais sourd, aveugle, muet, pour tout ce qui n'est pas
» vous. Je n'ose en dire davantage. »

Leur séparation durait depuis un mois. James en trompait les ennuis et les douleurs par l'étude, surtout par la poésie. Il adressait à son amie chacun de ses essais. Elle les trouvait ravissants, et soit inspiration de ce qu'elle éprouvait en les lisant, soit désir de le consoler par la pensée d'un succès public, elle l'engageait vivement à écrire pour la presse. Il s'en défendait avec modestie et appuyait ses refus de nombreux exemples.

« Vous êtes un juge trop indulgent, chère Marguerite,
» et parmi les autres qu'il en serait peu de justes!

» Juvénal, le Churchill romain, conseille à un jeune
» homme de se faire crieur public plutôt que poëte. Les
» Espagnols ont un proverbe : *Celui qui ne peut faire un*
» *vers est un sot ; celui qui en fait plus d'un est un fou.*

» Un jeune homme se plaignait l'autre jour d'avoir
» perdu l'appétit : « Faites-vous poëte, lui dit-on ; ces
» gens-là ont ordinairement un appétit dévorant. »

» Rappelez-vous les pleurs que vous avez versés sur les
» pages de Chatterton[1]. Peut-être même qu'une perle
» humide se glisse sous vos paupières au souvenir de cet
» infortuné jeune homme. Laissez tomber vos larmes
» goutte à goutte sur sa mémoire déchirée, comme le Sa-
» maritain versait le baume sur les blessures du voyageur.
» Et qui sait si un autre voyageur ne deviendra pas aussi
» l'objet de la compassion publique? »

Les dettes d'Hackman le réduisaient toujours à une position très-gênée. Sa fierté lui imposa à cet égard un rigoureux silence ; mais Marguerite, qui ne lui connaissait que les ressources bien faibles de sa commission, crut pouvoir, sous un prétexte ingénieux et à titre de prêt, glisser dans une de ses lettres un billet de banque de cin-

---

[1] Poëte anglais renommé ; la misère le força à s'empoisonner avec de l'arsenic.

LA JALOUSIE.

quante livres sterling. Il le renvoya avec une dignité calme.

« Votre offre ne m'a point offensé; mon refus ne vous
» offensera pas non plus, je l'espère. L'une prouve votre
» générosité, l'autre témoignera de ma délicatesse. Nous
» aurons eu raison tous les deux. Mais comment donc
» vous faites-vous illusion à ce degré? Je suis riche... ri-
» che comme un juif, sans y comprendre le trésor de
» votre amour. Calculez avec moi : Terres et effets à
» Gosport; ici ma paye, et vingt autres ressources qu'il
» serait trop long d'énumérer. Je suis riche, je vous le
» répète, votre riche Hackman! N'ai-je pas de quoi payer
» mon entrée au spectacle? n'ai-je pas vu hier au soir miss
» Catley dans le rôle où vous l'aimez tant? Je veux à son
» sujet vous renvoyer distraction pour distraction.

» Quelques différends s'étaient élevés entre elle et les
» directeurs de Drury-Lane sur la durée de son engage-
» ment. L'un d'eux se rendit au logement fort modeste
» qu'elle occupait dans le voisinage du théâtre. Elle était
» à la cuisine lorsqu'il se présenta. La servante s'apprê-
» tait à le conduire au salon; elle le rappela en disant :
« Il n'est pas nécessaire, je suis au rez-de-chaussée; mon-
» sieur peut entrer; il me verra occupée à pétrir des
» échaudés pour mes enfants. Voyez, monsieur, ce que
» je suis réduite à faire moi-même pour nourrir ma fa-
» mille, et vous voulez diminuer mes appointements; je
» ne me contenterai pas d'un shilling de moins. Ne rete-
» nez pas la servante dans le passage, j'en ai besoin pour
» mettre mes échaudés au four pendant que je vais allai-
» ter mon dernier enfant. »

CAUSES CÉLÈBRES.

James Hackman avait un penchant prononcé à la jalousie, l'absence le développa. Au lieu de calmer un tourment qu'il n'osait pas avouer, mais dont chacune de ses lettres laissait échapper de tristes indices, miss Reay, soit coquetterie, soit petite vengeance de certains mots piquants, lui adressa quelques lignes froides, réservées, pour le féliciter d'un couple aimable dont le commerce charmait son exil; elle les terminait par ces mots :

« Moi aussi j'ai trouvé un gracieux ménage : la dame
» a des bontés peu ordinaires pour moi ; à l'honneur de
» la province que vous habitez, elle est Irlandaise. Son
» aimable époux, par la beauté de sa personne et par ses
» qualités distinguées, honore le pays qui l'a vu naître.
» Il est remarquable aussi par la chaleur de ses senti-
» ments. »

Il n'y avait pas à se méprendre sur l'intention de ce petit billet. Cependant, à une première lecture, il le prit pour la vérité, ensuite pour une piquante censure du sien, enfin pour une plaisanterie. Il ne s'en trouva pas moins malheureux, et il lui disait avec un ton d'impatience et de dépit : « Je souhaite que vous soyez heureuse,
» très-heureuse ; mais si c'est par un autre que par moi,
» homme, femme ou enfant, je n'en puis supporter la
» pensée : ma jalousie va jusque-là.

» Vous me refusez Werther, un roman, et pourquoi ?
» Vous me croyez donc une bien faible tête ? dois-je me
» tirer un coup de pistolet parce qu'un épais Allemand a
» été assez fou pour en donner l'exemple, ou parce qu'il
» a plu à un romancier tudesque d'inventer pareil conte ?

LA JALOUSIE.

» Laissez-moi vous avoir l'obligation d'un livre que je
» pourrais me procurer par d'autres. »

Ce désir ardent de lire Werther n'était pas l'exigence d'une curiosité contrariée, mais le symptôme le moins équivoque du mal dont le progrès devenait menaçant. L'analyse de l'œuvre de Goëthe lui avait montré plus d'un rapport entre sa situation et celle de Werther ; il voulait les connaître tous, les étudier, établir un parallèle. Vainement tranchait-il de l'esprit fort au sujet des impressions qu'elle semblait redouter pour lui. Il se sentait dominé par un invincible attrait ; plus Marguerite alléguait d'appréhensions, plus il tenait à honneur d'en triompher. Il le lut enfin, il le relut vingt fois, non sans un grand désordre d'idées, à la suite duquel il fut saisi d'une fièvre accompagnée de délire qui le retint au lit pendant six semaines. Il n'eut ni la force d'écrire, ni personne à qui en confier le soin. Marguerite vécut tout ce temps dans de mortelles alarmes ; elle s'exprimait ainsi le 20 août :

« Où êtes-vous ? que faites-vous ? pourquoi n'écrivez-
» vous pas ? seriez-vous malade ? et je ne suis pas là pour
» vous soigner ! Dans un mois je recevais dix lettres ; de-
» puis six semaines je n'en ai pas une seule ! Je suis dans
» une incertitude désolante. Peut-être avez-vous lu ce li-
» vre. Je vous en conjure, ne le lisez jamais... Peut-être...
» Je suis désespérée... Le ciel sait à qui j'écris cette let-
» tre et qui la recevra.

» Madame ou monsieur, qui que vous soyez, si vous
» êtes femme surtout, répondez-moi sans délai. Si vous

CAUSES CÉLÈBRES.

» êtes homme et que vous ayez jamais aimé, je vous en
» conjure, écrivez-moi une ligne pour m'apprendre ce
» qu'est devenu James Hackman, officier dans le soixante-
» huitième régiment; adressez vos indications à mistress
» D. Street, à Londres... Si l'on m'envoie de bonnes
» nouvelles, le ciel sait quelle est la reconnaissance d'une
» femme qui aime au delà de toute expression. »

Cette lettre le transporta de joie. Il se hâta de la rassurer sur l'état de sa santé, qui était enfin entièrement rétablie; puis, prodigue d'admiration, il s'écriait : « Si je connaissais le rédacteur de quelque ouvrage où cette lettre pût être insérée, je la livrerais au public sans y changer un mot. » Et à l'appui de son vœu, il citait le trait suivant :

« En l'année 1711, James Hirst était attaché comme domestique à l'honorable Edouard Wortley. Un jour, en remettant un paquet de lettres à son maître, il lui en donna par mégarde une qu'il écrivait à sa maîtresse. James Hirst s'aperçut bientôt de sa méprise et courut réclamer sa missive amoureuse. Mais elle s'était présentée la première aux regards de M. Wortley, il l'avait décachetée et y avait lu toute l'histoire des amours de son laquais. Vainement ce dernier suppliait-il son maître de lui rendre l'épître. « Non, certainement non, dit M. Wortley. Mais
» vous deviendrez un grand homme, James. Votre lettre
» paraîtra dans *le Spectateur*. » Et en effet elle y parut.

« Cette maîtresse s'appelait Belly; il se plaignait de sa rigueur; mais plus tard il était parvenu à la fléchir; il allait même l'épouser, lorsqu'une mort inattendue lui ravit

LA JALOUSIE.

son espérance. » Alors Hackman concluait ainsi : « Hâtons-
» nous, ne différons pas notre union pour éviter le sort
» de James et de Betty. Adieu. Vivez, afin que je vive. »

Du 15 mai au mois de septembre, sans se ralentir, la correspondance n'offrit pas le même intérêt. Alors il recommença à parler de lui, et par le portrait suivant on peut voir le plaisir qu'il avait pris à se peindre lui-même.

« L'Anglais auquel vous vous intéressez jouit de quelque
» considération dans le pays ; il en obtiendrait davantage
» s'il était plus souple, s'il dissimulait moins son mépris
» pour certaines gens en crédit, mais non en estime. Son
» cœur est bon ; ses talents ne répondent pas à l'idée conçue
» de lui dans les premières illusions de la jeunesse, mais
» l'emportent sur celle qui lui en reste aujourd'hui. Beau-
» coup d'amour pour la gloire, assez d'émulation pour
» suppléer au génie, s'il fût tombé en de plus habiles
» mains. Le terrain était capricieux, mais fertile ; une
» culture bien entendue l'aurait forcé à produire des
» fruits abondants. Ses amis croient le connaître, ils se
» flattent de lire dans les plus secrets replis de son cœur.

» Mais il y a dans une flûte des sons admirables, une
» voix harmonieuse, cependant il ne savait pas la faire
» parler. Pensent-ils qu'il est plus facile de jouer de moi
» que d'une flûte ? » Et il poursuivait longuement l'analyse de son cœur, de ses qualités et de ses défauts. Puis tout à coup, comme dans une promenade, il passait d'un objet à un autre, d'un sentiment à un fait étranger, d'une rêverie mélancolique à une anecdote singulière.

CAUSES CÉLÈBRES.

« Il y a quelques jours, une jeune dame, accompagnée
» de sa femme de chambre, se promenait à l'entrée de
» la nuit dans les allées de Phénix-Park. Un homme vêtu
» avec élégance et cachant sa figure sous un large cha-
» peau s'approche précipitamment, la saisit par le bras
» et lui demanda la bourse. La jeune dame effrayée lui
» donne environ vingt-six guinées. L'inconnu met la
» bourse dans l'une de ses poches, tire de l'autre une ba-
» gue montée d'un petit diamant, la présente à la dame
» et la supplie de la porter en souvenir de sa bizarrerie;
» puis il franchit le mur de clôture et disparaît. Voilà un
» véritable vol à l'irlandaise.

» Maintenant, chère Marguerite, vous attendez un
» grand effet du laconisme. Vos menaces sont en deux
» ou trois mots : « Je vous aimerai, si..... » Cette forme
» concise n'est pas nouvelle. O'Neal écrivit au comte de
» Tirconnel : « Paye-moi le tribut... ou bien... » Le comte
» répondit : « Je ne t'en dois aucun... et si..... » Qui vous
» aurait dit que vous écriviez comme O'Neal, que vous n'a-
» vez jamais connu ? »

« Irlande, 6 février 1777. »

» A.....

» C'est aujourd'hui le jour de cette disposition d'esprit
» maladive qu'on appelle du nom poétique de mélancolie.
» Vient-elle de l'état naturel de mon âme? est-elle inspi-
» rée par la catastrophe de mistress Dixon? Je le croirais
» volontiers. Elle la raconte elle-même dans son testa-

LA JALOUSIE.

» ment de mort. En lisant cet acte de sa dernière volonté,
» je crois l'entendre. Prêtez-lui aussi une oreille attentive;
» comme moi donnez-lui des soupirs et des regrets; et
» vous et moi nous nous retrouverons dans plus d'une
» ligne.

» Mistress Dixon était à peine dans sa dix-neuvième
» année. Depuis deux ans elle avait épousé un homme
» avec lequel elle paraissait vivre en parfaite harmonie.
» Le jour qui précéda sa mort, sa gaieté fut excessive.
» Elle réunit du monde à dîner, fit le thé elle-même, et le
» soir, après avoir invité les convives à jouer aux cartes,
» elle se retira dans sa chambre à coucher et prit un verre
» d'arsenic. Etonnés de son absence, les convives la cher-
» chèrent partout et la découvrirent au moment même
» où elle venait d'expirer. Voici la copie du billet trouvé
» sur sa table :

« J'écris ces lignes pour faire savoir que je me suis
» délivrée de la vie, non par remords d'aucun crime,
» mais par désespoir de trouver jamais le bonheur en ce
» monde. Coupable selon les lois de Dieu, il aura pitié
» de celle qui aspire dans son sein à ce que la terre ne
» peut plus lui offrir. Qu'on n'accuse donc personne de
» ma mort, qu'on ne flétrisse ma mémoire d'aucune accu-
» sation; je suis innocente, jeune et pure.

» Mes amis, consolez ma pauvre mère, mes frères,
» mes sœurs. Je leur pardonne d'avoir abusé de leur pou-
» voir, de leur influence sur moi; ils étaient de bonne
» foi et croyaient me rendre heureuse avec M. Dixon, re-
» commandable d'ailleurs. Heureuse par un mariage de

CAUSES CÉLÈBRES.

» convenance! mon exemple servira de leçon à toutes les
» mères.

» Qu'il fut sinistre le jour où je donnai ma main à un
» homme quand mon cœur était à un autre! Ni le temps
» ni la résignation n'ont pu rendre à mon âme sa tran-
» quillité première. Je m'étais pourtant fait cette illusion ;
» j'y renonce.

» La pensée de l'éternité est bien terrible pour celui
» qui viole les lois de Dieu! Que le Seigneur me préserve
» de la damnation!

» Qu'on ne jette aucun blâme sur M. Dixon, il a eu
» pour moi tous les égards et toute la tendresse qu'il me
» devait.

» Il me reste quelques objets infiniment précieux,
» puisque je les ai reçus de celui que j'aimais ; j'ai promis
» de ne jamais le nommer. Mes amis ne refuseront pas
» de les accepter et de les conserver en souvenir de moi.

» Je lègue à Betty Balfour mes boucles d'oreilles ; à
» Polly Deerin ma bague à diamants ; à Betty Mulligau
» mon assortiment de dentelles, un chapeau, un mou-
» choir, et les manchettes que je porte en ce moment.

» Je m'en vais en invoquant le nom de Dieu, quoique
» je meure contre ses commandements, sans inimitié, sans
» haine contre qui que ce soit sur la terre. Je pardonne à
» l'homme pour lequel je meurs et que j'aime plus que
» jamais. Il me donnera, j'espère, quelques regrets en se
» rappelant que je suis morte pour lui.

» Des bruits se sont répandus sur ma réputation à l'oc-
» casion d'un homme de cette ville ; c'est une calomnie.

LA JALOUSIE.

» On peut me croire en ce moment solennel. Si j'ai connu
» cet homme ou quelque autre excepté mon mari, que je
» n'entre jamais dans le ciel!

» Avec de l'amour pour un seul, de l'amitié pour un
» petit nombre d'autres, de la bienveillance pour tous, je
» meurs en m'écriant : Seigneur, ayez pitié de mon âme.
» Ma mère est bien à plaindre. Encore une fois, mes amis,
» consolez-la d'avoir un enfant qui en mourant rougisse
» d'invoquer le nom de Dieu, et qui à son heure dernière
» soit privée de cette tranquillité de conscience qui seule
» peut nous soutenir contre les angoisses de ce moment
» solennel.
» JANE WATSEN, épouse DIXON. »

» Eh bien, chère Marguerite, n'est-ce pas notre situa-
» tion? Jeanne Dixon était jeune, belle et s'appelait Jenny,
» nom que j'aime à vous donner. Elle aussi avait son
» Robin Gray.

Miss Reay tomba malade, elle le lui laissa longtemps ignorer. Il lui en adressa des reproches et lui notifia sa résolution irrévocable de ne plus vivre séparé d'elle.

» Que Dieu me préserve de malheur! si je continue à
» vous écrire, je m'exprimerai comme un homme en dé-
» mence. Il est temps de vous parler, il le faut. Demain
» ou le jour suivant, mon colonel sera ici. Si lord Sand-
» wich, comme j'ai quelque raison de le soupçonner, l'a
» prié de me refuser un congé, je vends sur-le-champ ma
» commission à quelque prix que ce soit, et je serai près
» de vous sous très-peu de jours. »

CAUSES CÉLÈBRES.

En effet, Hackman quitta l'Irlande; mais le mal de Marguerite s'aggravait, et toutefois elle fit effort pour lui écrire quelques mots de sa main tremblante; elle redoutait de sa part l'imprudence d'une tentative hasardeuse pour arriver jusqu'à elle.

« Vous êtes plus malade que vous ne dites, chère Mar-
» guerite, lui répondit-il; quelle faiblesse dans vos idées!
» quelle indécision dans votre caractère! Serais-je venu
» ici pour apprendre que je ne dois plus vous voir? Ici ce-
» pendant je respire le même air que vous. Sans votre
» billet d'hier, rien ne m'aurait empêché de me faire jour
» jusqu'au chevet de votre lit. Mes yeux restent fixés sur vos
» fenêtres, comme s'il était possible de distinguer à l'air
» qui s'en échappe si vous êtes mieux ou plus mal. »

Quelle ne fut pas sa consternation le 4 mai, à trois heures, en recevant le billet suivant :

« Monsieur,

» Ma chère maîtresse m'ordonne de vous écrire ces
» mots qu'elle me dicte elle-même :
« Mes dernières paroles, mes dernières pensées sont
» pour vous, mon cher Hackman; nous nous retrouverons
» dans un autre monde; vivez et gardez ma mémoire.
» Acceptez le contenu de cette petite boîte. Soyez l'ami
» de mes enfants, de ma petite fille. »

LA JALOUSIE.

« 4 mai, cinq heures. »

AU MÊME.

« Mon tendre ami,

» Au risque de ma vie, je vous écris moi-même. La fer-
» veur de vos prières m'a sauvée. Le billet non terminé
» de ma servante trop empressée... Mon Dieu! mon
» Dieu! mon Dieu! je ne puis tenir ma plume. »

« Monsieur,

» Je vous écris encore par ordre de ma chère maîtresse;
» elle sort d'une crise violente qui a duré deux ou trois
» heures; mais enfin les médecins ont déclaré que tout
» danger sérieux avait cessé. Excusez, je vous prie, la
» lettre alarmante qui vous a causé tant de douleur; je
» croyais tout fini. Mon cœur était brisé, ma tête perdue.
» Je présume vous voir demain. Ma maîtresse s'est éva-
» nouie après avoir commencé le billet ci-joint ; mais en
» ce moment elle est beaucoup mieux. »

« A MISS ...

» Caunon Coffe-House, 17 juin.

» Mon dîner fume sur ma table depuis dix minutes ; je
» manque d'appétit; je suis encore sous l'impression d'une
» morne tristesse, d'un frémissement involontaire. J'ai
» assisté à l'exécution du pauvre Dodd, oui, du pauvre
» Dodd! Quoiqu'il ait forfait aux lois de son pays, la
» scène était douloureuse, déchirante. C'est la première
» de ce genre que j'aie vue, ce sera la dernière. Néan-

» moins, si je me fusse trouvé en Angleterre lorsque
» Pierre Tolozo fut exécuté pour avoir donné la mort à
» Duarrey, jeune Française avec laquelle il vivait, j'aurais
» voulu assister aux derniers moments d'un homme qui
» avait tué l'objet de son amour. Pour l'honneur de mon
» pays, cet homme était Espagnol.

» Parce que j'ai été témoin ce matin d'un pareil spec-
» tacle, n'allez pas me croire insensible! L'êtes-vous
» lorsqu'au théâtre vous applaudissez aux douleurs du roi
» Lear ou d'Ophelia? Non! assurément non! Les meil-
» leures gens du monde, j'en connais, louent toute l'année
» une fenêtre sur le lieu des exécutions à Édimbourg.
» N'ai-je pas vu à mes côtés l'abbé Raynal et Charles
» Fox montés, malgré la pluie, sur l'échafaudage chan-
» celant d'une maison à peine en construction? Certes,
» en rejetant le crime sur sa femme Dodd a été un lâche;
» mais en mourant comme il est mort il s'est montré
» homme courageux. « Affectation, fanfaronnade, disaient
» quelques-uns autour de moi. Il comptait sur son ami
» Hawes pour lui sauver la vie. » J'aime mieux dire avec
» Voltaire : « Le courage d'un homme à ses derniers mo-
» ments est en proportion du nombre des spectateurs ; » ou
» mieux encore avec Saint-Evremond : « Les Anglais sur-
» passent toutes les nations à mourir; mais la légèreté
» de leur populace égale bien celle de tous les autres peu-
» ples. » Le croiriez-vous? et je me ferais un scrupule de
» supprimer cet incident, si petit en apparence : avant
» l'arrivée du lugubre cortége, une truie s'est introduite
» dans l'enceinte laissée vide autour de l'échafaud ; à l'in-

LA JALOUSIE.

» stant les cris et les éclats de rire ont retenti de toutes
» parts; à l'approche du malheureux docteur ils ont re-
» doublé. Un mouvement ridicule de sa perruque provo-
» qua une scène d'hilarité plus vive encore que l'autre.
» Ô les inconséquents! ô les inhumains!

» Lorsque le patient fut monté sur l'échafaud, le tom-
» bereau s'éloigna à une certaine distance, et le bruit de
» ses roues excita un frémissement général. Mes dents se
» serraient avec force, l'air fortement attiré dans les pou-
» mons sifflait en glissant sur mes lèvres. Il en était de
» même pour chacun de mes voisins, et ce bruit devint si
» universel, que, dans le moment où la planche de l'écha-
» faud s'est abaissée laissant la victime suspendue en l'air,
» on aurait pu l'entendre à la distance d'un mille. Quant
» à moi, peut-être ai-je attiré les regards et me suis-je
» fait remarquer. Les convulsions de mon corps, par une
» imitation machinale, représentaient exactement les
» convulsions du corps de Dodd. Quelques-uns auront
» pu dire que pour ma part je subissais aussi le supplice.
» Ainsi des joueurs de boule, en suivant de l'œil la boule
» qu'ils viennent de lancer, se tordent, se courbent, se
» plient, comme si, par une sympathie inexplicable, ils
» partageaient les mouvements du projectile.

» Ah! le pauvre docteur a vainement placé son espoir
» dans le talent de son confrère Hawes pour le ressusciter.
» La foule, en s'écoulant avec trop de lenteur, lui a ravi
» sa dernière chance; elle a empêché le chariot funèbre
» de s'avancer sur-le-champ et d'enlever le cadavre. Il
» est bien mort, mort à jamais!

» J'avais conversé, bu et mangé avec cet homme, et
» le voir partir ainsi! Bien plus, de jeunes filles, qui sans
» doute avaient la prétention d'être sensibles, entendaient
» avec la même indifférence que les cris d'une vendeuse
» de champignons ou d'allumettes les colporteurs pro-
» clamant partout à tue-tête : « Naissance, histoire, pro-
» cès, aveux, dernières paroles du docteur Dodd. » Ce
» qui nous frappe le plus, ce n'est pas le supplice de
» l'homme, la pensée des parents, des amis, des enfants
» qui gémissent sur le châtiment; c'est le ton pleurni-
» cheur du vendeur de complaintes, c'est cet empresse-
» ment de l'imprimeur, qui quelquefois immole la victime
» avant le bourreau. Hélas! si parmi les assistants on
» n'admettait que ceux qui sont dignes de vivre, Tyburn
» ne verrait pas une foule aussi nombreuse se presser
» dans son enceinte ensanglantée. »

C'est ainsi que Hackman s'occupait sans cesse à re-
paître, tantôt ses yeux du spectacle des grands criminels, des moindres détails qui pouvaient marquer d'un
trait particulier l'instant de leur agonie; tantôt son esprit
des tristes et graves réflexions, toujours suggérées par
la manière dont chacun sait plus ou moins bien quitter
la vie. Il semblait aller à une exécution comme à un
lieu d'étude. Là, attentif, identifié avec le condamné, il
ne perdait pas un mot de la terrible leçon, prêt à la répéter au besoin et à jouer à son tour un rôle si bien mé-
dité à l'avance. Enfin il ne laissait échapper aucune occasion d'apprendre à mourir.

Après quelques jours de convalescence, Marguerite lui

LA JALOUSIE.

accorda un rendez-vous. La passion de James, trompée par une longue attente, acceptait les dédommagements de l'imagination et se consolait par la vague rêverie d'un avenir où il lui suffisait d'entrevoir le mariage. Mais la présence de sa bien-aimée, sa pâleur même, son abattement, sa voix plus faible et plus douce, enfin ce charme indéfinissable que répand sur un être adoré cette demi-langueur qui n'est plus de la maladie et qui n'est pas encore un retour à la santé, tout se réunit pour porter dans les sens de Hackman un trouble inconnu jusque-là. A peine l'a-t-il quittée, qu'il se hâte de lui révéler son nouveau tourment.

« Le jour où je vous demandai pour épouse, je formai
» une chaste résolution ; je l'ai religieusement observée.
» Mais hier... quelle lutte! quel combat! L'heure, la
» situation, le danger auquel tu venais d'échapper, le
» temps écoulé depuis notre dernière séparation, la molle
» inflexion de ta voix, la puissance de ton long et doux
» regard, la solitude... O vous, âmes chastes, âmes gla-
» cées, comprenez-vous ma victoire? avez-vous des louan-
» ges dignes de ma résistance? Les forces t'avaient aban-
» donnée ; tu tombais entre mes bras d'épuisement et de
» tendresse ; ta tête se pencha sur mon épaule, des larmes
» brûlantes coulèrent dans mon sein. Alors..... quelle
» puissance humaine eût pu m'arrêter?... alors... je te
» pris un baiser et je m'arrachai de tes bras...

» Tu disais : « Le soleil brillera un jour... » Hélas! il
» est voilé de sombres et éternels nuages.

» Quant au théâtre, je ne doute pas des succès que tu

» pourrais y obtenir ; nous en parlerons plus tard. J'ai
» enfin vendu ma commission, ne me grondez pas. Que
» pensez-vous de mon nouveau projet, celui de m'engager
» dans les ordres? J'ai trop de piété pour un soldat, vous
» me l'avez dit une fois; consentiriez-vous à devenir la
» femme d'un pauvre ministre? »

« 7 juillet.

» Mon Dieu! qu'ai-je écrit hier? comment n'ai-je pas
» d'abord rejeté bien loin votre projet du théâtre? C'est
» une exécrable pensée, anéantissez-la; n'allez pas voir
» mistress Yate. Jamais, jamais votre figure, votre per-
» sonne, vos charmes ne seront exposés à la curiosité du
» public, pas même une demi-minute. Et puis quelle hor-
» reur! j'aurais spéculé sur vos travaux! »

Marguerite, qui n'avait songé à la scène que pour y trouver une ressource, un prétexte honnête de venir au secours de son ami, s'appliqua à la peinture sous la direction d'un maître célèbre. Déjà elle possédait un talent distingué et n'hésitait plus que sur le choix du sujet. Plusieurs s'offraient à elle :

« Richard Cromwell, au moment où le prince de Conti
» lui dit à Montpellier, sans le connaître, qu'Olivier
» Cromwell était un grand homme, mais que son fils
» Richard était un sot qui n'avait pas su profiter des
» crimes de son père.

» Démosthène déclamant au milieu d'une tempête.

» Charles XII déchirant la robe du vizir avec son épe-
» ron; et quelques autres. »

LA JALOUSIE.

Hackman s'empressa de lui répondre : Voici mon sujet.
« L'exécution de Monmouth sous le règne de Jacques II.
» Sa figure était belle, sa personne parfaite. Quand son
» tour fut venu, il pria l'exécuteur d'être plus expéditif
» qu'avec lord Russel. Le bourreau troublé frappe un pre-
» mier coup qui porte à faux. Monmouth soulève sa tête
» ensanglantée, et avec un regard qui échappe à l'histo-
» rien, mais que le peintre peut saisir, il lui reproche sa
» lâcheté. L'effet du coup dérobé aux spectateurs serait
» abandonné à leur imagination. Le reste de la scène est
» trop affreux pour les yeux et presque pour l'oreille.
» Monmouth replace sa tête sur le billot. L'exécuteur
» frappe un second, un troisième coup; ce sont autant de
» blessures dont pas une ne donne la mort. Alors le bour-
» reau jette sa hache loin de lui. Le shériff le force de la
» relever et d'achever... Il fallut deux coups encore.

» Peut-être aurais-je pu supprimer quelques détails :
» n'importe, ma lettre, j'en suis sûr, vous plaira plus que
» mon silence. Si la mort de Monmouth m'était réservée,
» comment me conduirais-je? Voilà ma préoccupation.
» Cependant je n'ai aucun penchant à la révolte, pour-
» quoi donc s'inquiéter vainement? »

Il paraît que dans une occasion dont sa correspondance laisse seulement quelques traces, Hackman avait eu une vive querelle; un duel s'en était suivi. Il n'en raconte à Marguerite ni la cause ni les détails, mais seulement l'état de son âme durant les heures qui ont précédé la rencontre dont sa vie était l'enjeu.

« J'étais déterminé à donner ou à recevoir la mort. Je

» recueillis donc toutes mes forces. Vers les trois heures,
» je mangeai un morceau de mouton froid, accompagné
» de quelques verres d'eau-de-vie mêlée d'eau. Je rentrai
» chez moi, où je réunis les objets qui vous étaient des-
» tinés. Un ami vint me prendre entre quatre et cinq heu-
» res. Je courus à lui ; je serrai la main de l'homme gé-
» néreux auquel je voulais recommander Marguerite et
» tout ce qui lui est cher. En dépit de moi-même, malgré
» mes efforts pour maintenir le calme dans mon âme,
» l'amour, l'honneur, la vengeance, avaient enflammé
» mon visage. Mon palais était brûlant. Je remplis un
» verre d'eau ; j'en bus la moitié pour humecter ma bou-
» che desséchée. Une heure après je le retrouvai ; je l'a-
» chevai comme une libation de reconnaissance à la Pro-
» vidence, qui me rendait ce que je pouvais perdre. Ah!
» Marguerite, votre plume même ne peindrait pas mes
» sentiments durant ces quelques minutes où je me sen-
» tais renaître. »

FIN DU PREMIER VOLUME.

TABLE

DES MATIÈRES CONTENUES DANS CE VOLUME.

La Famille de Saniol	1
Le grand Seigneur et la Villageoise	21
La Duchesse de Malfi	38
La Comtesse de Célant	61
Sirven	77
Castaing	92
Le Curé et le Vicaire	112
Le Traître	130
L'Ami intime	146
Le Procureur fiscal	159
Montbailly	176
La Naudin	191
Le Frère et la Sœur	203
L'Artiste	218
L'Infanticide	238
Madame Tiquet	254
Les Vœux forcés	268
L'Enfant	284
La Jalousie	302

FIN DE LA TABLE DU PREMIER VOLUME.

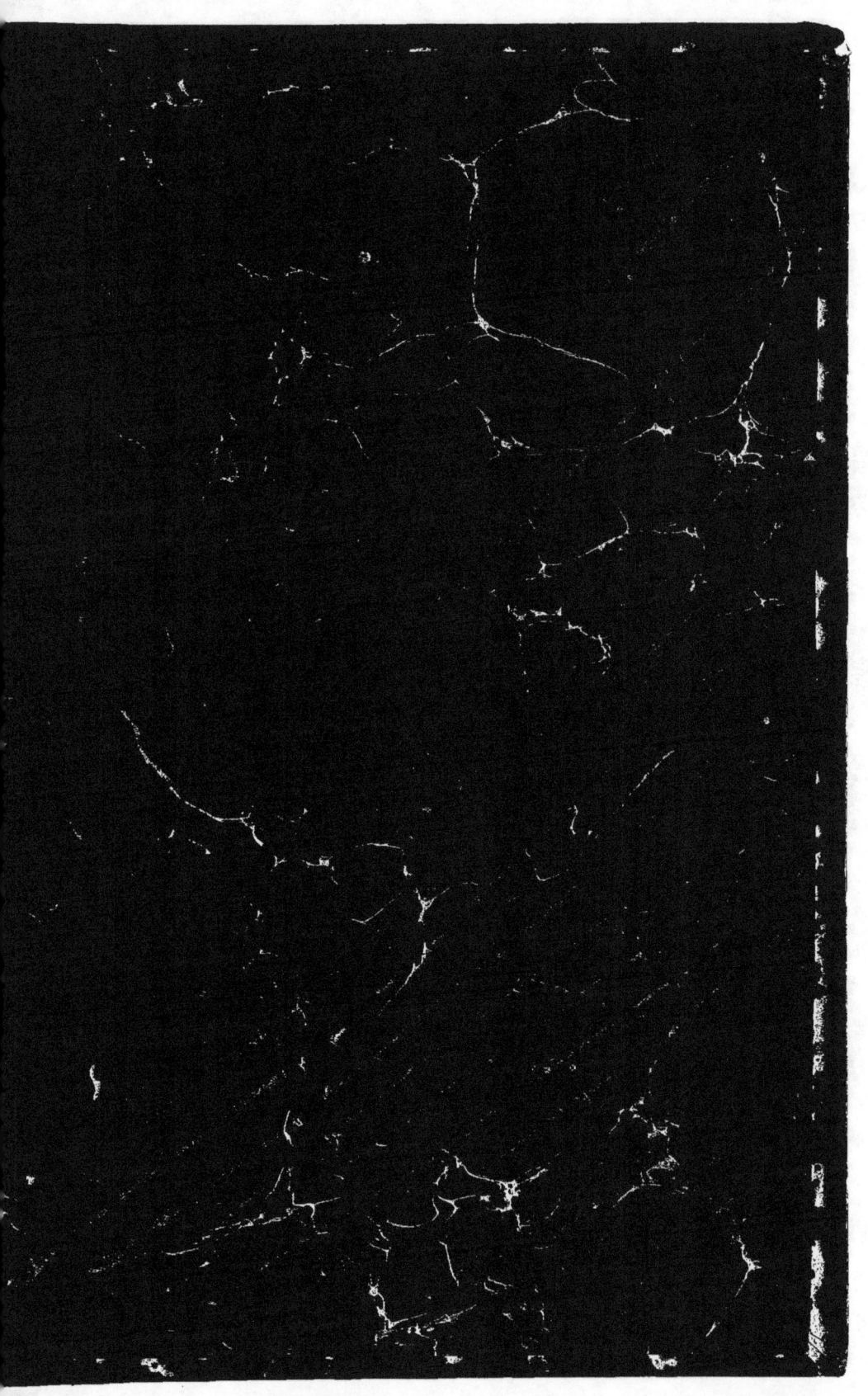

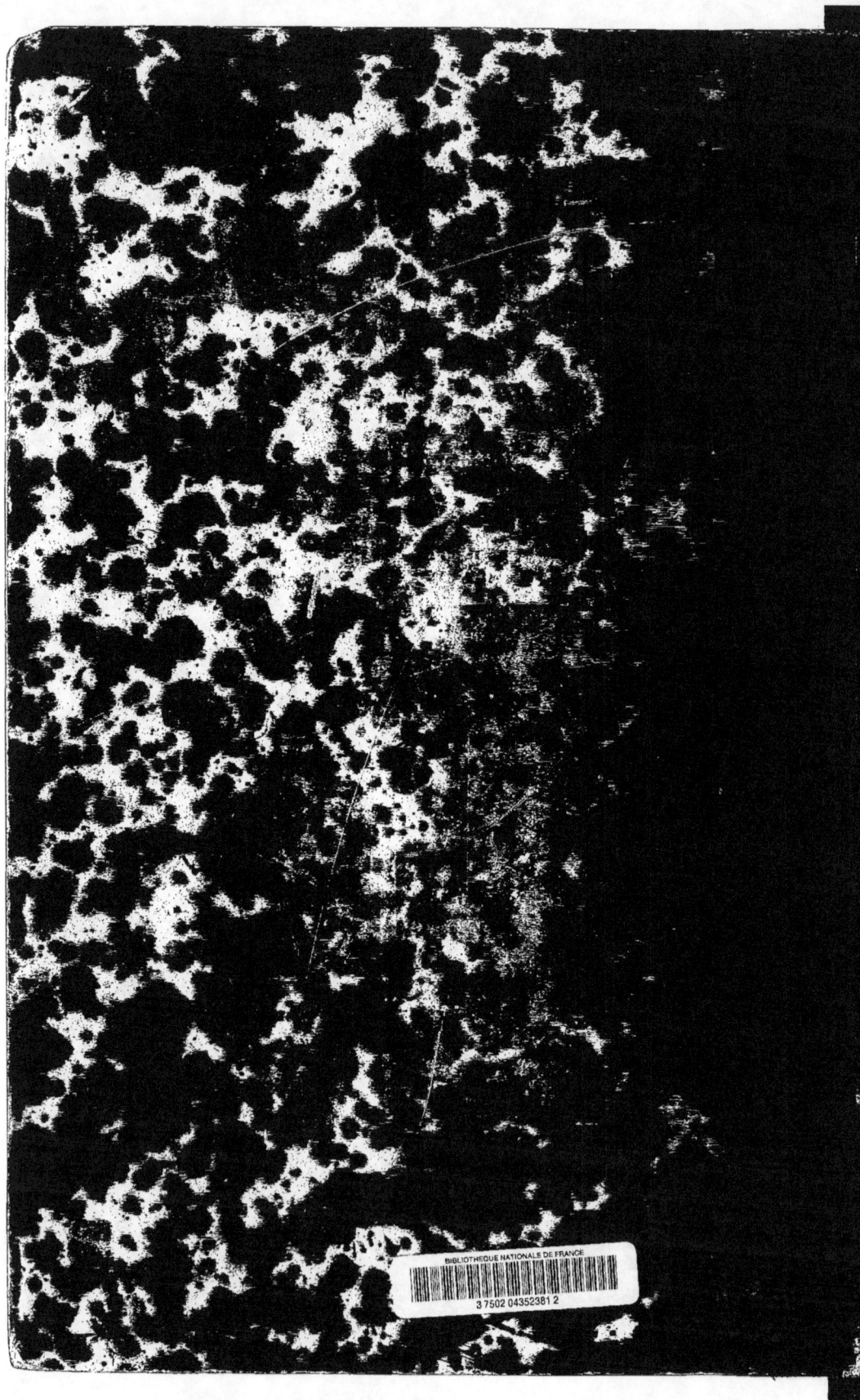

www.ingramcontent.com/pod-product-compliance
Lightning Source LLC
Chambersburg PA
CBHW050154230526
45470CB00001B/89